Boller
Hartmann

Volkswirtschaft

für die Fachoberschule Wirtschaft

Boller
Hartmann

Volkswirtschaft

für die Fachoberschule Wirtschaft

Merkur
Verlag Rinteln

Wirtschaftswissenschaftliche Bücherei für Schule und Praxis
Begründet von Handelsschul-Direktor Dipl.-Hdl. Friedrich Hutkap †

Verfasser:
Dr. Eberhard Boller, Dipl.-Hdl., Siegen
Gernot B. Hartmann, Dipl.-Hdl., Emmendingen

* * * * *

6. Auflage 2020

Gesamtherstellung:
MERKUR VERLAG RINTELN Hutkap GmbH & Co. KG, 31735 Rinteln

E-Mail: info@merkur-verlag.de
lehrer-service@merkur-verlag.de
Internet: www.merkur-verlag.de

Merkur-Nr. 0589-06
ISBN 978-3-8120-0589-0

Vorwort

Dieses Lehrbuch richtet sich nach den **aktuellen Rahmenrichtlinien** für den berufsbezogenen Lernbereich in der **Fachoberschule – Wirtschaft und Verwaltung – in Niedersachsen.** Es deckt die Zielformulierungen und Inhalte des **Lerngebietes 12.4 „Ergebnisse wirtschaftspolitischer Entscheidungsprozesse nationaler und internationaler Akteure beurteilen"** ab.

Das **vorliegende Lehrbuch** verfolgt stringent die in den Rahmenrichtlinien ausdrücklich aufgeführten Grundsätze, welche insbesondere auf den Erwerb einer Studierfähigkeit im Fachbereich Wirtschaft und Verwaltung abstellen.

Ziel der Rahmenrichtlinien ist die Vermittlung einer **umfassenden Handlungskompetenz,** um die Schülerinnen und Schüler zur **Wahrnehmung und Analyse** von gesamtwirtschaftlichen Prozessen zu befähigen, **individuelle Handlungsfähigkeit** in verantwortlicher Stelle zu entwickeln und die **kritische Reflexion** gesamtwirtschaftlicher Zusammenhänge im Berufsfeld „Wirtschaft und Verwaltung" zu ermöglichen. Zugleich sollen die Absolventinnen und Absolventen auf künftiges Handeln als **mündige Akteure des Wirtschaftslebens** vorbereitet werden und die Fähigkeit zur **kritischen Partizipation** erwerben.

Das **Hauptaugenmerk der Verfasser** dieses Buches lag auf einer **breiten Entwicklung von Kompetenzen,** die zur **Bewältigung von ökonomischer Komplexität moderner Gesellschaften** notwendig sind. Vielfältige Aufgabenstellungen zur Entscheidungsfindung und Handlungsvorbereitung kommen in den **zunehmend komplexeren Lernsituationen** zum Einsatz. So werden umfassende Kompetenzen zum **ganzheitlichen Handeln** entwickelt und **vernetztes Denken** und **Kooperationsfähigkeit** geübt. Daraus resultiert eine belastbare **Wirtschaftskompetenz** zur Übernahme von Verantwortung im privaten, beruflichen und öffentlichen Leben, die dazu beiträgt, den unterschiedlichen Anforderungen einer menschenwürdigen und Ressourcen angemessenen Gestaltung von Gesellschaft, Ökonomie und Ökologie gerecht zu werden.

Für die Arbeit mit diesem Lehrbuch möchten wir auf Folgendes hinweisen:

- Das Lehrbuch orientiert sich **exakt** an den in den Rahmenrichtlinien **aufgeführten Zielformulierungen und Inhalten.**
- Dabei beschreiben die jeweils zu Beginn formulierten **Lernsituationen** berufliche, fachliche und öffentliche/gesellschaftliche und/oder persönliche **Problemstellungen,** in denen sich Absolventinnen und Absolventen bewähren müssen.
- Jede Lernsituation enthält zudem am Ende **konkrete kompetenzfördernde Arbeitsaufträge,** welche auf die Zielformulierungen der Rahmenrichtlinien abstellen. Zu diesen Arbeitsaufträgen finden sich im **Lösungsbuch** für Lehrkräfte entsprechend ausführliche **„Lösungshorizonte".**
- Die **formulierten Lernsituationen** erlauben den Schülerinnen und Schülern ausgehend von **persönlicher und empathischer Betroffenheit** eigene Maßstäbe zu reflektieren. Die **subjektive Beurteilung** von gesellschaftlichen und wirtschaftlichen Problemen führt zudem zur **Auseinandersetzung mit kontroversen volkswirtschaftlichen Positionen.**
- Die oft sehr theoretischen Inhalte der Volkswirtschaftlehre wurden zum besseren Verständnis und zur Veranschaulichung bewusst mit **vielfältigen Beispielen** aus der **Lebens- und Erfahrungswelt** der Schülerinnen und Schüler unterlegt.

- Am **Ende eines jeden Kapitels** findet sich ein **umfangreiches Kompetenztraining.** Dieses beinhaltet im Wesentlichen **komplexe und realitätsnahe Problemstellungen** unter Berücksichtigung der **Erfahrungswelt** der Lernenden. Das Kompetenztraining dient in erster Linie dem **selbstgesteuerten Lernen** und einer **aktiven Beteiligung** der Lernenden. Im Zentrum steht dabei die Förderung des Einsatzes von **erworbenem Wissen,** nicht zuletzt, um eine **reflektierte Vertiefung** und **Erweiterung** bisheriger **Lernprozesse** zu ermöglichen.
- Von den Autoren wurde bewusst darauf geachtet, dass die in den Rahmenrichtlinien aufgeführten Zielformulierungen inhaltlich **vollständig und umfassend** thematisiert werden, sodass außerhalb des Lehrbuches **keine zusätzlichen Materialien** erforderlich sind. Dabei bleibt den **Lehrkräften** genügend **didaktischer Freiraum, eigene Schwerpunkte** oder **regionale Besonderheiten** zu berücksichtigen.
- Zahlreiche Abbildungen, aktuelle Schaubilder, Begriffsschemata und Gegenüberstellungen erhöhen **die Anschaulichkeit und Einprägsamkeit** der Informationen.
- Mit dem Einsatz von **Icons, Bildern** und **Farbe** verfolgen wir zwei Ziele: Zum einen möchten wir die vorhandene **didaktische Struktur** des Lehrbuches (Lernsituation, Merksätze, Kompetenztraining) noch „augenscheinlicher“ machen; zum anderen denken wir, dass Farbe und Bilder – sinnvoll eingesetzt – die Lust auf das Erlernen volkswirtschaftlicher Inhalte und damit auch den **Lernerfolg** steigern kann.
- Ein **ausführliches Stichwortverzeichnis** hilft Ihnen dabei, Begriffe und Erläuterungen schnell aufzufinden.

Wir hoffen, mit der Vorlage dieses Buches die erforderlichen Unterrichtshilfen zur Erreichung der gemäß den Rahmenrichtlinien angestrebten Kompetenzen geben zu können. Für jede Art von Anregungen und Verbesserungsvorschlägen danken wir allen Benutzern im Voraus.

Wir wünschen Ihnen einen **guten Lehr- und Lernerfolg**!

Die Verfasser

Inhaltsverzeichnis

C Das gesamtwirtschaftliche Zielsystem der Bundesrepublik Deutschland

D Konjunkturindikatoren und wirtschaftspolitische Konzepte

Bilderverzeichnis

A Wirtschaftssubjekte im komplexen volkswirtschaftlichen Umfeld

Lernsituation A1
Verhalten, Entscheiden und Handeln in einer Volkswirtschaft

Der Schüler Maximilian Mutschke sitzt abends gemeinsam mit seinen Eltern und seiner Schwester im Wohnzimmer, um den in einigen Monaten anstehenden Familienurlaub zu planen. Gleich zu Beginn des Gesprächs wird jedoch deutlich, dass die Wünsche und Interessen der vier Familienmitglieder weit auseinanderliegen.

So bevorzugt Maximilian einen etwa zweiwöchigen Urlaub in einem großen Luxushotel, mit „All-inclusive-Verpflegung" und funktionsfähigem WLAN, damit er auch während des Urlaubs über seine sozialen Netzwerke ausgiebig kommunizieren kann. Als Reiseziel kommt für ihn nur ein sonniger Urlaubsort auf einer spanischen Insel mit vielfältigen Möglichkeiten zum abendlichen Ausgehen in Betracht.

Dieser Wunsch stößt jedoch sogleich bei seiner Schwester Karla auf erheblichen Widerstand. Sie legt ihrem Bruder einen im Internet recherchierten Artikel vor, in dem auf die durch den Massentourismus verursachten Folgen hingewiesen wird und lehnt deshalb eine solche Reise kategorisch ab.

Negative Auswirkungen des Massentourismus für die betroffenen Länder

Längst ist es nicht mehr nur Mallorca oder Ibiza. Seit Öffnung des Eisernen Vorhangs vor 20 Jahren und der damit verbundenen Erweiterung der Reiseziele für westliche Staaten, haben auch immer mehr osteuropäische Länder mit den negativen Auswirkungen des Massentourismus zu kämpfen. Die einen mussten es schon live erleben, die anderen kennen es aus den Medienberichten, die in Boulevard-Magazinen über heimische Bildschirme flimmern: Urlaubszeit bedeutet für einen gewissen Anteil der Bevölkerung jedes Jahr das Gleiche: in den Süden zu fahren, um in „All-Inclusive-Resorts" mit absoluter Hemmungslosigkeit der heutigen Spaßgesellschaft zu frönen. Dies bedeutet nicht selten, tägliches „Saufen bis zum Umfallen". Die Kehrseite dieser Feier-Orgien ist dann häufig am nächsten Morgen sichtbar. Die Urlaubsgäste liegen volltrunken am Strand neben ihrem Erbrochenen und einem Haufen leerer Bierflaschen. Ein nicht gerade appetitlicher Anblick, der sowohl am Image des Gastlandes als auch am Image der Gäste nagt.

Neben diesen unmittelbaren Auswirkungen ergeben sich mittelfristig auch indirekte Konsequenzen für das Gastland. Jeder Massentourismus, seien es die Wintersport-Gebiete in den Alpen oder die Badeorte am Mittelmeer, braucht eine gewisse Infrastruktur. Übernachtungsmöglichkeiten und Freizeitangebote schießen wie Pilze aus dem Boden und verdrängen das über Jahrhunderte gewachsene Bild der Altstädte oder machen aus einem abgeschiedenen Bergdorf ein Luxustouristik-Hotel, in dem die Preise in den Einkaufsmärkten und die Wohnungsmieten nur noch für Leute bezahlbar bleiben, die dorthin kommen, um in den zwei Wochen ihres Urlaubs so richtig auf den Putz zu hauen und bestimmt nicht um jeden Euro zweimal umzudrehen.

Dies hat gravierende Folgen: Über die Jahre und Jahrzehnte wird sich in diesen Orten die Bevölkerungsstruktur ändern. [...] Weiterhin wird sich die gewachsene lokale Kultur den eingeschleppten Gepflogenheiten mit der Zeit unterordnen und diese an manchen Stellen ganz ersetzen. Das liegt daran, dass es den Urlaubsgästen weniger um die Entdeckung der Kultur der Einheimischen geht, als vielmehr auch in der „Fremde" die aus der Heimat gewohnten Strukturen vorzufinden.

Dass man auf Mallorca oder Ibiza Urlaub machen kann, ohne ein Wort Spanisch zu sprechen, ist vielleicht noch das Normalste. Der Trend geht aber mittlerweile dahin, dass sich regelrechte Parallelwelten entwickeln, in denen die Urlauber beim deutschen Metzger oder Bäcker einkaufen, sich vom deutschen Arzt behandeln lassen oder durch den deutschen Anwalt juristisch vertreten lassen können. Hier wurden bereits die Einheimischen aus dem Markt gedrängt. Die negativen Folgen des Massentourismus sind unübersehbar. [...]

Quelle: www.technihima.in-team.biz

Karla wünscht sich eher eine einwöchige Urlaubsreise in eine ruhige und abgelegene Pension an einem See; vorzugsweise in einem skandinavischen Land. Dort hätte man dann vor allem ganz viel Ruhe zum Lesen.

Die Mutter äußert den Wunsch, eine speziell auf Familien zugeschnittene Bildungsreise nach Ägypten anzutreten, wobei in den drei Wochen mindestens zehn verschiedene historische Orte bereist werden sollten.

Der Vater hingegen würde einen 10-tägigen Urlaub im Wohnmobil bevorzugen. Als mögliches Ziel nennt er die italienischen Dolomiten, vor allem wegen der vielfältigen Möglichkeiten von Outdoor-Aktivitäten, die er zum Stressabbau dringend benötigt. Bezüglich der Dauer des Urlaubs weist er darauf hin, dass ihm im Zuge der Urlaubsplanung und -absprachen im Betrieb nur zwei Urlaubswochen in den Ferien zustehen würden und die wolle er nicht komplett für eine Reise einplanen. Schließlich müsse er sich im Anschluss an die Urlaubsreise noch ein paar Tage zu Hause erholen, bevor es mit der Arbeit wieder losgeht.

Urlaubswünsche der Familie Mutschke

Kompetenzorientierte Arbeitsaufträge:

1. Stellen Sie sich vor, Sie gewinnen eine „Traumreise Ihrer Wahl". Formulieren Sie möglichst ausführlich Ihre eigenen Wünsche, Bedürfnisse und Interessen hinsichtlich einer solchen Urlaubsreise!
2. Nennen Sie vor dem Hintergrund der vorangestellten Lernsituation mögliche Wirtschaftsteilnehmer, die Einfluss auf die Urlaubsplanung der Familie haben!
3. Zeigen Sie auf, inwiefern Sie bei Ihrer in Aufgabe 1 durchgeführten Urlaubsplanung die Interessen Ihres gesellschaftlichen Umfeldes (Familie, Freunde, Schule usw.) berücksichtigen würden!
4. Erläutern Sie ausführlich, welche Wirkungen Ihre persönliche wirtschaftliche Situation konkret auf die in Aufgabe 1 zusammengestellte Urlaubsplanung hat, falls Sie diesen Urlaub selbst oder durch Ihre Eltern finanzieren müssten!
5. Stellen Sie sich vor, ein Tourismusexperte würde Sie über negative Auswirkungen Ihrer in Aufgabe 1 geplanten Traumreise informieren.

   5.1 Erläutern Sie zunächst kurz drei mögliche negative Auswirkungen Ihres unter 1. geplanten Urlaubs, die Sie auf gar keinen Fall davon abhalten würden, Ihren „Traumurlaub" umzuplanen!

   5.2 Formulieren Sie mindestens drei negative Auswirkungen, die Sie in einem solchen Fall dazu veranlassen würden, Ihre Traumreise so umzuplanen, dass diese Auswirkungen vermieden würden!

1 Wirtschaftsteilnehmer Haushalt, Unternehmen und Staat

Jeder von uns kommt tagtäglich mit **wirtschaftlichen Sachverhalten** in Berührung. Ganz gleich, ob wir in den unterschiedlichsten Geschäften lebensnotwendige oder weniger notwendige Waren kaufen, ob wir eine Kinokarte erwerben, mit dem Handy telefonieren, per Internet über entsprechende Portale entgeltlich Musik streamen oder ob wir eine Schule besuchen bzw. einen Ausbildungsplatz mit dem Ziel annehmen, später durch die Ausübung einer entsprechenden Arbeit Geld zu verdienen. Wir alle **konsumieren** tagtäglich **vielfältige Produkte** und **Dienstleistungen,** die andere Menschen bzw. Unternehmen oder staatliche Einrichtungen erzeugt haben und für uns bereithalten.

In der Volkswirtschaftslehre bezeichnet man als **Wirtschaftssubjekt** jede **wirtschaftlich selbstständig handelnde Einheit.** Dies kann z. B. ein privater Haushalt, ein Unternehmen, ein Kreditinstitut oder ein Staat sein.

Wenn wir früher oder später einer Arbeit in einem Unternehmen oder einer staatlichen Einrichtung nachgehen, interessiert uns nicht nur, ob die Arbeit Spaß macht oder zumindest nicht als unangenehm empfunden wird und ob wir ein gutes Betriebsklima vorfinden, sondern auch die Höhe der Vergütung.

Wenn wir das verdiente Geld schließlich ausgeben, werden wir uns zumeist die Frage stellen, ob die Preise der Güter und Dienstleistungen, die wir kaufen wollen, angemessen und für unsere verfügbaren Geldmittel verkraftbar sind. Wir sind, ob wir wollen oder nicht, Glieder einer Gesellschaft und damit der Wirtschaft.

- Die **Wirtschaft** ist ein wichtiger Teil unseres Lebensbereichs, der im Kern die **Versorgung mit Gütern und Dienstleistungen** zum Gegenstand hat.
- Die **Volkswirtschaft** ist die Summe aller Einrichtungen und sozialen Handlungen, die der **Bedarfsdeckung** – also der Versorgung mit Gütern und Dienstleistungen – innerhalb eines Staates dienen.

2 Ökonomische Modelle

(1) Beobachtung ökonomischer Sachverhalte

Mit dem Alltagswissen über wirtschaftliche Erscheinungen können wir nicht erklären, weshalb bestimmte **ökonomische** (wirtschaftliche) Sachverhalte so und nicht anders ablaufen. Dies ist vielmehr Aufgabe wissenschaftlicher Untersuchungen (Analysen). Bei der Erkenntnisgewinnung kann die Volkswirtschaftslehre dabei weniger auf die in anderen wissenschaftlichen Bereichen üblichen kontrollierten Laborversuche oder Experimente zurückgreifen. Der Wirtschaftswissenschaftler muss vielmehr zu untersuchende Zusammenhänge und mögliche ursächliche Gesetzmäßigkeiten in erster Linie gedanklich durchdringen. Hierbei kommt der **Beobachtung der Wirklichkeit** eine besondere Bedeutung zu.

(2) Modellbildung

Mit Blick auf die vielen Verzahnungen des Wirtschaftsgeschehens ist es jedoch nahezu unmöglich, alle Bereiche bei der Gewinnung von Erkenntnissen mit zu berücksichtigen. Somit vollzieht sich ökonomisches Denken typischerweise in Form von **Modellen,** die lediglich einen Teil der komplexen Realität (Wirklichkeit) abbilden. Mit ihrer Hilfe lassen sich die Grundzüge des Wirtschaftsprozesses oder gar das Zusammenspiel von Haushalten, Unternehmen, dem Staat und anderen Wirtschaftssubjekten vereinfacht darstellen.

- **Modelle** sind eine **gedankliche Hilfskonstruktion** zur **vereinfachten** Abbildung der Realität.
- Einfache Modelle abstrahieren die Wirklichkeit und werden anschließend dem **Prinzip der abnehmenden Abstraktion** folgend durch schrittweise Einführung zusätzlicher, realitätsnaher Annahmen nach und nach verbessert.

Beispiel:

Untersucht man in der Volkswirtschaftslehre den Verlauf der nachgefragten Menge, so beschränkt sich diese Betrachtung beispielsweise auf die Änderung der Nachfragemenge bei Variation des Preises des nachgefragten Gutes.

Dabei bleiben andere Faktoren, z. B. die Einkommensentwicklung, die Veränderung der Qualität des nachgefragten Produktes, die Bedeutung dieses Produktes innerhalb der Bedürfnishierarchie des Nachfragers oder gar die Preisentwicklung anderer Güter, zunächst außen vor. Erst nach und nach werden in das vereinfachte Ausgangsmodell auch diese Faktoren mit einbezogen, um komplexere Zusammenhänge zu veranschaulichen und gedanklich zu durchdringen.

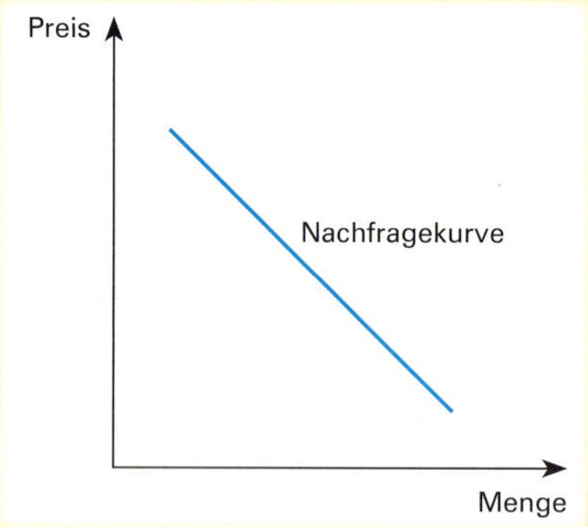

Als weiteres typisches Beispiel für die Vorgehensweise nach dem Prinzip der abnehmenden Abstraktion kann der Übergang vom Modell des einfachen Wirtschaftskreislaufs zum erweiterten Wirtschaftskreislauf angeführt werden (vgl. Kapitel 6.3).

(3) Ceteris-paribus-Klausel

Ein wertvolles Hilfsmittel bei der Konstruktion von Modellen ist die sogenannte Ceteris-paribus-Klausel **(„unter sonst gleichen Bedingungen“),** die es im Kern ermöglicht, den Einfluss einer Größe als **Ursache** (in vorgenanntem Beispiel die Preisänderung) auf eine andere Größe im Sinne einer **Wirkung** (in obigem Beispiel die nachgefragte Menge) isoliert unter Konstanz der übrigen Bedingungen zu untersuchen.

Beispiel:

So ermöglicht diese Klausel eine Aussage darüber zu treffen, wie sich die nachgefragte Menge nach Gut X ändert, wenn der Preis für dieses Gut fällt und alle anderen Bedingungen (z. B. Qualität dieses Gutes, Einkommen der Haushalte, Preise anderer Güter) unverändert bleiben.

3 Wirtschaftssektoren in Deutschland

(1) Gliederung der Wirtschaftssektoren

Untergliedert man die verschiedenen Zweige einer **arbeitsteiligen** Wirtschaft in **vertikaler** (senkrechter) Richtung, so lassen sich folgende Wirtschaftsbereiche unterscheiden:

Wirtschaftsbereiche	Erläuterungen	
Erzeugung (primärer Sektor)	Die Funktion dieses Sektors ist die **Bereitstellung** von Rohstoffen. Hierzu zählen beispielsweise land- und forstwirtschaftliche Betriebe, Fischereien, Bergbauunternehmen, Kiesgruben, erdöl- und erdgasfördernde Betriebe.	
Weiterverarbeitung (sekundärer Sektor)	Gegenstand dieser Unternehmen ist die **Umwandlung** der Rohstoffe in Investitions- und Konsumgüter.	
Verteilung (tertiärer Sektor)	Unternehmen dieser Wirtschaftsstufe übernehmen die **Verteilung** der Güter vom Produzenten bis zum Endverbraucher. Hierzu zählen in erster Linie Handelsbetriebe.	
Sonstige Dienstleistungsbetriebe	Die Übernahme von **Hilfsfunktionen** bei der Erzeugung, Weiterverarbeitung und Verteilung von Gütern obliegt den Dienstleistungsunternehmen, die **ebenfalls** dem **tertiären Sektor** zugerechnet werden (z. B. Kreditinstitute, Versicherungen, Verkehrsbetriebe).	

(2) Bedeutung der Wirtschaftssektoren

Die Bedeutung der einzelnen Wirtschaftssektoren **verändert** sich im Zeitablauf. Wie nachfolgende Abbildung zeigt, hat sich auch in Deutschland in den letzten zweihundert Jahren eine deutliche Verlagerung vom primären zum sekundären und schließlich zum tertiären Sektor vollzogen. Nicht ohne Grund spricht man hierzulande nicht mehr von der Industrie-, sondern von der **Dienstleistungsgesellschaft,** da mittlerweile **mehr als 70 % aller Arbeitsplätze** im tertiären Sektor angesiedelt sind. Die Ursachen für diesen **Strukturwandel** sind sehr vielschichtig, wie beispielsweise: Veränderung der Nachfrage, neue Technologien oder Produktivitätsfortschritte.

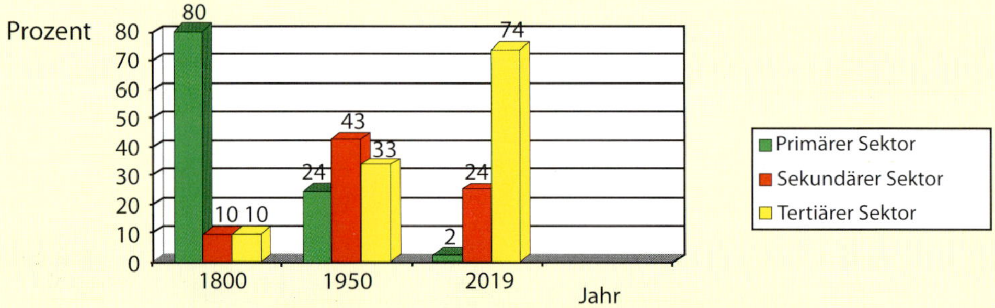

Prozentuale Aufteilung der Erwerbstätigen in Deutschland gegliedert nach den drei Sektoren

4 Konsumverhalten der Menschen

4.1 Problemstellung

Das zur Verfügung stehende **Einkommen** einer Privatperson kann entweder für **Konsumzwecke** ausgegeben oder **gespart** werden.

Unter **Konsum**[1] versteht man die Inanspruchnahme von Gütern zur Bedürfnisbefriedigung.

Das Konsumverhalten (Verbraucherverhalten) ist neben der Höhe des Einkommens von vielen anderen Faktoren abhängig und verändert sich im Laufe der Zeit.

Das **Konsumverhalten** der Verbraucher wird laufend **wissenschaftlich erforscht,** da es sowohl für die Entwicklung der gesamten **Volkswirtschaft** als auch für die Selbstverwirklichung jedes **Einzelnen** von großer Bedeutung ist.

1 **Konsumieren:** verbrauchen, verzehren.

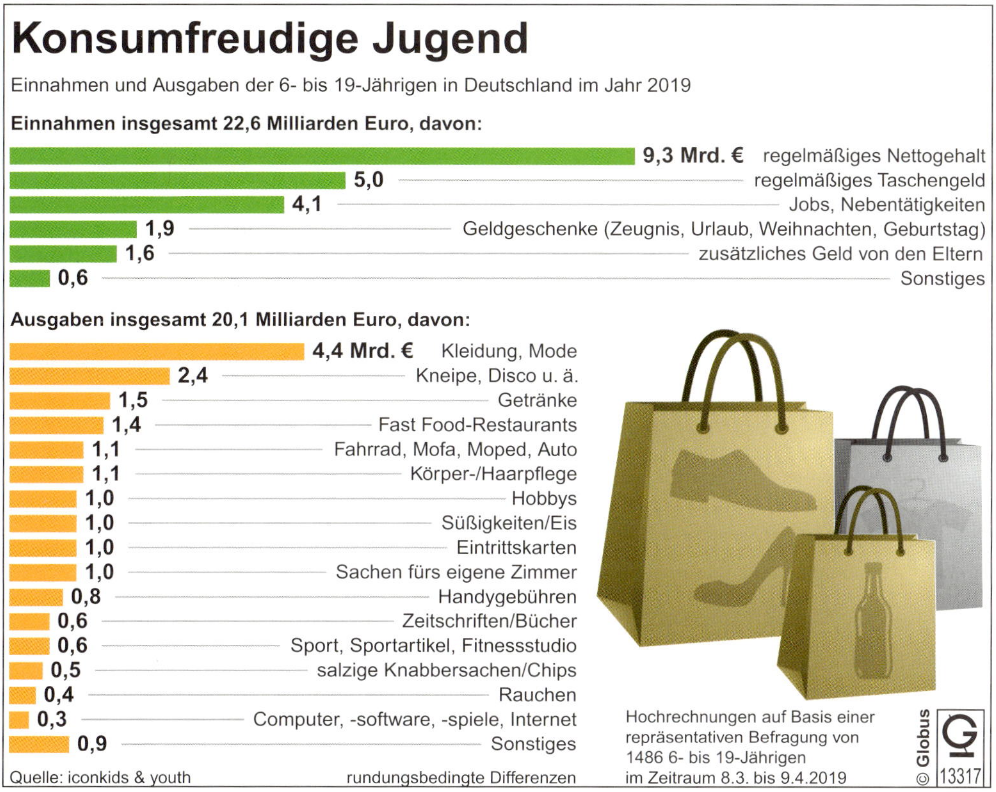

Um das Konsumverhalten der Verbraucher zu ermitteln, werden insbesondere folgende zwei Fragen gestellt:

- Wie lässt sich das **Konsumverhalten** der Verbraucher **erklären?**
- Wie **verwirklichen** (realisieren) die Verbraucher ihre **Konsumwünsche?**

4.2 Erklärungsansätze zum Konsumverhalten

Im Folgenden stellen wir ökonomische und soziologische Erklärungsansätze zum Konsumverhalten (Verbraucherverhalten) vor.

(1) Ökonomische Erklärungsansätze zum Konsumverhalten

Ökonomische Erklärungsansätze zum Konsumverhalten unterstellen, dass der Verbraucher sich immer nach dem **ökonomischen Prinzip**[1] verhält. Dieses besagt, dass der Verbraucher versucht, die Ware möglichst billig zu erwerben **(Minimalprinzip)** bzw. mit dem vorhandenen Geld möglichst viele Waren zu kaufen **(Maximalprinzip)**. Der Preis eines bestimmten Gutes bestimmt also vorwiegend das Kaufverhalten.

1 **Prinzip**: Grundsatz.

2 Merkur-Nr. 0589

Der **gut informierte** und **rational**[1] **handelnde** Konsument zeigt nach dem ökonomischen Ansatz auf einem Markt mit mehreren Anbietern folgende theoretische Grundverhaltensweisen:

- **Steigt** der **Preis** eines Gutes, **sinkt** die nachgefragte **Menge** dieses Gutes.
- **Fällt** der **Preis** eines Gutes, **steigt** die nachgefragte **Menge** dieses Gutes.

Die Hauptkritik an den ökonomischen Erklärungsansätzen des Konsumverhaltens bezieht sich auf die Tatsache, dass **allein** wirtschaftliche Überlegungen als entscheidend für Kaufhandlungen angesehen werden. Sowohl die subjektiven Wahrnehmungen der Konsumenten als auch das soziale Umfeld von Konsumentscheidungen werden außer Acht gelassen.

(2) Soziologische Erklärungsansätze zum Konsumverhalten

Die soziologischen[2] Ansätze untersuchen hinsichtlich des Konsumverhaltens die Wechselbeziehungen zwischen dem einzelnen Verbraucher und seiner **sozialen Umwelt.** Typische soziologische Ansätze sind beispielsweise das Bezugsgruppenmodell und das Meinungsführermodell.

Bezugsgruppenmodell	Unter Bezugsgruppen werden solche Gruppen verstanden, mit denen sich ein Mensch identifiziert, und zwar unabhängig davon, ob er dieser Gruppe angehört oder nicht. Für das Konsumverhalten bedeutet dies, dass sich der Konsument bei seiner Kaufentscheidung an den Norm- und Wertvorstellungen (Verhaltensregeln) bestimmter sozialer Gruppen (Familie, Freundeskreis, Kollegen, soziale Schicht) ausrichtet. Das Einhalten von diesen Norm- und Wertvorstellungen wird von seinem sozialen Umfeld belohnt, das Abweichen bestraft. Von besonderer Bedeutung als Bezugsgruppen sind die Familie und die Clique. 
Meinungsführermodell	Meinungsführer (opinion leaders) gelten als besonders sachverständig und kompetent, ihre Ansichten und Urteile werden von vielen Gruppenmitgliedern anerkannt und/oder übernommen. Das Meinungsführermodell besagt, dass diese Meinungsführer das Kaufverhalten und die Kaufentscheidungen von Gruppenmitgliedern in stärkerem Maß beeinflussen als andere. 

1 **Ratio:** Verstand, rational: vom Verstand gesteuert, vernünftig.

2 **Soziologisch:** von den Zusammenhängen in der menschlichen Gesellschaft ausgehend.

4.3 Veränderung der Konsumwünsche

Das Konsumverhalten hat sich in den letzten Jahrzehnten grundlegend verändert. Der Verbraucher, der seinen Bedarf im Rahmen eines starr geplanten Verhaltens deckt, wird seltener. Stattdessen rückt die spontane, erlebnishafte Bedürfnisbefriedigung in den Vordergrund.

Gründe für die Veränderung des Konsumverhaltens sind u. a.:

- Die vergangenen Jahre waren durch einen **Wertewandel** hin zur Individualisierung und Erlebnisorientierung gekennzeichnet.
- Immer mehr **Frauen** sind berufstätig und haben ein **eigenes Einkommen.**
- Die Globalisierung beeinflusst den Lebensstil. Das große Warenangebot vervielfacht die **Konsumalternativen.**
- Die Verbraucher sehen im Konsum eine Belohnung für die geleistete Arbeit. **Einkaufen** („Shoppen") wird zu einer beliebten Form der **Freizeitgestaltung.**

Der **Wandel vom Versorgungs- zum Erlebniskonsum** begann zunächst im Urlaubs- und Freizeitbereich und hat mittlerweile auch den Bereich der allgemeinen Lebensführung erreicht.

Die **Erlebnisqualität** wird zu einem immer wichtigeren Kaufkriterium. Konsumgüter ohne erkennbaren Erlebniswert verlieren zunehmend an Attraktivität.

4.4 Fehlentwicklungen im Konsumverhalten

Die zunehmende Konsumorientierung führt nicht selten zu einem **Konsumzwang.** Gekauft wird nicht mehr in erster Linie, um seine Versorgung sicherzustellen, sondern um akzeptiert zu werden oder um Spaß zu haben – koste es, was es wolle.

(1) Konsumententypen

Insbesondere die folgenden drei Konsumententypen schieben sich immer stärker in den Vordergrund:

Anpassungs-konsument	■ Die Anpassungskonsumenten wollen sich nicht ausschließen, haben Angst vor dem „Out-Sein" und passen sich daher an. Sie sind fasziniert vom Konsumieren und Leben in einer Freizeitwelt zwischen Partys, Shoppen, Superstar und teuren Autos. Sie leben häufig über ihre Verhältnisse. ■ Zu den Anpassungskonsumenten zählen überwiegend Jugendliche, vor allem Schüler und Auszubildende.
Geltungs-konsument	■ Die Geltungskonsumenten tragen ihre erworbenen Konsumgüter zur Schau. Für sie gehören Geld und Geltung zusammen und sie lassen sich ihren demonstrativen Konsum von anderen bestätigen. Dabei sind ihnen ihre persönlichen Interessen wichtiger als feste Bindungen. ■ Zu den Geltungskonsumenten sind überwiegend Singles und Ledige unter 40 Jahren zu rechnen.
Erlebnis-konsument	■ Die Erlebniskonsumenten möchten in der Freizeit etwas Außergewöhnliches unternehmen und sich damit von „familiären" Typen abgrenzen. Alltägliches langweilt sie. Sie könnten die Erfinder der Wegwerf-Gesellschaft gewesen sein. ■ Zu den Erlebniskonsumenten gehören überwiegend Männer unter 40 Jahren, vor allem ledige und geschiedene.

(2) Gefahren der Konsumorientierung

Diese drei Konsumententypen stehen in der Gefahr, dass sie aus einem „Frust heraus" konsumieren. Die Lust auf Konsumieren entspringt dann der Angst vor der eigenen inneren Leere. Aus einer zu starken und sehr zeitintensiven Konsumorientierung heraus erwachsen insbesondere folgende Gefahren:

- Die **Bereitschaft** der Menschen, **selbst Verantwortung und Verpflichtungen zu übernehmen** und sich gegenseitig in bestimmten Situationen zu helfen, **sinkt.** Gegenseitige Anteilnahme und Hilfe wird zur **bezahlten** Dienstleistung.
- Die Konsumgesellschaft bringt persönliche **Desorientierung** und **Verhaltensunsicherheit** mit sich. Man hat Angst vor dem Verlust von sozialen Statussymbolen und damit auch der Anerkennung. Konsum überdeckt die innere Leere, die man aus eigener Kraft nicht füllen kann.
- Das Kreditkartenzücken ist oftmals sichtbarer Ausdruck einer neuen Form der Konsumabhängigkeit. Das **„Über-die-eigenen-Verhältnisse-Leben"** ist ein weiteres Merkmal dieser Fehlentwicklung im Verbraucherverhalten.

Diese Gefahren dürfen nicht unterschätzt werden. Der Konsument muss daher in die Lage versetzt werden, Konsumentscheidungen mehr mit Vernunft und weniger vom Gefühl her zu treffen. Der Informationsaustausch mit Freunden, aber auch Verbraucherberatungsstellen können helfen, den Weg zu einem **verantwortungsbewussten** Konsumverhalten zu finden.

Allgemein gilt: Je **informierter** die Menschen als Verbraucher sind und je **größer** ihre **Unabhängigkeit** gegenüber den Verlockungen des Konsumangebots ist, desto stärker können sie die Entwicklung der Konsumgesellschaft beeinflussen, sie in ihrem Sinne mitgestalten und verändern.

Jeder **Einzelne** kann durch seine Kaufentscheidung auf die **Produktionsentscheidung** der Anbieter einwirken und damit die **Entwicklung** von Wirtschaft, Gesellschaft und Umwelt mitbestimmen.

Kompetenztraining

1

1. Erläutern Sie, worin sich allgemein die ökonomischen und soziologischen Erklärungsansätze des Verbraucherverhaltens unterscheiden!
2. Begründen Sie, warum das Konsumverhalten nicht nur aus rein ökonomischer Sicht erklärt werden kann!
3. Erläutern Sie das Bezugsgruppen- und das Meinungsführermodell! Welche Aufgaben haben beide Modelle im Kaufentscheidungsprozess eines Verbrauchers?
4. Führen Sie an, durch welche Handlungsweisen Kaufrisiken vermindert werden können!
5. Erläutern Sie an zwei auf Ihre Person bezogenen Beispielen, wie verschiedene Bezugsgruppen bzw. Meinungsführer Einfluss auf Ihre Kaufentscheidung nehmen können!

2 Lesen Sie zunächst nachfolgenden Text zum Konsumverhalten!

Konsumverhalten – Die tägliche Verführung

Niemand schöpfte Verdacht. Nicht die Freundinnen, denen Gina Morgenson den prickelnden Schaumwein aus Australien einschenkte und die Bodylotion einer Naturproduktserie ans Herz legte. Nicht die Nachbarn, denen Eric Morgenson beim Barbecue seinen neuen Grill präsentierte. Nicht die Mitschüler, denen die Söhne ihre coolen Rucksäcke und Snowboards vorführten. Vertrauensvoll wie Lämmer folgten Nachbarn und Freunde den Morgensons – und kauften und kauften, was immer diese sympathische, gut situierte Familie ihnen anpries. Sie ahnten nicht, dass sie Teil eines verblüffenden Experiments waren und wie Marionetten dem Willen eines einzigen Mannes folgten.

Martin Lindstrom ist ein zierlicher, jungenhaft wirkender Mann, man sieht ihm nicht an, welche Macht er hat. Doch Lindstrom gilt als Marketing-Guru. Er berät Firmen, die ihre Produkte erfolgreicher vermarkten wollen. Er weiß, wie man Menschen verführt. Und er sorgte dafür, dass die Einwohner von Laguna Beach in Kalifornien […] plötzlich ganz verrückt nach bestimmten Markenprodukten waren. Inspiriert von dem Hollywoodfilm *The Joneses – Verraten und verkauft*, in dem vier als Familie getarnte Marketingagenten ihren Nachbarn neue Produkte unterjubeln, wollte Lindstrom herausfinden, welchen Einfluss Freunde und Bekannte auf Kaufentscheidungen haben.

Er stellte den Film mit einer echten Familie nach, den Morgensons. Eine eigens engagierte Castingagentin hatte sie nach monatelanger Suche gefunden. Die Morgensons waren sozial gut vernetzt, erfolgreich und sahen gut aus – sie verkörperten den amerikanischen Traum. Lindstrom ließ 35 Kameras und 25 Mikrofone in ihrem Haus verstecken, um vier Wochen lang zu beobachten, wie sie ihren Freunden und Nachbarn bei jeder Gelegenheit die ausgewählten Seifen, Weine oder Schuhe aufzuschwatzen versuchten. Das Ergebnis übertraf Lindstroms kühnste Erwartungen: Jeder der Freunde kaufte später im Schnitt drei der gelobten Produkte.

Tagtäglich werden wir systematisch von Marketingexperten und Werbegenies manipuliert. Mit immer raffinierteren Methoden versuchen sie, die geheimsten Wünsche und Gefühle der Menschen zu ergründen und ihre Konsumgewohnheiten auszuspionieren – um sie dann zum Kauf immer neuer Produkte zu verführen.

Und nur allzu bereitwillig gehen wir auf ihre Manipulationen ein, geben den Versuchungen nach. Denn Kaufen verspricht Glück – weckt doch jedes neue Produkt die Hoffnung, das Leben noch ein klein wenig besser zu machen. Die Tricks der Marketingstrategen und Verkäufer treffen heute mehr denn je auf eine verunsicherte Gesellschaft, die nach

Halt und Bestätigung sucht, oft auch nur nach Beschäftigung. Kaufen ist ein Hobby geworden, ein Mittel zur Stimmungsregulation und Selbstoptimierung, manche sagen sogar: eine neue Weltreligion.

Doch das Glück in Tüten ist trügerisch. Wen hat nicht schon einmal nach dem Rausch das schlechte Gewissen beschlichen (Dispokredit! Klimawandel! Welthunger!) und das schale Gefühl, dass immer mehr nie genug ist – wohl aber Geld, Zeit und Energie kostet. [...]

Quelle: ZEIT Online vom 31.05.2012.

Aufgabe:

Beschreiben Sie, inwieweit dieser Artikel Ihr persönliches Konsumverhalten bzw. Ihre Konsummotive konkret beschreibt. Gehen Sie dabei insbesondere darauf ein, durch wen und in welcher Form Ihr Einkaufsverhalten beeinflusst wird!

5 Entstehung von Nachfrage

5.1 Begriff und Arten der Bedürfnisse

(1) Begriff Bedürfnisse

Unter Bedürfnissen versteht man **Mangelempfindungen** der Menschen, die diese beheben möchten. Die Bedürfnisse sind die **Antriebe** (Motive) für das wirtschaftliche Handeln der Menschen.

Die Wirtschaftswissenschaft unterstellt, dass die Bedürfnisse der Menschen **unersättlich** sind, sie also fortwährend bestrebt sind, einen **immer höheren Versorgungsgrad** zu erreichen.

(2) Gliederung der Bedürfnisse

Gliederung der Bedürfnisse nach der Dringlichkeit

Bedürfnisse	Erläuterungen	Beispiele
Existenzbedürfnisse	Sie sind körperliche Bedürfnisse. Sie müssen befriedigt werden: Ihre Befriedigung ist lebensnotwendig.	■ Hunger, Durst; ■ das Bedürfnis, sich vor Kälte schützen zu wollen.
Kulturbedürfnisse	Sie entstehen mit zunehmender kultureller, also auch technischer, wirtschaftlicher oder künstlerischer Entwicklung, weil die Ansprüche, die der Einzelne an das Leben stellt, wachsen.	■ Sich modisch kleiden wollen; ■ der Wunsch nach einer Ferienreise; ■ ein eigenes Auto fahren wollen.
Luxusbedürfnisse	Von Luxusbedürfnissen spricht man, wenn sich die Bedürfnisse auf Sachgüter oder Dienstleistungen richten, die sich in einer bestimmten Gesellschaft nur wenige Begüterte leisten können.	■ Eine sehr teure Luxusuhr tragen; ■ eine Villa mit Swimmingpool und/oder ■ eine Segeljacht besitzen wollen.

Eine **genaue Abgrenzung** zwischen Kultur- und Luxusbedürfnissen ist nicht immer ohne Weiteres möglich. Gemeinsam ist ihnen, dass ihre Befriedigung **nicht** unbedingt lebensnotwendig ist.

Gliederung der Bedürfnisse nach dem Bedürfnisträger

Bedürfnisse	Erläuterungen	Beispiele
Individualbedürfnisse[1]	Sie richten sich auf Güter, die der Einzelne für sich allein (bzw. innerhalb seiner Familie, d.h. seines privaten Haushalts) konsumieren kann.	Die Wünsche, Pizza zu essen, Getränke zu sich zu nehmen, ein eigenes Smartphone oder Auto zu besitzen.
Kollektivbedürfnisse[2]	Sie werden mit Gütern befriedigt, die allen Mitgliedern der Gesellschaft zur Nutzung zur Verfügung stehen sollten.	Wünsche, auf einer Landstraße Motorroller zu fahren, ein öffentliches Verkehrsmittel zu benutzen, an einer staatlichen Universität zu studieren; das Bedürfnis, in einer sauberen Umwelt zu leben.

Mit **zunehmender Industrialisierung** ist zu beobachten, dass die **Kollektivbedürfnisse anwachsen.** Die Ansprüche an den Staat werden immer umfangreicher (z.B. Forderungen nach besseren Schulen, mehr Universitäten, mehr Umweltschutz, besseren Straßen).

Gliederung der Bedürfnisse nach der Bewusstheit der Bedürfnisse

Bedürfnisse	Erläuterungen	Beispiele
Offene Bedürfnisse	Bei offenen Bedürfnissen handelt es sich um solche Mangelempfindungen, die dem Einzelnen bewusst sind.	Im Anschluss an eine Doppelstunde Sport verspürt ein Schüler den Wunsch, etwas zu trinken, um seinen Durst zu löschen.
Latente[3] **Bedürfnisse**	Sie sind beim Einzelnen unterschwellig vorhanden und müssen erst noch durch die Umwelt geweckt werden. Die Bewusstwerdung dieser im Unterbewusstsein bereits existenten Wünsche wird durch einen „äußeren Reiz“ ausgelöst.	So hat gewiss jeder schon einmal die Erfahrung gemacht, dass er beim Shopping – angelockt von einer Schaufensterauslage oder einem herrlichen Essensduft – etwas gekauft hat, was bis zu diesem Zeitpunkt nicht auf seiner „Einkaufsliste“ stand.
Manipulierte[4] **Bedürfnisse**	Bei manipulierten Bedürfnissen handelt es sich um ein Mangelempfinden, das gezielt von Werbung, Politik, Medien oder anderen Manipulatoren erzeugt wird. Dabei spricht insbesondere die Werbung nicht nur (latent) vorhandene Bedürfnisse an, sie erzeugt vielmehr bei den Zielgruppen auch neuartige Bedürfnisse.	Das Image der aktuellen Pop- und Rock-Stars und die damit verbundene Art, sich zu schminken oder zu kleiden, wird regelmäßig von gewissen Medien zur Mode stilisiert und infolge millionenfach verkauft. Zudem wird häufig beim Kauf einer bestimmten Marke eine Elitezugehörigkeit unterstellt. Weitere Beispiele sind Modetrends bei Frisuren, Schönheitsidealen, Körperkult.

1 **Individualbedürfnis:** Bedürfnisse des Einzelnen (von Individuum: Einzelwesen).

2 **Kollektiv:** Gesamtheit, Gemeinschaft.

3 **Latent:** versteckt.

4 **Manipulieren:** Menschen bewusst und gezielt beeinflussen oder lenken.

Bedürfnispyramide nach Maslow

Der Mensch wird, wenn er **vernünftig (rational)** handelt, zunächst die Bedürfnisse zu befriedigen suchen, die ihm am **dringlichsten** erscheinen.

Der amerikanische Psychologe Abraham Maslow hat deshalb das Konzept einer Bedürfnispyramide entwickelt. Nach Maslow wird der Wunsch zur Befriedigung der Bedürfnisse einer höheren Pyramidenstufe erst dann erreicht, wenn die Bedürfnisse der **Vorstufe weitestgehend** befriedigt sind.

Bedürfnispyramide nach Maslow

Beispiel:

Ein Schüler kauft einen Pullover und erfüllt damit ein **Grundbedürfnis,** weil er nicht frieren möchte. Fordert er bewusst eine gute Faserqualität, so erreicht er damit das **Sicherheitsbedürfnis.** Mit der Auswahl von Farbe und Design befriedigt er das **soziale Bedürfnis** und zum Teil das Geltungsbedürfnis. Beim Einkauf erwartet er Beratung und Anregung zum Kombinieren mit Hemd, Tuch, Schal oder Jacke und befriedigt damit sein **Geltungsbedürfnis.** Indem er eine besondere Marke kauft (der Pullover trägt das Zeichen einer Premiummarke) in der Absicht, einen Lebensstil zu erreichen, wird ein Statuskauf vorgenommen. So trägt der Pullover durch die Selbststilisierung zur **Selbstverwirklichung** bei.

Wie nachfolgender Artikel aufzeigt, konnte wissenschaftlich nachgewiesen werden, dass der **Umgang** von Kleinkindern mit einem Bedürfnis sich in vielfältiger Weise auf das spätere Leben des Einzelnen auswirkt.

Marshmallow-Test – Nimm mich!

Was haben Marshmallows mit der Karriere zu tun? Eine ganze Menge, wie der berühmte Test von Walter Mischel beweist. Warum Sie nicht gleich nach dem erstbesten Bonbon greifen sollten, das der Chef Ihnen vor die Nase hält.

Das Experiment, mit dem der Neuropsychologe Walter Mischel von der Columbia University in New York zu einer Art Pop-Star in der Wissenschaft geworden ist, klingt so einfach wie simpel: In den Sechzigerjahren hat er amerikanische Vorschulkinder vor einen Marshmallow gesetzt und ihnen erklärt, dass sie eine zweite Süßigkeit als Belohnung bekommen, wenn sie zwanzig Minuten den Marshmallow unberührt lassen. Wenn sie allerdings den Snack vor Ablauf der Zeit aufessen oder eine Klingel betätigen, um das Aufsichtspersonal in das Labor zu holen, müssen sie sich mit nur einem Marshmallow zufriedengeben. Der Test fiel unterschiedlich aus: Einige Kinder aßen den Marshmallow sofort auf oder scheiterten schon nach wenigen Minuten; andere hielten ohne Probleme die vorgeschriebene Zeit durch – und wieder andere setzten ausgeklügelte Methoden ein, um sich abzulenken und das hochgesteckte Ziel zu erreichen.

Mischel erklärt auch, wie die Resultate mit den späteren Lebensleistungen der Versuchspersonen zusammenhängen. Die Kinder, denen es gelang, durchzuhalten und die süße Schaumzuckerware nicht zu essen, haben Jahrzehnte später erfolgreichere Wege im Berufs- und im Familienleben eingeschlagen als jene Kinder, die weniger Willensstärke zeigten. Mischels Hypothese lautet deshalb: Wer über eine starke Willenskraft verfügt und sich auf langfristige Ziele konzentriert, hat bessere Chancen, ein erfolgreiches und zufriedenes Leben zu führen. Aufschlussreich für Mischels Analyse sind besonders jene, die verschiedene Tricks einsetzten, um die zwanzig Minuten zu überstehen. Sie haben dem Wissenschaftler gezeigt, was man tun muss, um den „inneren Schweinehund" auszutricksen und ein Ziel zu erreichen. Man kann den Test deshalb symbolisch verstehen und auf alle Lebensbereiche übertragen: Im Alltag kann der zweite Marshmallow für eine Beförderung stehen, die mehr Zeit, Geduld oder Arbeit erfordert; oder für einen kleineren Bauch, für den man auf Süßigkeiten verzichten will; oder für einen Partner, dem man trotz Verlockungen treu bleiben möchte.

5.2 Bedarf

Da die Bedürfnisse der Menschen unbegrenzt sind, können sie mit Blick auf die nur **begrenzt** vorhandenen (finanziellen) **Mittel** nicht alle befriedigt werden. Der **Teil** der Bedürfnisse, der sich von dem **verfügbaren** Taschengeld oder Einkommen bzw. den Ersparnissen realisieren lässt, wird als Bedarf bezeichnet.

Beispiel:

Der 17-jährige Philipp, der sein monatliches Taschengeld schon aufgebraucht hat, würde sich gerne den neuesten James-Bond-Film im Kino ansehen. Leider bleibt dieser Wunsch zunächst ein Bedürfnis. Erst wenn er zu Beginn des neuen Monats von seinen Eltern seine 50,00 € Taschengeld erhält, könnte er sich den Film im Kino anschauen. Das Bedürfnis wird erst dann zum konkreten Bedarf.

Die mit **Kaufkraft** versehenen Bedürfnisse bezeichnet man als **Bedarf**.

5.3 Nachfrage

Die **Nachfrage** ist der Teil des Bedarfs, der **tatsächlich** am Markt an Gütern und Dienstleistungen **nachgefragt** wird.

Der Bedarf muss **nicht** in vollem Umfang mit der am Markt tatsächlich nachgefragten Gütermenge übereinstimmen, da unterschiedliche Gründe dazu führen können, dass Güter, die in den Bedarfskreis des Einzelnen fallen, letztlich nicht nachgefragt werden.

Die Nachfrage des Einzelnen basiert also auf dessen Bedürfnissen. Dabei ist die konkrete Nachfrage von verschiedenen **Kriterien** abhängig, wie beispielsweise den **Preisen** der Güter, der **Konsumsumme** und **Bedürfnisstruktur** des Nachfragenden.

Kompetenztraining

3

1. Bilden Sie zu der folgenden Aussage vier Beispiele und begründen Sie Ihre Ansicht!

„Die Feststellung, dass die Bedürfnisse den ganzen wirtschaftlichen Prozess in Gang setzen, ist eine Vereinfachung und wird der heutigen Wirklichkeit nicht voll gerecht. Es ist nicht immer so, dass zuerst Bedürfnisse vorhanden sind und als solche empfunden und dann durch Kaufentschluss und Kaufkraft zur wirksamen Nachfrage werden, dass dann Güter und Mittel produziert werden, um dem Bedürfnis zu entsprechen. Immer häufiger geht die Produktion einfach neue Wege und schafft Güter, für die zunächst keine Nachfrage vorhanden sein kann, weil niemand diese Güter kennt: Die Nachfrage muss vielmehr erst geweckt werden. [. . .]"

Quelle: Störig, Wirtschaft im Entscheidungsbereich, 6. Aufl., Frankfurt/München 1971, S. 27.

2. Nennen Sie je fünf eigene Beispiele für lebensnotwendige und nicht lebensnotwendige Bedürfnisse!

3. Erklären Sie an einem eigenen Beispiel, warum in Deutschland die heutigen Kulturbedürfnisse vor wenigen Jahrzehnten noch Luxusbedürfnisse waren!

4. Erläutern Sie, worin sich die Existenzbedürfnisse von den Kulturbedürfnissen unterscheiden!

5. 5.1 Beschreiben und interpretieren Sie das folgende Schaubild:

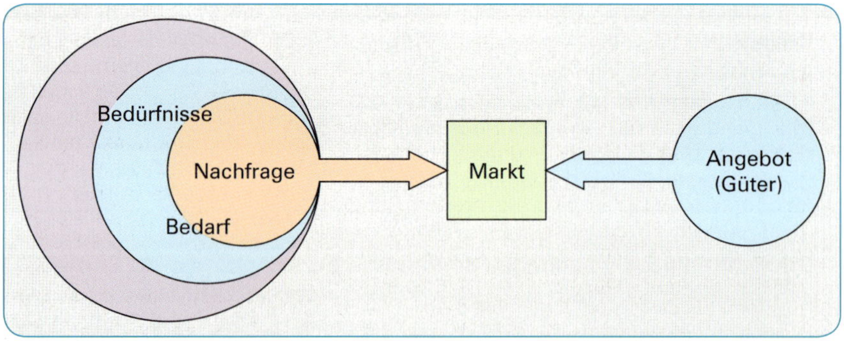

5.2 Teilen Sie die Bedürfnisse

5.2.1 nach ihrer Dringlichkeit und

5.2.2 nach den gesellschaftlichen Befriedigungsmöglichkeiten ein!

Nennen Sie zu jeder Bedürfnisart mindestens zwei selbst gewählte Beispiele aus Ihrem Lebensbereich!

Lernsituation A2
Einfache und komplexe Wirtschaftskreisläufe als Modellvorstellung vom Funktionieren einer Volkswirtschaft

Melek Ünver strebt eine Ausbildung zur Industriekauffrau an und absolviert als Schülerin der Fachoberschule Wirtschaft zurzeit ein Praktikum bei der Solartech Müller KG. Nach einigen Tagen im Betrieb nimmt sich Herr Kunz, einer der Geschäftsführer, ausgiebig Zeit für Melek und erklärt ihr, von wie vielen Akteuren der Erfolg des Unternehmens abhängt.

Quelle: TÜV SÜD

Dabei führt er zunächst an, wie wichtig es für die Zukunft des Unternehmens sei, auch in den nächsten Jahren hinreichend motivierte und gut ausgebildete Fachkräfte zu bekommen. Nicht umsonst investiere das Unternehmen sehr viel Geld in die Ausbildung der Mitarbeiter, da ohne sie der Erfolg der vergangenen Jahre so nicht möglich gewesen wäre. Herr Kunz lässt nicht unerwähnt, dass die Mitarbeiter des Unternehmens übertariflich bezahlt werden und zudem eine erfolgsabhängige Prämie erhalten.

Weiterhin führt Herr Kunz an, dass auch dem Staat eine wesentliche Rolle für den künftigen Erfolg des Unternehmens zukommt. Nur wenn die Regierung auch in Zukunft die Solarenergie fördere, könnten die Absatzerfolge auf dem heutigen Niveau gefestigt werden. Ohne diese staatlichen Förderungen würden viele Abnehmer von einer Investition in Solarparks absehen, da diese sich dann nicht mehr für sie lohnen würde. Auch die Rolle des Staates als Geldgeber lässt Herr Kunz nicht außen vor, da der Staat dem Unternehmen unter bestimmten Voraussetzungen zinsgünstige Investitionsdarlehen oder gar Subventionen zukommen lässt.

Als wichtige Partner bezeichnet Herr Kunz die Banken, die das Unternehmen seit der Existenzgründung vor etwa zehn Jahren begleitet haben. Herr Kunz weist vor allem darauf hin, dass es dem Unternehmen ohne die Finanzierung durch die Banken gar nicht möglich gewesen wäre, derartige Investitionen durchzuführen, geschweige denn die seit Gründung stark verbesserte Auftragslage zu bewältigen. Schließlich habe das Unternehmen durch die Absatzsteigerungen der letzten Jahre nicht nur neu investieren müssen, auch der vermehrte Material- und Lohnaufwand musste finanziell bewältigt werden. Zudem musste das Unternehmen neue Fertigungshallen pachten, um die eingehenden Aufträge zeitnah zu bearbeiten.

Sorge macht Herrn Kunz die zunehmende Konkurrenz aus dem Ausland, die bei der Herstellung von Solaranlagen nicht nur technisch aufholt, sondern vor allem mit niedrigeren Preisen den Wettbewerb auf den Märkten anheizt. Dies habe bereits dazu geführt, dass einige kleinere Konkurrenten der Solartech Müller KG im Inland aus dem Markt gedrängt wurden, was nicht zuletzt zum Verlust der Arbeitsplätze geführt hat. Dies belaste nicht nur die Sozialversicherung, sondern führe auch zu geringeren Steuereinnahmen des Staates. Herr Kunz weist zudem darauf hin, dass durch die Schließung dieser heimischen Betriebe auch die Existenz einer Vielzahl von Zulieferbetrieben massiv betroffen ist. Abschließend führt er jedoch auch an, dass die Solartech Müller KG mittlerweile wichtige Zulieferer im Ausland hat, die zuverlässig und pünktlich wichtige Komponenten zu sehr günstigen Preisen liefern.

Kompetenzorientierte Arbeitsaufträge:

1. Bestimmen Sie, welche Wirtschaftssubjekte in der vorangestellten Lernsituation aufgeführt sind!
2. Erläutern Sie beispielhaft die in der Lernsituation aufgezeigten Beziehungen der Wirtschaftssubjekte untereinander!
3. Beschreiben Sie an zwei Beispielen, wie sich veränderte Aktivitäten eines Wirtschaftssubjektes auf die monetären und realen Ströme im Wirtschaftskreislauf auswirken!
4. Diskutieren Sie die Grenzen der Erklärungsbedürftigkeit von ökonomischen Modellen in Bezug auf realwirtschaftliche Prozesse!

6 Einfache und komplexe Wirtschaftskreisläufe

6.1 Erklärungsfähigkeit von ökonomischen Modellen und ihre Grenzen

Während sich die Betriebswirtschaftslehre mit dem **einzelnen Betrieb** befasst, betrachtet die Volkswirtschaftslehre **Globalgrößen**[1] (z. B. die Summe **aller** Unternehmen, die Summe **aller** privaten Haushalte). Danach beschreibt und untersucht die Betriebswirtschaftslehre in erster Linie **einzelwirtschaftliche** Entscheidungen. Die Volkswirtschaftslehre (Nationalökonomie) beschäftigt sich hingegen mit der Frage, wie die großen **wirtschaftlichen Einheiten** untereinander wirken (kooperieren), damit die Güterversorgung der Unternehmen und der privaten Haushalte sichergestellt wird.

- Um wirtschaftliche Vorgänge besser verstehen zu können, verwendet man in der Volkswirtschaftslehre **Modelle.** Ein Modell ist ein von der Wirklichkeit weitgehend losgelöstes Denkschema, dessen Ergebnisse nur unter den von vornherein festgelegten Voraussetzungen gültig sind.
- Diese Voraussetzungen – auch **Prämissen** genannt – sind notwendig, weil nur so eindeutige Aussagen gemacht werden können.
- Die Modelle haben die **Aufgabe, wesentliche Eigenschaften** einer Erscheinung **verständlich und deutlich sichtbar zu machen.**

Beispiel:

So bedient sich z. B. der Architekt des Modells, wenn er zeigen will, **wie** das von ihm geplante Gebäude im Wesentlichen aussehen soll. Der Physiker zeigt am Atommodell den prinzipiellen Aufbau eines Atoms, obwohl ein Atom natürlich nicht so aussieht wie das aus Kugeln aufgebaute Modell.

Wenn im Folgenden immer wieder einfache Modelle aus der Volkswirtschaftslehre vorgestellt werden, muss man sich darüber im Klaren sein, dass die Aussagen der Modelle umso begrenzter sind, je einfacher die Modellstruktur[2] ist. Modellaussagen dürfen also in Bezug auf die Wirklichkeit nie als absolut wahr bzw. als absolut richtig betrachtet werden. Immer ist zu überprüfen, ob die Modellvoraussetzungen in der Wirklichkeit **wenigstens näherungsweise** gegeben sind oder nicht.

Beispiel:

Der Aussage, dass der Preis einer Ware steigt, wenn die Nachfrage nach diesem Gut unter sonst gleichen Bedingungen zunimmt, würden wohl die meisten Menschen zustimmen. Liegen bestimmte Voraussetzungen vor, ist diese Aussage richtig; liegen sie jedoch nicht vor, ist die Aussage falsch. So ist es durchaus denkbar, dass die Nachfrage nach Smartphones steigt, der Preis jedoch wegen des harten Konkurrenzkampfes der Anbieter gleichzeitig fällt.

1 **Global**: umfassend. Das Wort stammt von Globus (lat.) Kugel, Erdkugel. Der Begriff „global" wird dementsprechend auch im Sinne von erdumfassend verwendet.

2 **Struktur**: Aufbau.

6.2 Einfacher Wirtschaftskreislauf

Für unsere einführenden Überlegungen „bauen" wir das Modell einer Volkswirtschaft, in der es **keinen Staat** und **keine Außenhandelsbeziehungen** gibt. Wir fassen sämtliche Unternehmen zum **Sektor**[1] **„Unternehmen"** und sämtliche privaten Haushalte zum **Sektor „private Haushalte"** zusammen.

Das **Zusammenwirken der Sektoren „Unternehmen" und „privater Haushalt"** lässt sich dann wie folgt darstellen:

1. Die privaten Haushalte stellen den Unternehmen ihre Arbeitskraft oder auch Boden zur Verfügung. Da Arbeit und Boden zur Erzeugung von Gütern notwendig sind, spricht man auch von **Produktionsfaktoren**[2] oder kurz von „Faktoren". Der Markt, auf dem Produktionsfaktoren angeboten und nachgefragt werden, heißt **Faktormarkt.**

   Die Produktionsfaktoren sind die Grundelemente, die bei der Produktion mitwirken.

   In der **Volkswirtschaftslehre** werden die Produktionsfaktoren **Natur** (z. B. Boden), **Arbeit, Kapital** (produzierte Produktionsmittel wie z. B. Maschinen, Fabrikhallen, Beförderungsmittel, immaterielle[3] Anlagen wie z. B. EDV-Software, Datenbanken und Urheberrechte) und **Bildung** (z. B. technisches und wirtschaftliches Wissen) unterschieden.

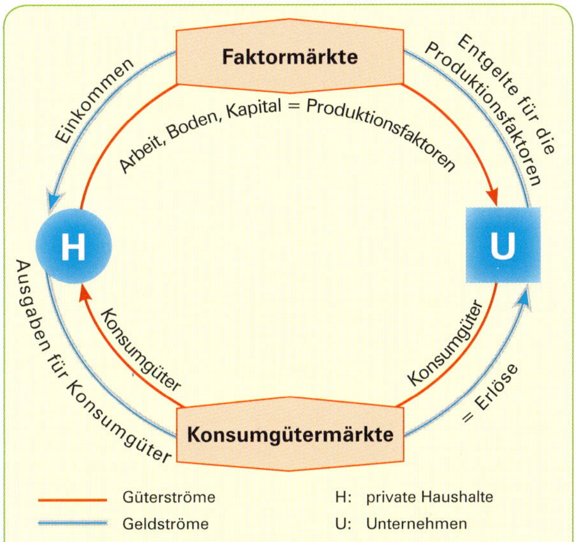

Der einfache Wirtschaftskreislauf

2. Für die geleistete Arbeit und die den Unternehmen zur Verfügung gestellten sonstigen Produktionsfaktoren erhalten die privaten Haushalte **Einkommen** in Form von Löhnen, Gehältern, Gewinnen, Mieten, Zinsen oder Pachten. Dem **realen Strom** bzw. **Güterstrom** (auch Arbeitsleistungen sind im wirtschaftlichen Sinne Güter) steht ein **monetärer Strom** bzw. **Geldstrom** (Einkommensstrom) gegenüber.

3. Die privaten Haushalte, so nehmen wir zunächst an, geben ihr gesamtes Einkommen wieder aus, indem sie bei den Unternehmen **Sachgüter** oder **immaterielle Güter** (Dienstleistungen, Rechte) kaufen und bezahlen.

4. Die von den Unternehmen an die privaten Haushalte verkauften Güter sind Konsumgüter. Der Markt, auf dem Konsumgüter angeboten und nachgefragt werden, heißt **Konsumgütermarkt.** Dem **Konsumgüterstrom** steht ein **Geldstrom** an die Unternehmen gegenüber. Der in Geld gemessene Wert der an die privaten Haushalte verkauften Güter stellt für die Unternehmen **Verkaufserlöse** (Umsatz) dar.

---

1 **Sektor:** Ausschnitt; hier: die Zusammenfassung gleichartiger wirtschaftlicher Einheiten, also von Wirtschaftssubjekten.

2 **Faktor** (lat.): Mitbewirker.

3 **Materiell:** stofflich. Im Gegensatz hierzu bedeutet „immateriell" nicht stofflich.

6.3 Erweiterter Wirtschaftskreislauf

Das einfache Modell zeigt eine Wirtschaft, in der die privaten Haushalte ihr gesamtes Einkommen je Zeitabschnitt (= Periode, z. B. ein Jahr) verbrauchen. Eine Wirtschaft aber, die alles verbraucht, was sie erzeugt, kann nicht wachsen; sie ist **stationär.** Soll eine Wirtschaft wachsen, d. h. mehr als bisher produzieren, müssen ihre Produktionsanlagen erweitert bzw. neue Produktionsanlagen geschaffen werden.

Eine **wachsende** Wirtschaft, also eine Wirtschaft, die von Jahr zu Jahr mehr erzeugt, bezeichnet man als **evolutorische**[1] (sich entwickelnde) Wirtschaft.

Wird das Modell des „einfachen Wirtschaftskreislaufs" um den **Sektor „Banken"** (Kreditinstitute) erweitert und wird der **Sektor Unternehmen** in die **Investitionsgüterindustrie** und in die **Konsumgüterindustrie** (einschließlich Handel) aufgeteilt, treten zu den bisher genannten gesamtwirtschaftlichen Strömen folgende hinzu:

1. Die privaten Haushalte sparen einen Teil ihrer Einkommen und führen die gesparten Mittel den Banken (Kreditinstituten) zu **(Sparen = S).**

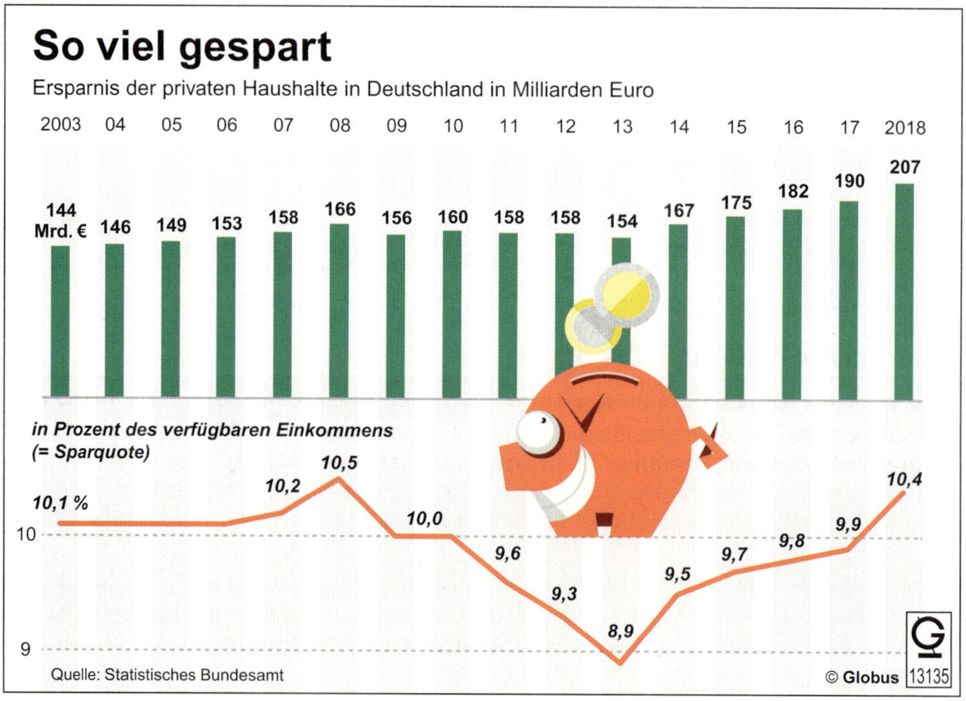

2. Die Banken stellen die Mittel den Unternehmen zur Verfügung, die ihre Produktionsanlagen erweitern und/oder ihre Vorräte aufstocken, also **investieren (I).**

1 **Evolution** (lat.): Entwicklung.

3. Die Investitionsgüterindustrie verkauft die von ihr hergestellten **Investitionsgüter** (Produktionsmittel) an die Konsumgüterindustrie. Die Verkaufserlöse aus diesen Lieferungen fließen der Investitionsgüterindustrie zu (Investitionsgütermärkte).

   In der nebenstehenden Abbildung wurden die Güterströme nicht eingezeichnet, um die Übersichtlichkeit zu wahren. Im Übrigen stellen auch die Dienstleistungen der **Kreditinstitute** „Güter" im wirtschaftlichen Sinne dar (z. B. Verwaltung der eingelegten Gelder, Kreditgewährung). Der Ausgleich von Kreditangebot und Kreditnachfrage vollzieht sich auf den **Finanzmärkten.**

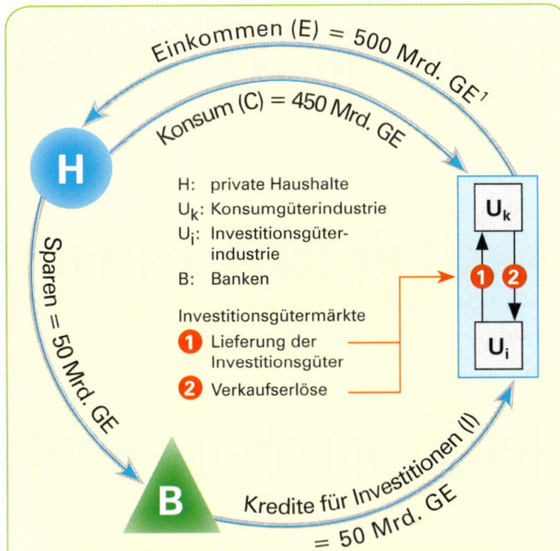

Der um den Sektor „Banken" erweiterte Wirtschaftskreislauf

6.4 Vollständiger Wirtschaftskreislauf

(1) Der Sektor Staat

Eine Volkswirtschaft ohne **Staat** ist nicht denkbar. Dem Staat fällt unter anderem die Aufgabe zu, mit wirtschafts- und gesellschaftspolitischen Maßnahmen den **Wirtschaftsablauf** zu **steuern.**

In der Bundesrepublik Deutschland fließen durch den staatlichen Sektor[2] **knapp 50 %** des Bruttoinlandsprodukts, also des Gesamtwerts aller erzeugten Güter.[3]

(2) Der Sektor Ausland

Eine moderne Wirtschaft ohne **außenwirtschaftliche Beziehungen** ist ebenfalls kaum vorstellbar. Unterschiedliche **Rohstoffvorkommen,** unterschiedliches **technisches Wissen** und die **Ansprüche** der Bevölkerung zwingen dazu, Güter einzuführen (zu importieren) und auszuführen (zu exportieren).

Der binnenwirtschaftliche Wirtschaftskreislauf wird also um den **außenwirtschaftlichen** Kreislauf **erweitert.**

1 GE = Geldeinheiten (z. B. €, US-$, £, Rubel).

2 Zum Sektor „Staat" gehören vor allem der Bund, die Länder, die Kreise, die Gemeinden und die Sozialversicherungsträger.

3 Das Bruttoinlandsprodukt ist der in Geld gemessene Wert der Gesamterzeugung einer Volkswirtschaft einschließlich des durch die Produktion verursachten Wertverlusts der Produktionsanlagen (Abschreibungen). Vgl. hierzu ausführlich Lerngebiet C, Kapitel 3.

Zu den bereits bekannten Kreislaufströmen treten nunmehr noch folgende Geldströme (auf die Darstellung entsprechender Güterströme wird verzichtet) hinzu:

1. Ein Teil der Einkommen der privaten Haushalte und Unternehmen wird vom **Staat** (den **öffentlichen Haushalten**) in Form von **Steuern** und anderen gesetzlichen **Abgaben** (z. B. Sozialversicherungsbeiträge) einbehalten.
2. Die Staatseinnahmen werden wieder ausgegeben. Sie fließen zum Teil den privaten Haushalten in Form von **Gehältern** und **Löhnen** für die Staatsbediensteten zu. Ein weiterer Teil wird für die Vergabe von **Staatsaufträgen** an die Unternehmen verwendet, die dadurch **Umsatzerlöse** erzielen. Für besonders förderungswürdige Zwecke erhalten die Unternehmen (oft auch Private) Geldbeträge, die nicht mehr zurückgezahlt werden müssen **(Subventionen).**
3. Die Unternehmen verkaufen Dienstleistungen und Sachgüter an das **Ausland.** Sie exportieren. Hierfür erhalten sie Geldeinnahmen oder Forderungen. Ihre Umsatzerlöse nehmen zu. Eine Wirtschaft mit **Außenhandelsbeziehungen** heißt **„offene Wirtschaft"**.
4. Umgekehrt kaufen die Unternehmen Dienstleistungen und Sachgüter von ausländischen Unternehmen und/oder Staatsbetrieben (Import). Ein entsprechender Geldstrom fließt ins Ausland.
5. Teile der Einkommen der privaten Haushalte sowie der Gewinne der Unternehmen werden gespart und bei den Banken angelegt. Diese gewähren den privaten Haushalten Konsumkredite und den Unternehmen Investitionskredite.

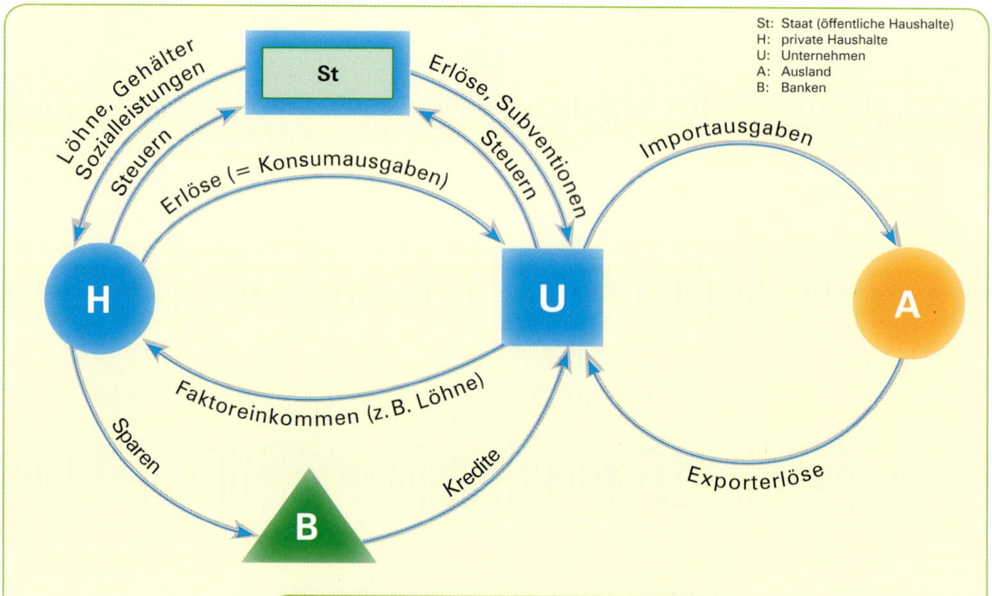

Der vollständige Wirtschaftskreislauf

Zu den **Auswirkungen auf die monetären und realen Ströme** im erweiterten Wirtschaftskreislauf sind in nachfolgender Tabelle Beispiele aufgeführt.

Beziehung zwischen	Geldkreislauf	Güterkreislauf
Haushalt und Staat	■ Der Auszubildende Carsten Clever bezahlt von seinem Weihnachtsgeld die Kfz-Steuer. ■ Familie Müller erhält Kindergeld.	■ Hans Schmidt arbeitet als Lehrer an einer staatlichen Schule. ■ Die Stadt Wolfenbüttel baut eine neue Spielstraße.
Haushalt und Banken	■ Der vermögende Daniel Duck erhält eine Zinsgutschrift für sein Sparguthaben. ■ Der Angestellte Ralf Schupp zahlt an seine Bank Kontoführungsgebühren.	■ Der Immobilienbesitzer Hans Becker vermietet sein Geschäftshaus an die Sparkasse Nordhorn. ■ Die Volksbank Meppen eG verkauft einem Münzsammler eine Goldmünze.
Haushalt und Ausland	■ Dem in Luxemburg arbeitenden Egon Kling wird sein Gehalt an die Sparkasse Duisburg überwiesen. ■ Die preisbewusste Tanja Spar bezahlt ihren in Italien gekauften Kleinwagen.	■ Der Spekulant Bodo Bostellani legt einen Teil seines Vermögens in den USA an. ■ Ein kalifornischer Winzer versendet eine Kiste Wein an einen deutschen Weinliebhaber.
Unternehmen und Staat	■ Die Hinkelstein AG überweist ihre Körperschaftsteuer an das zuständige Finanzamt. ■ Der Staat tätigt Subventionszahlungen an deutsche Unternehmen.	■ Die Firma Hochbau GmbH erstellt ein neues Berufsschulgebäude im Auftrag eines Landkreises. ■ Die städtische Müllabfuhr entsorgt den Müll der Firma Ballast GmbH.
Unternehmen und Banken	■ Die Computer GmbH erhält eine Gutschrift für gelieferte Hardware. ■ Die Kölner Bank eG belastet die Fritz Verzug AG mit Sollzinsen.	■ Die Paper GmbH beliefert die örtliche Sparkasse mit Büromaterial. ■ Die Volksbank Emden eG verkauft der „Second-Hand KG" ausrangierte Büromöbel.
Unternehmen und Ausland	■ Die Maschinenbau AG erhält eine Dividendenzahlung auf ausländische Aktien. ■ Die Möbel Import GmbH überweist eine Rechnung an einen italienischen Zulieferer.	■ Die Wassertechnik OHG entsendet einen Ingenieur in den Sudan. ■ Ein deutsches Maschinenbauunternehmen mietet ein Betriebsgebäude in Portugal.

3 Merkur-Nr. 0589

6.5 Gegenseitige Abhängigkeit der Wirtschaftssektoren

Sie kennen diese zarten Gebilde, die man als Mobile bezeichnet. Der leiseste Windhauch setzt sie in Bewegung. Jedes am Gestänge hängende Figürchen, Tierchen oder was auch immer, bewegt sich scheinbar unabhängig von allen anderen. In Wirklichkeit aber hängt die Bewegung eines dieser Gegenstände von den Bewegungen aller anderen Gegenstände ab: Wird nur ein Gegenstand angestoßen, bewegen sich alle anderen auch. **„Interdependenz"** nennt man diese Erscheinung, also gegenseitige Abhängigkeit.

Die Fähigkeit des Menschen, **gegenseitige Abhängigkeiten** zwischen mehreren Bereichen (z. B. zwischen den Wirtschaftssektoren, der Wirtschaft und der Gesellschaft, der Wirtschaft und der Natur) zu entdecken und zu bewerten, bezeichnet man als **„vernetztes Denken"**.

Dieses Denken in Zusammenhängen wird an den folgenden zwei einfachen Beispielen verdeutlicht.

Beispiel 1:

Der Staat kürzt die Ausgaben, um zu sparen. Unter anderem kauft er weniger Sachgüter und Dienstleistungen bei den Unternehmen. Dadurch sinken die Erlöse der Unternehmen und ihre Gewinne nehmen ab. Die Unternehmen wiederum schütten weniger Gewinne aus; den Unternehmerhaushalten fließen geringere Einkommen als zuvor zu. Außerdem haben die Unternehmen weniger Aufträge, müssen also u. U. Arbeitskräfte entlassen. Somit verdienen auch die Arbeitnehmerhaushalte weniger. Die Folge ist, dass auch die privaten Haushalte weniger Geld für Konsumgüter ausgeben können. Die Unternehmen erleiden also erneute Erlöseinbußen. Die Gewinne nehmen weiter ab bzw. die Verluste zu. Aufgrund der gesunkenen Gewinne und Haushaltseinkommen nehmen aber auch die Steuereinnahmen des Staates ab.

Auch das Ausland kommt nicht „ungeschoren" davon. Da die Unternehmen mit sinkenden Aufträgen rechnen müssen, importieren sie auch weniger Rohstoffe, Halb- und Fertigwaren. Folglich nimmt das Ausland auch weniger Geld ein, sodass es selbst weniger bei den inländischen Exporteuren kauft.

Die Kreditinstitute spüren ebenfalls den wirtschaftlichen Rückgang. Da sich die Unternehmen sinkenden Umsätzen gegenübersehen, fragen sie auch nicht mehr so viel Kredite nach, denn kein vernünftiger Mensch investiert (kauft z. B. eine neue Maschine), wenn sich diese Investition nicht lohnt.

Beispiel 2:

Angenommen, die privaten Haushalte fangen an, plötzlich mehr zu kaufen als zuvor. Sie blicken optimistisch in die Zukunft, beispielsweise deswegen, weil Experten zunehmend fallende Energiepreise und ein kräftiges Wirtschaftswachstum vorhersagen. Ein Wunschtraum vielleicht, aber wer weiß? Die Wirkung auf unsere empfindliche Wirtschaft ist verblüffend. Die Umsätze der Unternehmen steigen. Sie machen deshalb wieder Gewinne. Folglich nehmen sie auch wieder mehr Kredite auf, um die Aufstockung der Lager zu finanzieren. Hält die Konsumfreudigkeit der privaten Verbraucher an, werden von den Unternehmen auch wieder zusätzliche Arbeitskräfte eingestellt. Die Arbeitslosigkeit nimmt ab.

Auch der Staat hat Grund zur Freude. Die Steuereinnahmen steigen wieder, sodass er seinerseits mehr ausgeben kann. So kann er beispielsweise den Unternehmen wiederum mehr Aufträge erteilen. Die Gewinne steigen weiterhin. Die Gewerkschaften können kräftigere Lohnerhöhungen durchsetzen, sodass die Einkommen der Arbeitnehmer wachsen.

Auf die Dauer spürt auch das Ausland den Aufschwung. Die inländischen Importeure führen mehr Rohstoffe, Halb- und Fertigwaren ein. Auf diese Weise wird wiederum das Ausland in die Lage versetzt, selbst mehr zu importieren.

Kompetenztraining

4 1. Erläutern Sie anhand eigener Beispiele, wie ein einzelner wirtschaftlicher Betrieb in einem wechselseitigen Bezug zu anderen Wirtschaftseinheiten (z. B. anderen Unternehmen, privaten Haushalten, dem Staat) steht!

2. Erklären Sie die Notwendigkeit und die Grenzen der Modellbildung in der Volkswirtschaftslehre!

3. Zeichnen Sie einen einfachen Geldkreislauf, wenn Sie annehmen, dass die privaten Haushalte nicht sparen und für Konsumgüter von Periode zu Periode 1 000 Mrd. GE ausgeben!

4. Erklären Sie die Begriffe monetärer Strom und realer Strom!

5. Erklären Sie die Begriffe Güter- und Faktormarkt!

6. Erweitern Sie den einfachen Geldkreislauf aus Aufgabe 3, indem Sie unterstellen, dass die Haushalte 20 % ihres Einkommens sparen und bei den Banken anlegen. Weiterhin sei angenommen, dass die über Kredite zu finanzierenden Investitionsvorhaben der Unternehmen sich mit den Ersparnissen der Haushalte decken.

7. Zeichnen Sie ein vervollständigtes Kreislaufschema mit den Sektoren private Haushalte, Staat, Unternehmen, Banken und Ausland! Benutzen Sie hierzu folgende Werte:

a)	Einkommen der privaten Haushalte vom Staat (Lohn, Gehälter, Sozialleistungen)	300 Mrd. GE
b)	Von den Unternehmen bezogene Einkommen der privaten Haushalte	700 Mrd. GE
c)	Sparen der privaten Haushalte	200 Mrd. GE
d)	Von den privaten Haushalten an den Staat abgeführte Steuern und Sozialabgaben	250 Mrd. GE
e)	Von den Unternehmen an den Staat abgeführte Steuern, Abgaben und Gebühren	150 Mrd. GE
f)	Vom Staat von den Unternehmen gekaufte Sachgüter und Dienstleistungen	100 Mrd. GE
g)	Von den Unternehmen in Anspruch genommene Kredite der Banken	200 Mrd. GE
h)	Die Ex- und Importe der Unternehmen gleichen sich aus und betragen je	80 Mrd. GE

Berechnen Sie die Höhe der Konsumausgaben der privaten Haushalte und zeichnen Sie diesen Geldstrom in Ihr Kreislaufschema ein! Prüfen Sie, ob der Geldkreislauf geschlossen ist!

8. Zeigen Sie die Wechselwirkungen zwischen den Sektoren der Volkswirtschaft am Beispiel folgender Impulse (Anstöße) auf:

Aufgaben:

8.1 Der Export steigt beträchtlich, weil im Ausland die Preise schneller als im Inland steigen.

8.2 Der Staat erhöht die Steuern, die die Unternehmen und die privaten Haushalte zu zahlen haben.

9. Das Arbeitseinkommen, das den privaten Haushalten zufließt, ist das Bruttoarbeitsentgelt (Bruttolöhne und -gehälter).

Setzt man von den Bruttolöhnen und -gehältern die direkten Steuern (Lohnsteuer, Kirchensteuer, Solidaritätszuschlag) und die Sozialversicherungsabgaben der Arbeitnehmer (gesetzliche Krankenkasse, soziale Pflegeversicherung, gesetzliche Rentenversicherung und gesetzliche Arbeitslosenversicherung) ab, erhält man die Nettolöhne und -gehälter.

Neben dem Arbeitseinkommen erhalten die privaten Haushalte Sozialleistungen (z. B. Geldleistungen der Sozialversicherungen, Nettopensionen). Die Summe aus Nettolöhnen und -gehältern sowie Sozialleistungen bildet das **Masseneinkommen.**

Addiert man zum Masseneinkommen die Nettounternehmens- und Vermögenseinkommen (versteuerte Gewinne, Zins- und Pachteinkommen), gelangt man zum **verfügbaren Einkommen.**

Werden die Konsumausgaben der privaten Haushalte vom verfügbaren Einkommen abgesetzt, ergibt sich das Sparen der privaten Haushalte, das für Investitionen zur Verfügung steht.

Aufgaben:

9.1 Berechnen Sie das verfügbare Einkommen einer Volkswirtschaft mithilfe folgender Angaben:

Bruttolöhne und -gehälter	904,6 Mrd. €
Direkte Steuern und Sozialversicherungsabgaben	311,5 Mrd. €
Von den privaten Haushalten empfangene Sozialleistungen	347,1 Mrd. €
Nettounternehmens- und Vermögenseinkommen	430,0 Mrd. €
Sparen der privaten Haushalte	138,1 Mrd. €

9.2 Ermitteln Sie, wie hoch die Konsumausgaben der privaten Haushalte waren!

9.3 Berechnen Sie die Sparquote (prozentualer Anteil des Sparens am verfügbaren Einkommen)!

10. Die Beziehungen der Wirtschaftssubjekte werden modellhaft als Wirtschaftskreislauf dargestellt. Dieser Wirtschaftskreislauf zeigt die Güter- und Geldströme zwischen den beteiligten Wirtschaftssubjekten. Der Geldkreislauf einer offenen Volkswirtschaft mit staatlicher Aktivität weist folgende Werte aus (Angaben in Mrd. Euro):

Einkommen der privaten Haushalte vom Staat	700
Einkommen der privaten Haushalte von den Unternehmen	1 700
Ersparnisse der privaten Haushalte	240
Einnahmen des Staates von privaten Haushalten	850
Einnahmen des Staates von den Unternehmen	650
Exporte der Unternehmen	500

Aufgaben:

10.1 Erläutern Sie, worin sich die offene von der geschlossenen Volkswirtschaft unterscheidet!

10.2 Berechnen Sie die Konsumausgaben der privaten Haushalte!

10.3 Ermitteln Sie die von den Unternehmen in Anspruch genommenen Kredite!

10.4 Berechnen Sie die Importausgaben der Unternehmen bei ausgeglichener Handelsbilanz!

10.5 Nennen Sie drei Formen von Einkommen, die den privaten Haushalten von den Unternehmen zufließen!

10.6 Nennen Sie vier Formen von Einnahmen des Staates von privaten Haushalten und von Unternehmen!

10.7 Nennen Sie zwei Formen von Transferzahlungen des Staates an die privaten Haushalte!

B Angebots- und Nachfragereaktionen an Märkten

Lernsituation B1
Entstehung, Entwicklung und Funktionsweise von Märkten

Der 18-jährige Schüler Max Schlaumeier verdient sich gerne ein wenig Geld zusätzlich. Da Max schon recht früh in seinem Leben für sich erkannt hat, dass er gerne „sein eigenes Ding macht“, kam für ihn kein normaler Job infrage, sodass er sich vor drei Monaten selbstständig machte. Zu diesem Zweck hat er gemeinsam mit seinem Vater den Kleinwohnwagen des Großvaters zu einem schönen „Marktstand“ umgebaut und mit tollen Graffitis versehen. Mit dem mobilen Verkaufsstand fährt er dann zu verschiedenen Festen in der näheren Umgebung seines Wohnortes, um frisch zubereitete Crêpes zu verkaufen.

Zurzeit überlegt Max, ob er seinen Crêpestand für das eintägige Stadtfest seines Wohnortes am Sonntag anmelden soll, an dem vielfältige Marktstände die Einkaufspassage bereichern und zudem alle örtlichen Geschäfte geöffnet haben. Nach Auskunft der Organisatoren dieses Festes müsste er für den Stand eine Tagesgebühr von 150,00 € entrichten. Max verkauft die Crêpes zurzeit mit drei verschiedenen Belägen. Nach seiner Berechnung betragen die Kosten pro Crêpe inklusive Crêpetüte und Serviette unabhängig vom Belag ca. 1,00 €. Den Verkaufspreis hat Max seit Beginn seiner Geschäftstätigkeit auf 2,50 € festgelegt.

Da Max für das Backen eines Crêpes nur eine Herdplatte zur Verfügung steht, kann er während des zehnstündigen Stadtfestes maximal 300 Crêpes herstellen und verkaufen. Dieser „Engpass“ ist Max schon seit Längerem ein Dorn im Auge. Grundsätzlich wäre er in der Lage, zwei Herdplatten gleichzeitig zu bedienen und somit die oft langen und auch geschäftsschädigenden Warteschlangen an seinem Stand zu vermeiden. Die Anschaffung einer zweiten Herdplatte hat Max jedoch bisher noch zurückgestellt, da diese Spezialplatten sehr teuer sind.

Kompetenzorientierte Arbeitsaufträge:

1. Angenommen, Sie wollen bei herrlichem Sonnenschein dieses Stadtfest besuchen. Bestimmen Sie, welche Faktoren konkret Ihr Einkaufsverhalten an den einzelnen Ständen bzw. in den Geschäften beeinflussen!
2. Erläutern Sie beispielhaft, wie sich Preisänderungen auf Ihr Nachfrageverhalten auswirken!
3. Angenommen, Crêpes zählen zu Ihren absoluten Lieblingsspeisen. Kurz bevor Sie den Marktstand von Max erreichen, sehen Sie, wie er den Preis pro Crêpe um 1,00 € erhöht. Welche Auswirkung hat diese Preiserhöhung auf Ihre Kaufentscheidung, wenn es keinen anderen Crêpestand gibt und Sie über ausreichend Taschengeld verfügen? Wie würde Ihre Entscheidung ausfallen, wenn Crêpes nicht Ihre einzige Lieblingsspeise wäre?
4. Wie würden Sie sich verhalten, wenn es weitere Crêpestände auf dem Markt geben würde und Sie unbedingt Crêpes essen möchten?
5. Diskutieren Sie, welche Auswirkungen es auf die Preisgestaltung von Max hat, ob es Konkurrenzanbieter gibt oder nicht!
6. Angenommen, Max hätte mit einem Verkaufspreis von 2,00 € kalkuliert. Nunmehr stellt er aber fest, dass die beiden anderen Crêpesanbieter 2,50 € pro Crêpe nehmen. Erläutern Sie kurz, welche Auswirkungen sich für Max ergeben, wenn er sich den anderen Anbietern anpassen möchte!
7. Aus den Erfahrungen der Vergangenheit heraus ist Ihnen bei Crêpes ein Preis von 4,00 € in Erinnerung. Was konkret bedeutet die in Aufgabe 6 formulierte preisliche Ausgangssituation für Sie?

8. Max hat noch immer keine Entscheidung getroffen, ob er für das Stadtfest seinen Stand anmelden möchte. Von den Organisatoren erfährt er, dass er der einzige Anbieter von Crêpes sein wird. Unterstellen Sie, dass Max einen Verkaufspreis von 2,50 € für realistisch hält. Wie viele Crêpes müsste er verkaufen, damit er keinen Verlust erleidet; bei welcher Verkaufsmenge läge also seine „Gewinnschwelle"? Wie hoch wäre der für ihn maximal auf dem Stadtfest erzielbare Gewinn?

1 Bestimmungsgrößen der Nachfrage und Auswirkungen bei deren Änderung

Neben der Qualität spielt der Preis eines Gutes, das wir zu kaufen beabsichtigen, eine entscheidende Rolle. Wir wissen aber auch, dass die Kaufentscheidungen der einzelnen Verbraucher höchst unterschiedlich sind, ganz einfach deshalb, weil ihre Bedürfnisse verschieden und ihre Einkommen bzw. Vermögen unterschiedlich hoch sind.

(1) Individuelle[1] Nachfrage

Wir beschränken uns im Folgenden auf den privaten Haushalt (den privaten Verbraucher) als Nachfrager nach Konsumgütern. Das Nachfrageverhalten des privaten Haushalts hängt von zahlreichen Faktoren ab. Beispielhaft seien genannt:

Bestimmungsfaktoren	Erläuterungen	Beispiele
Individuelle Nutzeneinschätzung	Die individuelle Nachfrage nach Gütern ist von Nachfrager zu Nachfrager unterschiedlich, weil Dringlichkeit und Rangordnung der Bedürfnisse (die Bedürfnisstrukturen) verschieden sind.	■ Steigt bei Jugendlichen das Bedürfnis nach Energy-Drinks, so wird die Nachfrage nach diesen Getränken spürbar zunehmen (**Rechtsverschiebung** der Nachfragekurve). ■ Kommen Rucksäcke als Schultaschen aus der Mode, wird deren Nachfrage deutlich zurückgehen (**Linksverschiebung** der Nachfragekurve).
Verfügbares Einkommen bzw. Vermögen	Die individuelle Nachfrage wird durch das verfügbare Einkommen (z. B. Gehalt abzüglich Steuern und Sozialversicherungsabgaben) sowie die Höhe und Struktur des Vermögens bestimmt und begrenzt.	■ Beginnt ein Schüler mit der Berufsausbildung, so steigt in der Regel sein frei verfügbares Einkommen im Vergleich zum bisherigen Taschengeld. Als Folge wird sich seine Nachfrage in vielen Bereichen deutlich erhöhen, beispielsweise Ausgaben für das Handy, Kinobesuche, Kleidung (**Rechtsverschiebung** der Nachfragekurve). ■ Wird ein Jugendlicher nach seiner Ausbildung nicht übernommen, sinkt sein verfügbares Einkommen und somit auch sein Konsum (**Linksverschiebung** der Nachfragekurve).

1 **Individuum**: der Einzelne; individuell: auf die einzelne Person bezogen, persönlich.

<table>
<tr><th>Bestimmungs-faktoren</th><th>Erläuterungen</th><th>Beispiele</th></tr>
<tr><td>Preis des nachgefragten Gutes</td><td>Bei gegebenem Einkommen und gegebenem Vermögen bestimmt u. a. der Preis eines Gutes, ob und in welcher Menge ein Gut nachgefragt wird.</td><td>■ Verteuern sich Kinokarten, wird die Nachfrage nach Kinobesuchen wahrscheinlich zurückgehen.
■ Verbilligt sich das Telefonieren und Surfen mit Smartphones, wird die Nachfrage erkennbar steigen.</td></tr>
<tr><td>Preise anderer Güter</td><td></td><td></td></tr>
<tr><td>■ Preise von Substitutionsgütern</td><td>Bei austauschbaren Gütern (Substitutionsgütern) wird ein Verbraucher bei steigendem Preis des Gutes A die Nachfrage nach dem Gut A einschränken oder ganz einstellen und seine Nachfrage nach dem Substitutionsgut B erhöhen.</td><td>In einer Schülercafeteria werden mittags Schnitzelbrötchen und Pizzastücke angeboten. Steigt der Preis von Schnitzelbrötchen, dürfte sich die Nachfrage nach Pizzastücken deutlich erhöhen.
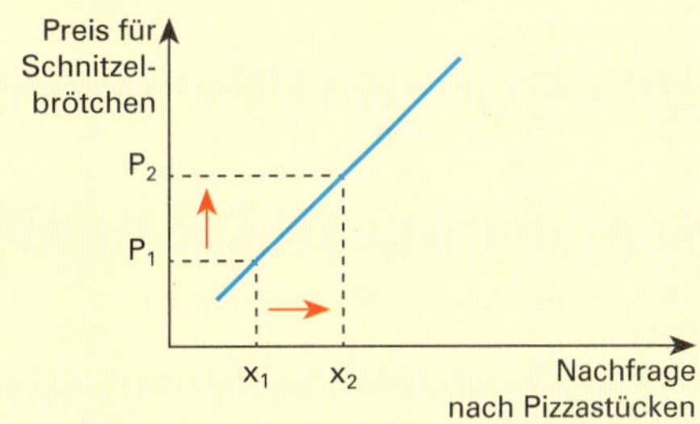
</td></tr>
<tr><td>■ Preise von Komplementärgütern</td><td>Bei sich gegenseitig ergänzenden Gütern (Komplementärgütern) wird der Verbraucher seine Nachfrage einschränken, wenn der Preis eines oder mehrerer Komplementärgüter steigt.</td><td>Steigt der Preis für Gas, dürfte die Nachfrage nach Gasheizungen zurückgehen.
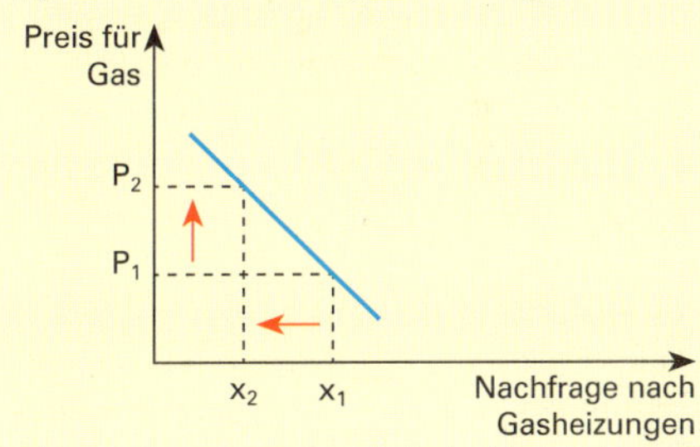
</td></tr>
</table>

Nicht nur die gegebenen (aktuellen) Güterpreise beeinflussen das Verbraucherverhalten, sondern auch die erwartete Preisentwicklung. Erwarten die Verbraucher steigende Preise, nimmt die Nachfrage zu. Wird mit sinkenden Preisen gerechnet, nimmt die Nachfrage ab.

Lassen wir alle anderen Bestimmungsgründe der individuellen Nachfrage außer Acht, dann kann man folgende **Beziehungen zwischen Preis und nachgefragter Menge** annehmen **(„Gesetz der Nachfrage")**:

- Mit **steigendem** Preis eines Gutes **sinkt** die Nachfrage nach diesem Gut.
- Mit **sinkendem** Preis eines Gutes **steigt** die Nachfrage nach diesem Gut.

Das Gesetz der Nachfrage beschreibt das normale Nachfrageverhalten eines privaten Haushalts.

Die **Nachfragekurven** sind von privatem Haushalt zu privatem Haushalt unterschiedlich, weil die Bedürfnisstrukturen und die Einkommens- und Vermögensverhältnisse verschieden sind.[1]

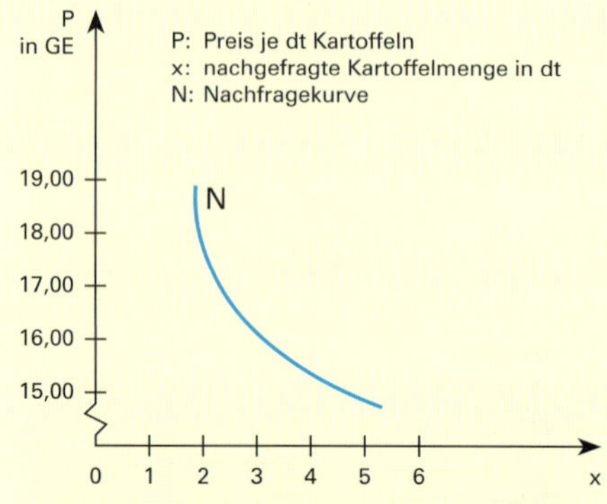

Normale Nachfrage eines 4-Personen-Haushalts nach Kartoffeln

Beispiel:

Legt der Haushalt Müller weniger Wert auf Reis, sondern bevorzugt er Kartoffeln, wird seine mengenmäßige Nachfrage nach Kartoffeln nur geringfügig abnehmen, wenn der Kartoffelpreis steigt. Man sagt, die Nachfrage ist preisunelastisch. Preiselastisch ist hingegen seine Nachfrage nach Reis. Steigt der Preis für Reis, wird der Haushalt Müller weniger oder keinen Reis mehr nachfragen.

Wie nachfolgende Abbildungen verdeutlichen, reagiert die Nachfrage in Abhängigkeit von den oben angeführten Faktoren **unterschiedlich stark** (elastisch) auf Preisänderungen.

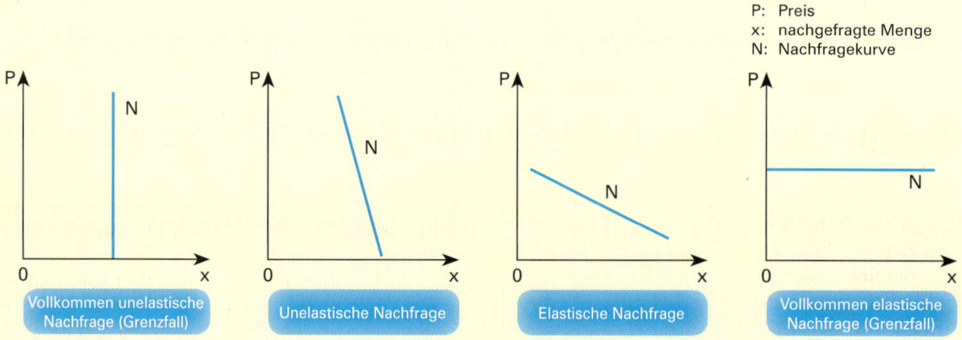

Vor allem bei lebensnotwendigen und für lebensnotwendig erachteten Gütern (Güter des Zwangsbedarfs, z. B. Wasser, Medikamente, Süßstoff für Zuckerkranke, Zigaretten für Raucher).

Vor allem bei nicht lebensnotwendigen Gütern (Güter des Wahlbedarfs, z. B. Ferienreisen, Zweitwagen, Kinobesuche, Restaurantbesuche).

Mögliche Nachfragekurven

1 Aus **Vereinfachungsgründen** wird die „Nachfragekurve" in den **Wirtschaftswissenschaften grafisch** zumeist als **Gerade** und somit **mathematisch** als **lineare Funktion** dargestellt. Diese Vereinfachung wird im Folgenden in diesem **Schulbuch** ebenfalls praktiziert. Bei der mathematischen Darstellung ergeben sich **zwei Möglichkeiten:**

1. **Ausgehend** von einem bestimmten **Preis** wird die Frage beantwortet, wie hoch die sich dabei ergebende Nachfrage ist („horizontale Interpretation"). **Beispiel:** $x(p) = 4 - 0{,}25p$.
2. Bei der umgekehrten Interpretation beschreibt man den Zusammenhang **ausgehend** von einer bestimmten **Nachfragemenge,** wie hoch der sich dabei ergebende Preis ist („vertikale Interpretation"). **Beispiel:** $p(x) = 16 - 4x$.

(2) Atypische (anomale) Nachfrage

Es ist sogar möglich, dass die Nachfragefunktion eine **anomale Gestalt** aufweist (vgl. nachstehende Abbildung), d.h., dass bei **steigenden Preisen** mit **steigender Nachfrage** und umgekehrt zu rechnen ist. Diese Umkehrung des „Nachfragegesetzes" (**anomale** oder **inverse Nachfrageelastizität**) lässt sich in der Realität im Wesentlichen auf folgende Ursachen zurückführen:

- Die Nachfrager **schließen von dem Preis direkt auf die Qualität eines Produktes,** sodass bei einem höheren Preis wegen der vermuteten höheren Qualität mehr von dem betreffenden Gut nachgefragt wird **(„Qualitätsvermutungseffekt").**
- Die Nachfrager kaufen ein teures Markenprodukt, um sich von der Masse abzuheben **(„Snob-Effekt").** Dieses Phänomen lässt sich u.a. bei Bekleidung beobachten, der erst von einem gewissen Preis an ein Wert beigemessen wird **(Snob-Value),** schon deshalb, weil nicht jeder diesen hohen Preis bezahlen kann.

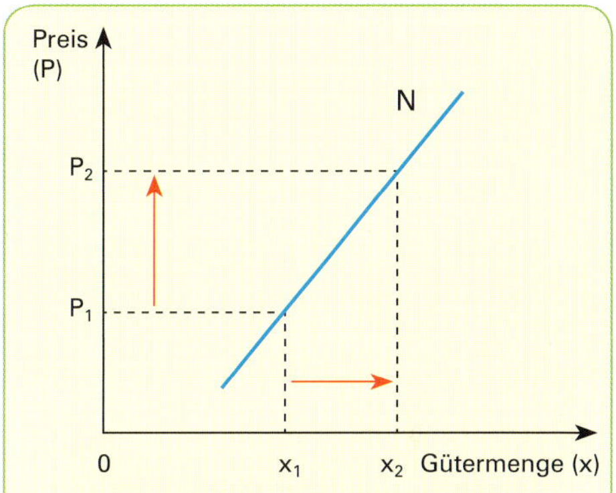

Snob-Effekt (anomale Nachfrage)

Beispiel:

Einem bisher eher unbekannten Unternehmen gelingt es, sein Modelabel durch Marketingmaßnahmen mit Sportstars zu einer sehr begehrten Modemarke zu machen. Obwohl die Textilien um mehr als das Doppelte teurer werden, steigt der Absatz deutlich an.

Entdeckt wurde das „anomale" Nachfrageverhalten allerdings nicht bei reichen, sondern bei besonders **armen** Haushalten, und zwar schon im 19. Jahrhundert von dem englischen Nationalökonomen Robert Giffen. Nicht zuletzt deshalb wird die anomale Nachfragereaktion auch als **Giffen-Fall** bezeichnet. So stellte Giffen in Londoner Armenvierteln fest, dass bei Haushalten mit sehr geringem Einkommen der Brotkonsum bei steigenden Preisen anstieg. Als Erklärung fand er heraus, dass die Haushalte auf die vor dem Brotpreisanstieg teilweise gekauften höherwertigen Güter wie Fleisch oder Fisch verzichteten. Um satt zu werden, kauften die Haushalte von dem eingesparten Geld trotz Brotpreisanstieg mehr Brot; denn im Brot blieben die sättigenden Kalorien immer noch **verhältnismäßig** billig.

Mit Zunahme des Brotpreises musste die ärmere Bevölkerung zur Deckung des täglichen Kalorienbedarfs also ihr Einkommen mehr und mehr auf das lebensnotwendige Brot verwenden und auf den Konsum von höherwertigen Gütern gänzlich verzichten. Die durch den Verzicht auf höherwertige Güter entstandenen Einschnitte bei der Sättigung mussten durch eine entsprechende Ausweitung der täglichen Brotnachfrage ausgeglichen werden.

Derartiges Verhalten kann heute noch in **Kriegs- und Krisengebieten** beobachtet werden, wo die Haushalte trotz steigender Lebensmittelpreise mehr Lebensmittel einkaufen.

(3) Preiselastizität der Nachfrage

Die aus einer Preisänderung resultierende Mengenänderung der Nachfrage lässt sich mithilfe der sogenannten **„Preiselastizität der Nachfrage"** messen. Sie gibt an, um wie viel Prozent sich die nachgefragte **Menge (Wirkung)** ändert, wenn der **Preis (Ursache)** um ein Prozent geändert wird.

Diese Ursache-Wirkungs-Beziehung lässt sich wie folgt errechnen:

$$\textbf{Preiselastizität der Nachfrage } (El_{dir}) = \frac{\text{Relative Mengenänderung in Prozent}}{\text{Relative Preisänderung in Prozent}}$$

Beispiel:

Liegt der Preis für ein Kilogramm Spargel bei 4,00 €, so werden viele Nachfrager bereit sein, für diesen Preis den Spargel zu kaufen, sodass die am Markt nachgefragte Menge entsprechend hoch ausfällt.

Wird jedoch das Kilo Spargel für 8,00 € angeboten, dürfte die am Markt nachgefragte Menge an Spargel sinken.

Für diesen Fall errechnet sich die Preiselastizität demzufolge:

$$\text{Preiselastizität der Nachfrage} = \frac{-50\,\%}{100\,\%} = -0{,}5.$$

Das Ergebnis lässt sich wie folgt interpretieren: **Erhöht** sich der **Preis** für Spargel um **ein Prozent,** so **sinkt** die nachgefragte **Menge** um **0,5 Prozent.** Die Nachfrage reagiert **unterproportional elastisch** auf die Preisänderung.

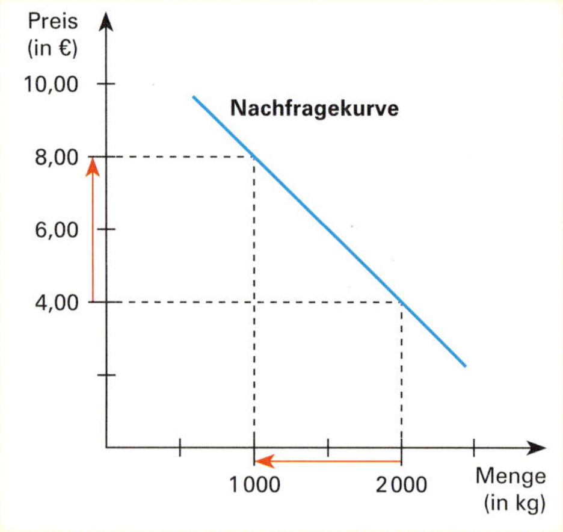

- Ist die Nachfrage **elastisch** ($El_{dir} > 1$), führen **Preissenkungen** zu **steigenden** Umsätzen, **Preiserhöhungen** zu **sinkenden** Umsätzen.
- Ist die Nachfrage **unelastisch** ($El_{dir} < 1$), führen **Preissenkungen** zu **Umsatzrückgängen, Preissteigerungen** zu **steigenden Umsätzen.**

(4) Indirekte Preiselastizität der Nachfrage (Kreuzpreiselastizität)

- Die **Kreuzpreiselastizität (indirekte Preiselastizität der Nachfrage, El_{ind})** ist das Verhältnis einer prozentualen Nachfrageänderung für ein **Gut A** zu einer prozentualen Preisänderung eines **Gutes B.**
- $El_{ind} = \dfrac{\text{Prozentuale Nachfrageänderung für das } \textbf{Gut A}}{\text{Prozentuale Preisänderung für das } \textbf{Gut B}}$

Komplementärelastizität

Bei der indirekten Preiselastizität der Nachfrage ist die Elastizitätskennziffer (der Elastizitätskoeffizient) **negativ,** wenn es sich um **Komplementärgüter** handelt.

Anbieter, die Komplementärgüter herstellen bzw. vertreiben (z.B. Smartphone/Handytarife), müssen die Preisentwicklung der Komplementärgüter beobachten. **Steigen** die Preise der **Komplementärgüter,** sind unter sonst gleichen Bedingungen **Nachfragerückgänge** nach dem eigenen Produkt zu erwarten.

Beispiel:

Steigt der Preis für Benzin von 1,50 € auf 1,65 €, nimmt – so sei angenommen – die Nachfrage nach Autos mit hohem Benzinverbrauch von 20000 auf 16000 Stück pro Monat ab. Die Kreuzpreiselastizität beträgt –2. Dies besagt, dass der Prozentsatz der Nachfrageverringerung beim Gut A (Autos) doppelt so groß ist wie der Prozentsatz der Preiserhöhung beim Gut B (Benzin).

Substitutionselastizität

Bei **Substitutionsgütern** ist die Elastizitätskennziffer positiv.

Für Anbieter ist es nicht nur wichtig, die Reaktionen der Käufer bei eigenen Preisänderungen vorauszuschätzen, sondern auch die Preisentwicklung bei **Konkurrenzprodukten,** die in der Regel den Charakter von Substitutionsprodukten besitzen (Autos verschiedener Hersteller), zu beobachten. Bei Preiserhöhungen der Substitutionsgüter kann es daher sinnvoll sein, eigene Preiserhöhungen zu unterlassen, um einen größeren Marktanteil zu gewinnen.

Beispiel:

Steigt der Preis für einen Döner in einer Kleinstadt von 5,00 € auf 6,00 €, nimmt die Nachfrage nach Pizza – so sei unterstellt – von 1000 Stück auf 1100 Stück pro Tag zu. Die Kreuzpreiselastizität beträgt +0,5. Dies besagt, dass die Verbraucher auf Pizza ausweichen, falls deren Preis konstant bleibt. Der Prozentsatz der Nachfrageerhöhung nach dem Gut A (Pizza) ist halb so groß (0,5) wie der Prozentsatz der Preiserhöhung des Gutes B (Döner).

(5) Marktnachfrage (Gesamtnachfrage für ein Gut)

Unterstellt man, dass sich die Mehrzahl aller Nachfrager nach dem „Gesetz der Nachfrage" verhalten und fasst man gedanklich alle individuellen Nachfragekurven zusammen, erhält man die Marktnachfragekurve (Gesamtnachfragekurve nach **einem** Gut).

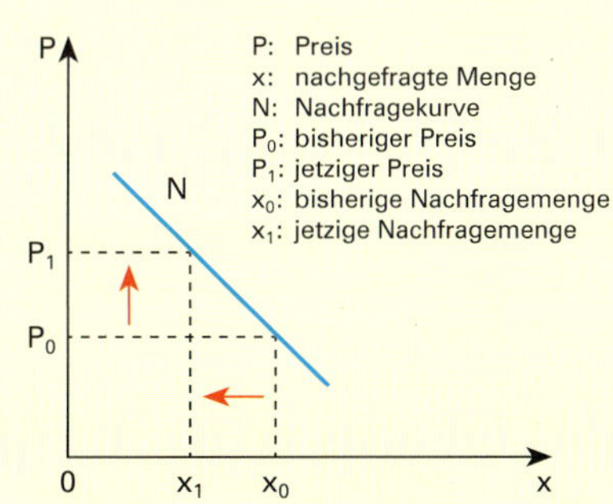

Normale Gesamtnachfrage

Die **Marktnachfragekurve** zeigt, wie groß die mengenmäßige Nachfrage nach einem Gut bei unterschiedlichen Preisen dieses Gutes ist.

(6) Nachfrageverschiebungen

Eine Nachfragekurve gilt nur für einen bestimmten Zeitpunkt, denn in der Wirtschaft verändern sich die Nachfrageverhältnisse laufend, d.h., die Nachfragekurven **verschieben** sich. Solche Verschiebungen treten z.B. ein, wenn sich die Bedürfnisse ändern, die Preise anderer Güter steigen oder fallen, die Zahl der Nachfrager wächst oder schrumpft (z.B. aufgrund einer Bevölkerungszunahme oder -abnahme) oder die Einkommen steigen.

- **Zunehmende Nachfrage** bedeutet, dass bei gegebenen Preisen mehr nachgefragt wird: Die Nachfragekurve verschiebt sich nach „rechts".
- **Abnehmende Nachfrage** bedeutet, dass bei gegebenen Preisen weniger nachgefragt wird: Die Nachfragekurve verschiebt sich nach „links".

Beispiel:

- Durch neue Studien wird belegt, dass regelmäßiges Joggen schon bei zwei Stunden pro Woche die durchschnittliche Lebenserwartung um mehrere Jahre ansteigen lässt. Diese Erkenntnis wird über einen längeren Zeitraum in verschiedenen Medien sehr umfangreich thematisiert. Daraufhin nimmt die Nachfrage nach Joggingschuhen stark zu. Die Nachfragekurve verschiebt sich nach **„rechts"**.

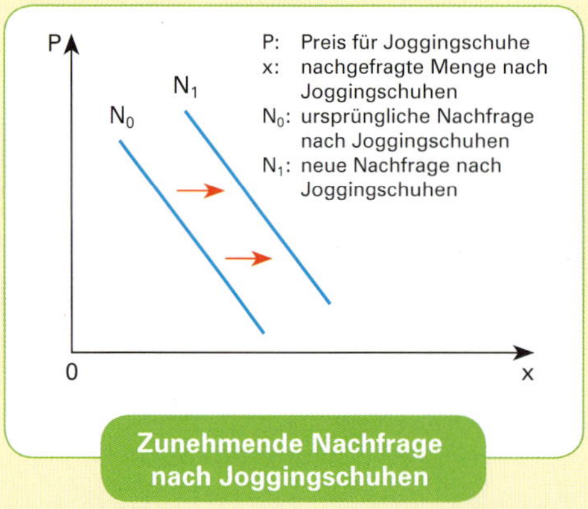

Zunehmende Nachfrage nach Joggingschuhen

- Aufgrund der Antiraucherkampagne mag es sein, dass einige Haushalte das Rauchen ganz aufgeben bzw. einige Haushalte den Konsum senken. Die Nachfrage nach Zigaretten wird also bei gleichen Preisen und gleichbleibenden Einkommen insgesamt zurückgehen. Die Nachfragekurve verschiebt sich nach **„links"**.

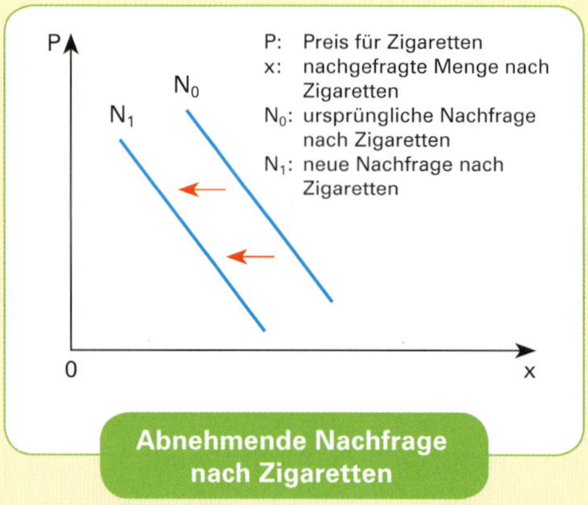

Abnehmende Nachfrage nach Zigaretten

Die Aussage, dass mit steigendem Einkommen die Nachfrage zu- und mit sinkendem Einkommen abnimmt, trifft nur auf die sogenannten **superioren (höherwertigen) Güter** zu. Bei **inferioren (geringwertigen) Gütern** nimmt die Nachfrage ab, wenn die Einkommen steigen.

(7) Einkommenselastizität der Nachfrage

Wie sich die **nachgefragte Menge** eines Gutes in Abhängigkeit von der **Einkommensentwicklung** der Haushalte ändert, lässt sich mittels der sogenannten **Einkommenselastizität** messen.

Die **Einkommenselastizität der Nachfrage** gibt an, um wie viel Prozent sich die **nachgefragte Menge** (= Wirkung) ändert, wenn das **Einkommen** der Haushalte (= Ursache) **um 1 Prozent** variiert. Diese Ursache-Wirkungs-Beziehung lässt sich wie folgt berechnen:

$$\textbf{Einkommenselastizität der Nachfrage} = \frac{\text{Relative Mengenänderung in Prozent}}{\text{Relative Einkommensänderung in Prozent}}$$

Das **Vorzeichen** der Einkommenselastizität macht eine Aussage über die Art der Nachfrageänderung in Abhängigkeit von der Einkommensentwicklung.

- Ist die Einkommenselastizität der Nachfrage **negativ,** handelt es sich zumeist um ein **inferiores Gut** (auch „Sättigungsgut" genannt). Einfache Güter der Lebenshaltung (z. B. Wasser) werden mit steigendem Einkommen von den Konsumenten durch höherwertige Güter (z. B. Fruchtsäfte) ersetzt.
- Ein **positives** Vorzeichen der Einkommenselastizität hingegen kennzeichnet **superiore Güter** (auch „Nichtsättigungsgüter" genannt).

Beispiel:

Das Einkommen eines Haushaltes steigt von 1 500,00 € auf 1 800,00 €. Der Haushalt kauft nunmehr statt der bisherigen 8 Brote im Monat nur noch 6 Brote. Gleichzeitig erhöht sich die Nachfrage des Haushaltes nach Brötchen.

Berechnen Sie die Einkommenselastizität des Haushaltes und erläutern Sie, um welche Güterart es sich handelt!

Für den vorangestellten Fall errechnet sich die Einkommenselastizität der Nachfrage wie folgt:

Einkommenselastizität der Nachfrage: $\frac{-25\,\%}{+20\,\%} = -1{,}25$

Das Ergebnis lässt sich wie folgt interpretieren: Die **Einkommenselastizität** für Brot ist im vorliegenden Fall negativ; es handelt sich somit um ein **inferiores Gut.** Einfache Güter zur Lebenshaltung – wie das hier zugrunde gelegte Brot – sind ein typisches Beispiel für inferiore Güter, da sie bei steigendem Einkommen von den Konsumenten durch höherwertige Güter (z. B. Brötchen, Croissants) ersetzt werden.

Kauft der Haushalt im vorliegenden Fall also z. B. 50 Prozent mehr Brötchen als bisher, so ergibt sich:

Einkommenselastizität der Nachfrage: $\frac{+50\,\%}{+20\,\%} = 2{,}5$

Das positive Ergebnis zeigt, dass Brötchen aus Sicht dieses Haushaltes superiore Güter sind.

Ob ein Gut inferior oder superior ist, entscheiden die **persönlichen** (subjektiven) **Einstellungen** und **Empfindungen** der Nachfrager.

2 Bestimmungsgrößen des Angebots und Auswirkungen bei dessen Änderung

Während die **Nachfrager** das Interesse haben, zu **möglichst niedrigen** Preisen zu kaufen, ist das Interesse der **Anbieter** darauf gerichtet, zu **möglichst hohen Preisen** zu verkaufen. Die Interessenlagen der Marktpartner sind also entgegengesetzt.

(1) Individuelles Angebot

Wir beschränken uns im Folgenden auf das Angebotsverhalten der privaten Betriebe (Unternehmen). Das individuelle Angebot wird von zahlreichen Faktoren mitbestimmt. Folgende Beispiele seien genannt:

Zielsetzung des Anbieters	Marktstellung des Anbieters	Tatsächliche und/oder erwartete Marktlage	Kosten und Kostenstruktur des Anbieters
Zum Beispiel: ▪ Gewinnmaximierung, ▪ Kostendeckung, ▪ Ausweitung des Marktanteils, ▪ Ausschaltung der Konkurrenz, ▪ Sicherung eines angemessenen Gewinns, ▪ Umweltschutz.	▪ Polypolistisches, oligopolistisches oder monopolistisches Verhalten.[1]	▪ Konjunkturlage, ▪ Absatzpreise der Konkurrenz, ▪ Stand und Entwicklung der Nachfrage, ▪ technische und/oder modische Entwicklung, ▪ Konkurrenzbedingungen.	▪ Preise der Produktionsfaktoren, ▪ technischer Stand (technisches Wissen) des Anbieters.

(2) Kosten und Kostenstruktur des Anbieters

- Bei reproduzierbaren[2] Gütern stellen die **Selbstkosten** je Stück (Stückkosten) i. d. R. die **Preisuntergrenze** der Anbieter dar, denn auf längere Sicht muss jeder Anbieter seine Gesamtkosten decken, wenn er überleben (am Markt bleiben) will.
- Die Gesamtkosten setzen sich aus **fixen Kosten** und **variablen**[3] **Kosten** zusammen.

Die **fixen Kosten** sind in ihrer absoluten Höhe von der Beschäftigung des Betriebs unabhängig. Sie fallen unter sonst gleichen Bedingungen von Periode zu Periode (z. B. von Monat zu Monat) in gleicher Höhe an.

1 Siehe Kapitel 3.2.

2 Reproduzierbare Güter sind solche, die immer wieder in gleicher Art hergestellt werden können.

3 **Variabel** (lat., frz.): beweglich, veränderlich.

Beispiele:

Pachten, Mieten, Löhne und Gehälter für die Stammbelegschaft, Grundsteuer.

Die absolute Höhe der **variablen Kosten** hängt von der Beschäftigung des Betriebs ab.

Beispiele:

Rohstoffverbrauch (im Industriebetrieb), Umsatz zu Einstandspreisen (Bezugspreisen) im Handelsbetrieb, Löhne und Gehälter für Leiharbeitskräfte.

Mit zunehmender Beschäftigung, d.h. mit zunehmender Kapazitätsauslastung,[1] sinken die **Selbstkosten je Stück (Stückkosten),** weil der Anteil der fixen Kosten an der einzelnen Leistungseinheit (z.B. Stückzahl eines bestimmten Erzeugnisses, verkaufte Waren) abnimmt. Mit abnehmender Beschäftigung tritt der umgekehrte Effekt ein. Man spricht vom **Gesetz der Massenproduktion.**

Beispiel:

Die Huber KG hat sich auf die Herstellung hochwertiger Mountainbikes für den Profisport spezialisiert und kann pro Monat maximal 500 Bikes herstellen. Die variablen Kosten pro Stück betragen 1 000,00 €, die fixen Kosten belaufen sich auf 400 000,00 € pro Monat.

Hergestellte Menge in Stück (x)	Fixe Kosten in € (K_F)	Fixe Kosten je Stück in € (k_f)	Variable Kosten in € (K_V)	Variable Kosten je Stück in € (k_v)	Gesamtkosten in € (K_G)	Stückkosten in € (k_g)
100	400 000,00	4 000,00	100 000,00	1 000,00	500 000,00	5 000,00
200	400 000,00	2 000,00	200 000,00	1 000,00	600 000,00	3 000,00
300	400 000,00	1 333,33	300 000,00	1 000,00	700 000,00	2 333,33
400	400 000,00	1 000,00	400 000,00	1 000,00	800 000,00	2 000,00
500	400 000,00	800,00	500 000,00	1 000,00	900 000,00	1 800,00

Die Gesamtkosten (K_G) eines Unternehmens setzen sich aus der Summe von fixen Kosten (K_f) und variablen Kosten (K_v) zusammen und hängen vor allem von der **Ausbringungsmenge** ab.

Allgemein gilt:

$$\mathbf{K_G\ (x)} = K_f + K_v\ (x)$$

wobei sich die gesamten variablen Kosten aus der Multiplikation der variablen Kosten pro Stück und der hergestellten Produktionsmenge ergeben:

$$\mathbf{K_v\ (x)} = k_v \cdot x$$

(3) Gewinnschwelle (Break-even-Point)

Folgt das Unternehmen dem Ziel der **Gewinnmaximierung,** so wird es bei **linearem (proportionalem)** Kostenverlauf und mindestens die Stückkosten abdeckenden Marktpreisen die Menge am Markt **anbieten,** die bei **Vollauslastung** der vorhandenen Produktionskapazität hergestellt werden kann.

1 **Kapazität:** Leistungsfähigkeit eines Betriebs je Zeiteinheit.

Wie nachfolgende Abbildung verdeutlicht, übersteigen bei einer **niedrigen** Ausbringungsmenge die Gesamtkosten die Gesamterlöse, also das Produkt von Menge und Preis. Es wird **kein Gewinn** erzielt. Erst ab einer bestimmten Absatzmenge – auch **„Break-even-Point"** oder **„Gewinnschwelle"** genannt – gelangt das Unternehmen in die Gewinnzone.

Rechnerisch lässt sich die **Gewinnschwelle** wie folgt berechnen:

$$\textbf{Gewinnschwelle (x)} = \frac{K_f}{p - k_v} \quad \textbf{oder} \quad K_f + k_v \cdot x = x \cdot p$$

Da ab diesem Punkt der Gewinn umso höher ausfällt, je größer die produzierte Absatzmenge ist, wird das Unternehmen den **maximalen Gewinn** (Differenz zwischen Kosten und Erlösen) dann erreichen, wenn es bis zur Kapazitätsgrenze produziert, da in diesem Punkt der **Abstand** zwischen der Erlös- und der Kostengeraden am größten ist.

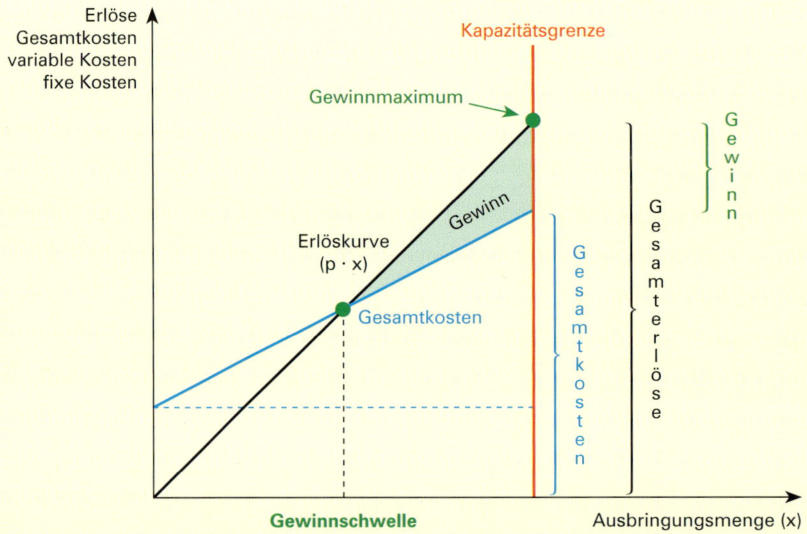

Zusammenhang zwischen Kosten und Angebotsmenge bei linearem Kostenverlauf

(4) Gesetz des Angebots

m Folgenden beschränken wir uns auf die Betrachtung des **Zusammenhangs zwischen Preis und Angebot.** Die Wirtschaftstheorie sieht i.d.R. folgende Beziehungen zwischen Preis und Angebotsmenge **(„Gesetz des Angebots"):**

- Mit **steigendem** Preis eines Gutes **steigt** das Angebot für dieses Gut.
- Mit **sinkendem** Preis **sinkt** das Angebot für dieses Gut.

Das Gesetz des Angebots lässt sich wie folgt begründen:

- Mit steigenden Absatzpreisen wird der Anbieter versuchen, sein Angebot mengenmäßig auszuweiten, weil er sich **zusätzliche Gewinne** verspricht.
- Bei sinkenden Preisen wird er sein Angebot verringern oder (längerfristig) ganz aus dem Markt nehmen, weil die **Gewinne sinken** oder **Verluste entstehen.**

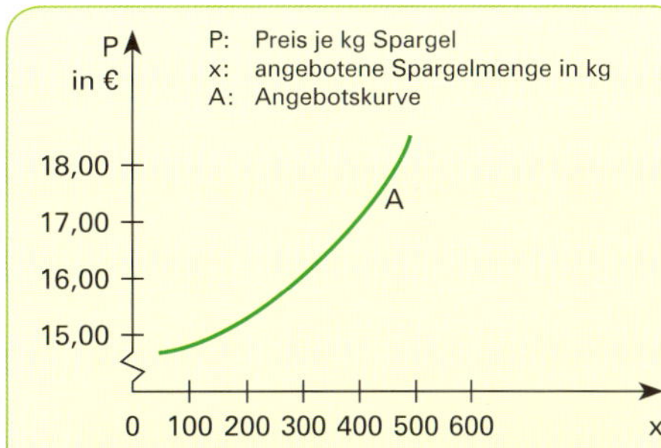

Normales Angebot eines landwirtschaftlichen Betriebs bei unterschiedlichen Preisen

Die **Angebotskurven** sind von Anbieter zu Anbieter unterschiedlich, weil Zielsetzungen, Marktstellungen, Marktsituationen und Kostenstrukturen verschieden sind.[1]

Beispiel:

Das Angebot ist in der Regel vollkommen elastisch, wenn ein Anbieter unterbeschäftigt ist, sodass er bei steigender Nachfrage nicht die Preise erhöhen möchte, um den Absatz nicht zu gefährden. Sein Angebot wird jedoch dann vollkommen unelastisch, wenn er an seiner Kapazitätsgrenze angelangt ist: Er kann die Preise erhöhen, nicht aber sein mengenmäßiges Angebot.

Wie nachfolgende Abbildungen verdeutlichen, reagiert das Angebot in Abhängigkeit von den oben angeführten Faktoren, **unterschiedlich stark** (elastisch) auf Preisänderungen.

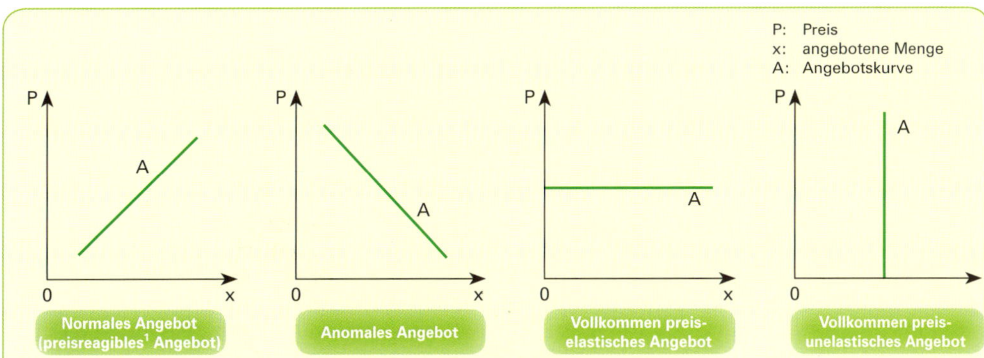

Mögliche Angebotskurven

1 Aus **Vereinfachungsgründen** wird die „Angebotskurve" in den **Wirtschaftswissenschaften grafisch** zumeist als **Gerade** und somit **mathematisch** als **lineare Funktion** dargestellt. Diese Vereinfachung wird im Folgenden in diesem **Schulbuch** ebenfalls praktiziert. Bei der mathematischen Darstellung ergeben sich **zwei Möglichkeiten**:

1. **Ausgehend** von einem bestimmten **Preis** wird die Frage beantwortet, wie hoch das sich dabei ergebende Angebot ist („horizontale Interpretation"). **Beispiel**: $x(p) = 1 + 0{,}5p$.
2. Bei der umgekehrten Interpretation beschreibt man den Zusammenhang **ausgehend** von einer bestimmten **Absatzmenge,** wie hoch der sich dabei ergebende Preis ist („vertikale Interpretation"). **Beispiel**: $p(x) = -2 + 2x$.

2 Reagibilität: Eigenschaft bzw. Fähigkeit, sehr sensibel zu reagieren.

4 Merkur-Nr. 0589

(5) Atypisches (anomales) Angebot

Das Gesetz des Angebots beschreibt das normale Angebotsverhalten. Es gibt jedoch wesentliche Ausnahmen. Nach dem **Gesetz der Massenproduktion** nehmen die Stückkosten bei zunehmender Produktion ab, bei abnehmender Produktion jedoch zu. Marktstarke Unternehmen mit hohem Fixkostenanteil[1] werden daher versuchen, bei zurückgehender Nachfrage ihre Produktion und damit ihr Angebot bei **steigenden** Preisen zu drosseln, um ihre Stückkosten zu decken **(anomales Angebot).** Umgekehrt sind sie in der Lage, bei zunehmender Nachfrage ihr Angebot auszuweiten und die Absatzpreise zu **senken** (Beispiele: elektrische Küchengeräte, Smartphones, Tablet-PCs, Digitalkameras).

(6) Preiselastizität des Angebots

Die aus einer Preisänderung resultierende Mengenänderung des Angebots lässt sich mithilfe der sogenannten **„Preiselastizität des Angebots"** messen. Sie gibt an, um wie viel Prozent sich die angebotene **Menge (Wirkung)** ändert, wenn der **Preis (Ursache)** um ein **Prozent** geändert wird. Diese Ursache-Wirkungs-Beziehung lässt sich wie folgt errechnen:

$$\textbf{Preiselastizität des Angebots} = \frac{\text{Relative Mengenänderung in Prozent}}{\text{Relative Preisänderung in Prozent}}$$

(7) Marktangebot (Gesamtangebot) für ein Gut

Unterstellt man, dass sich die Mehrzahl aller Anbieter eines Gutes nach dem „Gesetz des Angebots" verhalten, und fasst man gedanklich alle individuellen Angebotskurven zusammen, erhält man die Marktangebotskurve (Gesamtangebotskurve) für *ein* Gut.

Die **Marktangebotskurve** zeigt (wie alle Angebotskurven), wie groß das mengenmäßige Angebot für ein Gut bei unterschiedlichen Preisen dieses Gutes ist.

(8) Angebotsverschiebungen

Das Marktangebot für ein Gut verschiebt sich im Laufe der Zeit aus verschiedensten Gründen. Nimmt z. B. die Zahl der Anbieter zu, nimmt auch das Angebot zu. Nimmt die Zahl der Anbieter ab, nimmt auch das Angebot ab, es sei denn, die Kapazitäten der Anbieter verändern sich.

Weitere Gründe für die **Zunahme** des Angebots sind z. B.:

- der **technische Fortschritt** (aufgrund des Übergangs der Betriebe auf anlageintensivere Produktionsverfahren erweitern sich die Kapazitäten und damit das mögliche Angebot),
- die **Zukunftserwartungen** der Unternehmer (aufgrund zusätzlicher Investitionen nimmt das Angebot zu) und
- **Faktorpreissenkungen** (die bisherigen Mengen können nunmehr zu niedrigeren Preisen angeboten werden).

1 **Fixkosten** = Festkosten

Das Umgekehrte gilt, wenn das Marktangebot abnimmt.

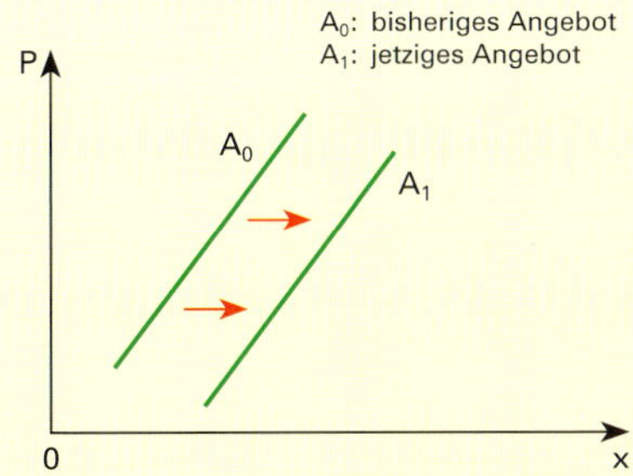

Zunehmendes Angebot aufgrund steigender Anbieterzahl

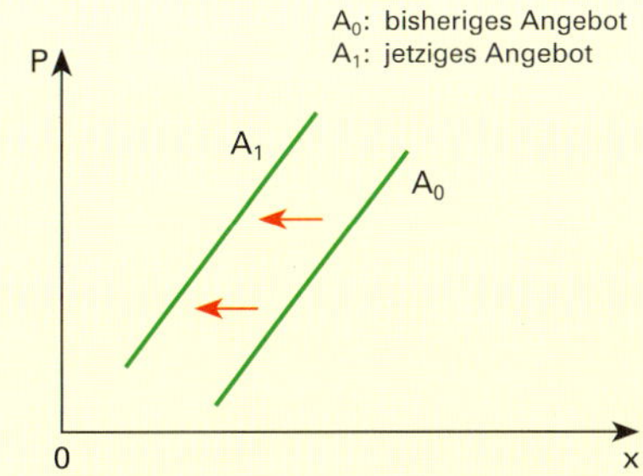

Abnehmendes Angebot aufgrund sinkender Anbieterzahl

Kompetenztraining

5

1. Die privaten Haushalte Armbruster, Brecht und Czerny haben ein gleich hohes Nettoeinkommen. Ihre Haushaltsbücher zeigen für den Monat Januar u.a. folgende Posten (in GE = Geldeinheiten):

Güterarten	Armbruster	Brecht	Czerny
Backwaren	30 GE	5 GE	33 GE
Teigwaren	25 GE	8 GE	26 GE
Gemüse	20 GE	15 GE	22 GE
Fleisch- und Wurstwaren	15 GE	20 GE	0 GE
Milch- und Milchprodukte	12 GE	14 GE	5 GE
Eier	5 GE	10 GE	0 GE
Nicht alkoholische Getränke	10 GE	16 GE	20 GE
Alkoholische Getränke	0 GE	22 GE	10 GE
⋮	⋮	⋮	⋮

Aufgaben:

1.1 Kennzeichnen Sie die Bedarfsstrukturen der drei Haushalte!

1.2 Schätzen Sie ab, wie die drei Haushalte auf Preiserhöhungen von Backwaren, Fleisch- und Wurstwaren und alkoholischen Getränken reagieren!

2. Erläutern Sie, welche Zusammenhänge normalerweise unter sonst gleichen Bedingungen zwischen dem Preis eines Gutes und der Nachfrage nach diesem Gut bestehen!
3. Nennen und begründen Sie mindestens zwei Ursachen für Nachfrageverschiebungen!
4. Nennen und begründen Sie mindestens zwei Bestimmungsgründe des Anbieterverhaltens!
5. Stellen Sie dar, welche Zusammenhänge normalerweise unter sonst gleichen Bedingungen zwischen dem Preis eines Gutes und dem Angebot für dieses Gut bestehen!
6. Nennen und begründen Sie mindestens zwei Ursachen für Angebotsverschiebungen!

7. Anbieter und Nachfrager treten auf dem Markt mit entgegengesetzten Interessen auf. Nennen Sie diese Interessen!

8. Lesen Sie zunächst nachstehenden Text und beantworten Sie sodann die anschließenden Fragen!

   Im Allgemeinen machen wir uns recht wenig Gedanken darüber, dass wir mit unserer Nachfrage nicht nur den Preis, sondern auch die Charaktereigenschaften der angebotenen Produkte (z.B. ihre Qualität, ihre Gefährlichkeit oder Ungefährlichkeit, ihre Umweltschädlichkeit oder -verträglichkeit) mitbestimmen.

   Nehmen wir z.B. ein Tankerunglück. Es verursacht nicht nur Umweltschäden, die kaum wieder gutzumachen sind, sondern auch gewaltige Kosten, um wenigstens die schlimmsten Folgen zu beseitigen. Es wird uns klar, dass wir als Verbraucher letztlich die Ursache für die entstandenen Umweltschäden sind, weil wir die Produkte, die aus dem Erdöl hergestellt werden, nachfragen. Wir möchten sie sogar möglichst billig haben, was wiederum die Schiffseigner veranlasst, auch die ältesten und damit unsicheren Öltanker einzusetzen. Scheinbar sparen wir die Kosten eines sicheren und damit teureren Transports. Tatsächlich bürden wir sie der Allgemeinheit auf, wir wälzen sie als sogenannte Social Costs (soziale Kosten) ab.

   Aufgaben:

   8.1 Nennen Sie mindestens zwei weitere Beispiele für derartige „soziale Kosten"!

   8.2 Schlagen Sie Maßnahmen vor, um die Entstehung sozialer Kosten zu verringern!

   8.3 Nennen Sie mindestens zwei Beispiele, wie die Verbraucher das Angebot in Richtung zu mehr Umweltverträglichkeit beeinflussen können!

   8.4 Nennen Sie mindestens zwei Beispiele dafür, wie die Anbieter auf die Verbraucher Einfluss nehmen können, damit diese verstärkt auf umweltverträgliche Produkte „umsteigen"!

6

1. Nachdem die Preise für Rindfleisch von 4,00 € je kg auf 3,00 € je kg gesunken sind, reagierten die Landwirte mit einer Reduzierung der Angebotsmenge um 25 %.

   Aufgaben:

   1.1 Berechnen Sie die Preiselastizität des Angebots!

   1.2 Interpretieren Sie das Ergebnis!

2. Die Göttinger Bank AG erhöht die monatliche Grundpauschale für Girokonten von 10,00 € auf 15,00 €. Nach der Preiserhöhung musste der Marktbereichsleiter feststellen, dass aufgrund dieser Veränderung ca. 100 der ursprünglich 5000 Kunden ihre Girokonten zu Konkurrenzinstituten verlagerten.

   Aufgaben:

   2.1 Berechnen Sie die Preiselastizität der Nachfrage!

   2.2 Interpretieren Sie das Ergebnis! Gehen Sie hierbei insbesondere auf mögliche Gründe für das Verhalten der Nachfrager ein.

3. Für die Anbieter ist die Reaktion der Nachfrager auf Preisänderungen des jeweils nachgefragten Gutes von großer Bedeutung.

   Aufgaben:

   3.1 Entscheiden Sie, welches Nachfrageverhalten in folgenden Fällen vorliegt!

   3.1.1 Eine Preissteigerung von 50 % bewirkt keine Mengenänderung bei dem betreffenden Gut.

   3.1.2 Eine Preissteigerung von 10 % führt zu einer Mengenzunahme von 15 % bei dem betreffenden Gut.

3.2 Erläutern Sie, was man unter einer starren Preiselastizität der Nachfrage versteht! Suchen Sie nach möglichen Beispielen, in denen mit einer derartigen Reaktion der Nachfrager zu rechnen ist!

3.3 Nach einer Einkommenserhöhung um 412,50 € auf nunmehr 3 162,50 € monatlich erhöht der Haushalt seinen Konsum von Wurst- und Fleischwaren vom Biolandwirt von 8,00 kg auf 11,60 kg monatlich. Gleichzeitig sinkt der Konsum abgepackter Wurst- und Fleischwaren vom Discounter um 5,40 kg auf 3,60 kg.

Berechnen Sie die jeweilige Einkommenselastizität der Nachfrage! Erläutern Sie kurz das Ergebnis Ihrer Berechnungen!

4. Neben dem Preis des nachgefragten Gutes beeinflussen allerdings auch die Preise anderer Güter die nachgefragte Menge.

Aufgaben:

4.1 Erklären Sie diese Zusammenhänge anhand der Wirkung von Preisänderungen von Substitutions- und Komplementärgütern!

4.2 Gehen Sie dabei jeweils auf ein konkretes Beispiel ein und stellen Sie die jeweilige Beziehung grafisch dar!

4.3 Entscheiden Sie, um welche Güterarten es sich in den nachfolgenden Fällen handelt!

4.3.1 Eine Preissteigerung bei Gut A von 30 % bewirkt eine Nachfragemengenzunahme bei Gut B um 15 %.

4.3.2 Eine Preissteigerung bei Gut A von 50 % bewirkt eine Nachfragemengenabnahme bei Gut B um 25 %.

5. Gemäß einer Marktstudie liegt die Preiselastizität der Nachfrage nach Alkopops bei 0,4. Sie sind Politiker und haben sich das Ziel gesetzt, den Konsum derartiger Getränke um 20 % einzudämmen, um so die Gefahr für Jugendliche, dem Alkohol zu verfallen, zu verringern. Eine Flasche dieses Getränkes kostet augenblicklich 3,00 €.

Aufgabe:

Ermitteln Sie, auf wie viel Euro der Preis für eine Flasche steigen muss, damit Sie Ihr Ziel erreichen!

6. Nachdem die Preise für Schweinefleisch an der Rohstoffbörse in der jüngeren Vergangenheit aufgrund diverser Hinweise auf eine hohe Dioxinbelastung dieses Lebensmittels von 1 500,00 € je Tonne auf 1 387,50 € je Tonne sukzessive gefallen sind, haben die betroffenen Agrarbetriebe die Produktion deutlich zurückgefahren, sodass die Angebotsmenge um 1 950 Tonnen auf 11 050 Tonnen zurückgegangen ist.

Aufgabe:

Berechnen Sie die Preiselastizität des Angebots!

7. Ein kleiner Handwerksbetrieb stellt Schneeschieber her. Der Absatzpreis des Anbieters beträgt 30,00 €. Seine maximale Kapazität liegt bei 200 Stück pro Tag, seine fixen Kosten pro Tag bei 1 500,00 €, die variablen Kosten pro Stück bei 15,00 €.

Aufgabe:

Berechnen Sie die Gewinnschwelle pro Tag!

8. Die Mockenhaupt Running AG, ein mittelständischer Hersteller von handgefertigten Marathon-Laufschuhen, hat im letzten Geschäftsjahr insgesamt 6 200 Schuhe auf Bestellung hergestellt und zu einem Preis von 400,00 € pro Stück direkt an die Endverbraucher absetzen können.

Die fixen Kosten des Unternehmens beliefen sich auf 450 000,00 €, der Betriebsgewinn betrug 480 000,00 €.

Aufgabe:

Ermitteln Sie die variablen Kosten je Laufschuh!

3 Markt als Ort der Preisbildung

3.1 Begriff Markt

In einer marktwirtschaftlich orientierten Wirtschaftsordnung stellen alle Wirtschaftssubjekte – also die **Haushalte** (in der Regel als **Nachfrager**) sowie die **Unternehmen** (zumeist in der Rolle der **Anbieter**) – ihrem **Eigeninteresse** folgend **selbstständig** Wirtschaftspläne auf. Dabei versuchen die **Anbieter** (Unternehmen) ihre Pläne am Ziel der **Gewinnmaximierung** auszurichten, wohingegen sich die **Nachfrager** (Haushalte) bei ihren Planungen überwiegend an dem Ziel der **Nutzenmaximierung** orientieren.

Die **Gegensätzlichkeit** dieser Planungsgrundlage wird deutlich, wenn man sich vor Augen führt, dass die **Anbieter** im Rahmen ihrer Zielsetzung bemüht sein werden, entsprechend **hohe Preise** durchzusetzen. Die **Nachfrager** demgegenüber versuchen, mit den ihnen zur Verfügung stehenden Mitteln (Bilanzgerade) ein **möglichst hohes Nutzenniveau** zu realisieren, also zu möglichst **niedrigen Preisen** ihren Bedarf zu decken.

Beide „Parteien" sind bestrebt, ihre individuellen Planungen am Markt zu realisieren.

- So ermöglicht der Markt den **Anbietern,** ihre Güter entsprechend ihren Zielvorstellungen anzubieten und sich über die Nachfrage zu informieren.
- Den **Nachfragern** hingegen bietet der Markt die Möglichkeit, sich über das Angebot zu informieren und ihre Kaufentscheidung unter Berücksichtigung der Nutzenmaximierung zu treffen.

Ökonomisch betrachtet versteht man unter **Markt** den Ort, an dem Angebot und Nachfrage aufeinandertreffen.

Letztlich erfolgt über den Markt ein **Ausgleich** zwischen den **entgegengesetzten** Interessen von Anbietern und Nachfragern, da sich als Ergebnis des Marktgeschehens ein Preis (der sogenannte Gleichgewichtspreis) bildet, über den die unterschiedlichen Zielsetzungen der Marktteilnehmer „ausbalanciert" werden **(Selbststeuerungsmechanismus des Marktes).**

3.2 Marktarten[1]

Wer den Begriff Markt hört, denkt vermutlich zunächst an solche Märkte wie z.B. den Wochenmarkt, den Supermarkt oder den Flohmarkt. Des Weiteren werden einem sicher Begriffe wie Arbeitsmarkt oder Wohnungsmarkt einfallen. Auch Zeitungsanzeigen enthalten oft Überschriften wie Gebrauchtwagenmarkt oder Stellenmarkt.

Je nachdem, von welchem **Gesichtspunkt** aus man die Märkte betrachtet, kann man verschiedene **Einteilungen** vornehmen, und zwar:

1. nach dem Umfang der staatlichen Marktbeeinflussung

- **freie** Märkte: Märkte ohne jeden Staatseingriff, wie sie im Modell der freien Marktwirtschaft vorausgesetzt werden.
- **regulierte** (gelenkte) Märkte: Märkte, auf denen der Staat eingreift, wenn er seine politischen Ziele gefährdet sieht.

2. nach der Art der gehandelten Sachgüter und Leistungen

- **Warenmärkte:** Märkte, auf denen Sachgüter gehandelt werden. Die Warenmärkte können wieder in Konsumgütermärkte und Produktionsgütermärkte (Investitionsgütermärkte) eingeteilt werden.[2]
- **Immobilienmärkte** (Grundstücksmärkte): Märkte, auf denen bebaute und unbebaute Grundstücke angeboten und nachgefragt werden.
- **Kreditmärkte:** Märkte, auf denen kurz- oder langfristige Geldmittel gehandelt werden, also Geld- und Kapitalmärkte.
- **Arbeitsmärkte:** Märkte, auf denen die Nachfrage nach Arbeitskräften und das Angebot von Arbeitskräften aufeinandertrifft.

Grundstücksmärkte, Geld- und Kapitalmärkte sowie Arbeitsmärkte bezeichnet man auch als **Faktormärkte.**

3. nach räumlich-zeitlichen Gesichtspunkten

- **zentralisierte**[3] Märkte: Märkte, auf denen das gesamte Angebot und die gesamte Nachfrage an einem bestimmten Ort aufeinander treffen; zentralisierte Märkte sind **Punktmärkte** wie z.B. Wochenmärkte, Großmärkte, Auktionen, Versteigerungen, Börsen. In der Regel sind zentralisierte Märkte zugleich **organisierte Märkte,** d.h. Märkte mit einer Marktordnung (z.B. Regelung des Beginns und des Endes einer Marktveranstaltung, Begrenzung des Teilnehmerkreises).
- **dezentralisierte** Märkte: Märkte, auf denen Angebot und Nachfrage weder am gleichen Ort noch zur gleichen Zeit aufeinander treffen; die meisten Märkte der Wirklichkeit sind dezentralisierte und zugleich **unorganisierte Märkte.** Beispiele: Schuhmarkt, Weinmarkt, Lebensmittelmarkt, Textilmarkt.

1 Man spricht auch von „Marktformen im weiteren Sinne".

2 Um uns das Marktgeschehen zu verdeutlichen, wollen wir uns im Folgenden auf die Konsumgütermärkte beschränken.

3 Von Zentrum (Mitte); zentralisieren: auf einen Punkt zusammenfassen.

4. nach qualitativen Gesichtspunkten (nach der Einheitlichkeit bzw. Uneinheitlichkeit der Marktpreisbildung)

- **vollkommene** Märkte:[1] Märkte, auf denen es nur einen einheitlichen Preis für ein bestimmtes Gut geben kann).
- **unvollkommene** Märkte: Märkte, auf denen es für ein bestimmtes Gut unterschiedliche Preise gibt.

5. nach der Anzahl der Anbieter und Nachfrager

- **polypolistische** Märkte[2] (vollständige Konkurrenz, d.h. unzählige Anbieter und Nachfrager treten auf dem Markt auf);
- **oligopolistische** Märkte[3] (Märkte, bei denen auf einer und/oder beiden Marktseiten nur wenige Konkurrenten vorhanden sind);
- **monopolistische** Märkte[4] (Märkte, bei denen sich auf einer und/oder beiden Marktseiten nur ein Marktbeteiligter befindet);

Matrix der Marktarten nach der Zahl der Marktteilnehmer[5]

Zahl der Anbieter \ Zahl der Nachfrager	einer	wenige	viele
einer	zweiseitiges Monopol	Angebotsmonopol mit oligopolistischer Nachfrage	Angebotsmonopol
wenige	Nachfragemonopol mit oligopolistischem Angebot	zweiseitiges Oligopol	Angebotsoligopol
viele	Nachfragemonopol	Nachfrageoligopol	vollständige (polypolistische) Konkurrenz

vollkommene Märkte | unvollkommene Märkte

Aufgrund dieser Matrixdarstellung erhält man neun verschiedene Marktformen. Beachtet man, dass (theoretisch) **jede** Marktform **vollkommen** oder **unvollkommen** sein kann, ergeben sich 18 Marktformen.

1 Vgl. hierzu die Ausführungen in Kapitel 3.3.2.

2 Die Vorsilbe poly... bedeutet in Fremdwörtern „viel“, z.B. in „Polygamie“ die Vielehe.

3 Die Vorsilbe olig... bedeutet in Fremdwörtern „wenig“, z.B. in „Oligarchie“ die Herrschaft weniger.

4 Die Vorsilbe mono... bedeutet in Fremdwörtern „ein“, z.B. in „Monotonie“ die Eintönigkeit.

5 Dieses Marktformenschema stammt von Heinrich von Stackelberg (1905–1946).

3.3 Preisbildung auf dem vollkommenen Polypolmarkt

3.3.1 Bildung des Gleichgewichtspreises

Um den Preis als Regulator verstehen zu können, ist es zweckmäßig, sich einen Markt mit sehr vielen Anbietern und sehr vielen Nachfragern vorzustellen **(Polypol).** Auf diesem Markt liegt **vollständige Konkurrenz** (vollständiger Wettbewerb) vor. Eine Marktform wie das Polypol kommt in der Wirklichkeit in reiner Form recht selten vor. Ein wichtiges Beispiel für das Polypol ist die Börse.

Die **Börse** ist ein Markt für einheitliche (homogene) Waren oder Wertpapiere, der regelmäßig an einem bestimmten Ort stattfindet **(Punktmarkt, zentralisierter Markt).**

Beispiel:

Die Warenbörsen erhalten von den Käufern und Verkäufern Kauf- oder Verkaufsaufträge. Dabei können Käufer und Verkäufer ihre Aufträge limitieren, d. h. begrenzen. Ein Käufer kann z. B. den Warenmakler[1] beauftragen, eine bestimmte Warenmenge **höchstens** zu 63,00 € je Gewichtseinheit zu kaufen. Sollte der Kurs (der an der Börse festgelegte Preis) am Kauftag höher sein, wird der Auftrag nicht ausgeführt.

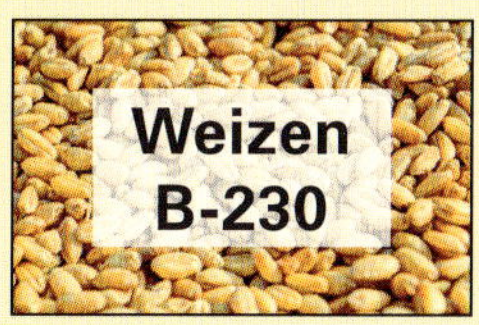

Ein Verkäufer kann den Warenmakler beauftragen, eine bestimmte Warenmenge zu **mindestens** 61,00 € zu verkaufen. Ist der Kurs (Preis) am Verkaufstag niedriger, wird der Auftrag ebenfalls nicht ausgeführt.

Werden die Kauf- und Verkaufsaufträge nicht limitiert (nach oben oder unten begrenzt), werden die zum Kauf nachgefragten Waren „billigst" bzw. die zum Verkauf angebotenen Waren „bestens", d. h. zu dem am Abschlusstag gültigen Kurs (Preis) ge- oder verkauft.

Angenommen, bei einem Warenmakler laufen für Weizen einheitlicher Qualität folgende Aufträge ein:

Kaufaufträge Weizen (Nachfrage)	Verkaufsaufträge Weizen (Angebot)
50 dt[2] billigst	30 dt bestens
45 dt zu 61,00 € höchstens	45 dt zu 61,00 € mindestens
20 dt zu 62,00 € höchstens	85 dt zu 62,00 € mindestens
70 dt zu 63,00 € höchstens	40 dt zu 63,00 € mindestens
20 dt zu 64,00 € höchstens	35 dt zu 64,00 € mindestens

Der Makler hat nun die Aufgabe, festzustellen, bei welchem Preis (Kurs) der höchste Umsatz erzielt werden kann.

Dazu muss festgestellt werden, welche Umsätze (Menge · Preis) bei den einzelnen Preisen möglich sind:

1 Ein Makler ist ein Kaufmann, der Geschäfte für andere vermittelt. Für seine Tätigkeit erhält er eine Maklergebühr (Courtage), die von beiden Vertragspartnern (Käufer, Verkäufer) je zur Hälfte zu zahlen ist.

2 1 dt = 1 Dezitonne = ein Zehntel einer Tonne = 100 kg.

Mögliche Preise (Kurse)	Durchführbare Kaufanträge (Nachfrage)	Durchführbare Verkaufsaufträge (Angebot)	Umsetzbare Mengen	Umsatz (Menge · Preis)
60,00 €	205 dt[1]	30 dt[3]	30 dt	1800,00 €
61,00 €	205 dt	75 dt	75 dt	4575,00 €
62,00 €	160 dt[2]	160 dt	160 dt	9920,00 €
63,00 €	140 dt	200 dt	140 dt	8820,00 €
64,00 €	70 dt	235 dt	70 dt	4480,00 €

In diesem Beispiel beträgt der vom Makler festgesetzte Preis 62,00 € je dt Weizen , weil hier der größtmögliche Umsatz getätigt werden kann. Man spricht vom **Gleichgewichtspreis.**

Der **Gleichgewichtspreis** bringt Angebot und Nachfrage zum Ausgleich, er „räumt den Markt".

Zu beachten ist aber, dass die Anbieter, die einen höheren Preis erzielen wollten, und die Nachfrager, die nur einen geringeren Preis bezahlen wollten, leer ausgehen.

Handelt es sich um **reproduzierbare Güter** (immer wieder neu herstellbare Güter), kommt in den Preisforderungen der Anbieter die Höhe ihrer **Produktionskosten** zum Ausdruck. (Je höher die Produktionskosten jedes einzelnen Anbieters sind, desto höher muss auch seine Preisforderung sein.) In den Preisvorstellungen der Käufer kommen, falls es sich um **Konsumgüter** handelt, ihre individuellen **Nutzenvorstellungen** zum Ausdruck. (Je höher der individuelle Nutzen ist, desto mehr ist der Einzelne zu zahlen bereit.)

Ganz wesentlich ist die Erkenntnis, dass nur der Gleichgewichtspreis (Einheitspreis) den Markt räumen kann. Setzt der Börsenmakler beispielsweise einen Kurs von 61,00 € je dt Weizen fest, beträgt die Nachfrage 205 dt, das Angebot nur 75 dt (Unterangebot = Übernachfrage = Angebotslücke). Der Börsenmakler wird also den Preis **heraufsetzen.**

Ist bei einem gegebenen Preis das Angebot kleiner als die Nachfrage **(Angebotslücke),** wird der Preis steigen.

Märkte mit Angebotslücken werden als **Verkäufermärkte** bezeichnet. Die Anbieter (Verkäufer) haben eine **starke Stellung,** weil im Verhältnis zur Nachfrage zu wenig Güter angeboten werden.

Umgekehrt ist es, wenn der Börsenmakler beispielsweise einen Preis von 63,00 € je dt Weizen bestimmt. Dann beläuft sich das Angebot auf 200 dt, die Nachfrage lediglich auf 140 dt (Überangebot = Unternachfrage = Nachfragelücke). Der Makler wird also den Preis **herabsetzen.**

Ist bei einem gegebenen Preis die Nachfrage kleiner als das Angebot **(Nachfragelücke),** wird der Preis sinken.

1 Bei einem Preis (Kurs) von 60,00 € wollen alle Auftraggeber kaufen, auch diejenigen, die eigentlich einen höheren Kurs zu zahlen bereit sind.

2 Bei einem Preis von 62,00 € kaufen die Auftraggeber nicht mehr, die höchstens 61,00 € anlegen wollten. Die Käufer, die nicht limitiert haben, kaufen jedoch zu jedem Kurs.

3 Es verkaufen nur die Auftraggeber, die nicht limitiert haben. Alle anderen wollen einen höheren Preis erzielen.

Märkte mit Nachfragelücken heißen **Käufermärkte.** Die Nachfrager (Käufer) haben eine **starke Marktstellung,** weil im Verhältnis zur Nachfrage zu viel Güter angeboten werden.

Das Zahlenbeispiel von der vorangestellten Seite lässt sich auch grafisch veranschaulichen. Tragen wir an der x-Achse (waagerechte Achse des Koordinatensystems) die angebotenen bzw. nachgefragten Gütereinheiten (im Beispiel dt) und an der y-Achse (senkrechte Achse) die möglichen Preise (hier Euro je dt) ab, erhalten wir folgende **Angebots- und Nachfragekurven:**

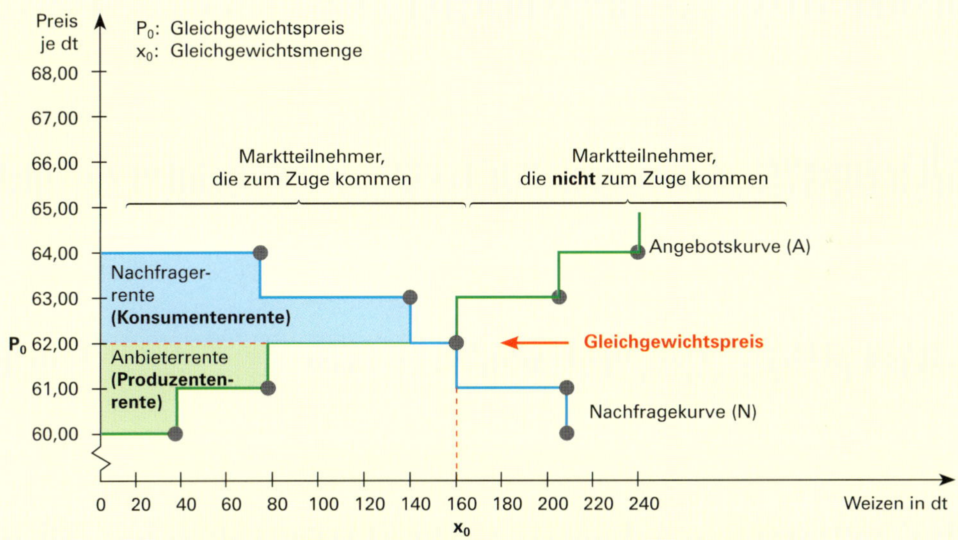

Gleichgewichtspreis und Gleichgewichtsmenge

Normalerweise gilt:

- Mit steigendem Preis steigt das mengenmäßige Angebot, mit sinkenem Preis sinkt das mengenmäßige Angebot **(„Gesetz des Angebots").**[1]
- Mit steigendem Preis sinkt die mengenmäßige Nachfrage, mit sinkendem Preis steigt die mengenmäßige Nachfrage **(„Gesetz der Nachfrage").**[2]

Die Gleichgewichtsmenge wird zum **Gleichgewichtspreis** abgesetzt. **Jeder Anbieter,** der bereit war, **zum** Gleichgewichtspreis (Grenzanbieter) **oder** einem **niedrigeren** Preis seine Güter zu verkaufen, kommt zum Zuge. Gleichzeitig erhält **jeder Nachfrager,** der bereit war, dieses Gut **zum** Gleichgewichtspreis (Grenznachfrager) **oder** einem **höheren** Preis zu kaufen, die von ihm gewünschte Gütermenge. Im Umkehrschluss bedeutet dies, dass die Anbieter, die auch zu einem niedrigeren Preis als dem Gleichgewichtspreis bereit gewesen wären, ihre Produkte zu verkaufen, einen über ihren Planungen liegenden „Mehrerlös" erzielen. Diesen Mehrerlös **multipliziert** mit der **abgesetzten** Menge bezeichnet man als **Produzentenrente.** Mit Ausnahme des Grenzanbieters erzielen alle Anbieter, die zum Zuge kommen, diesen Mehrerlös.

1 Siehe Kapitel 2.

2 Siehe Kapitel 1.1.

Die Nachfrager, die auch zu einem höheren Preis als dem Gleichgewichtspreis bereit gewesen wären, die Güter zu kaufen, erzielen – mit Ausnahme des Grenznachfragers – aufgrund der „Minderausgaben" einen Nutzengewinn (**Konsumentenrente**).

Wenn man sich nun vorstellt, dass sehr viele (theoretisch „unendlich" viele) Anbieter und Nachfrager auf dem Markt sind, verschwinden die „Treppen" aus der Angebots- und aus der Nachfragekurve. Es ergibt sich nachstehendes Bild.

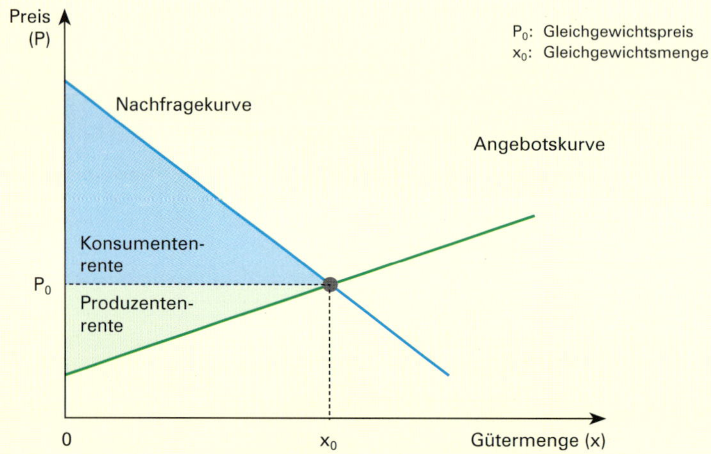

Marktgleichgewicht

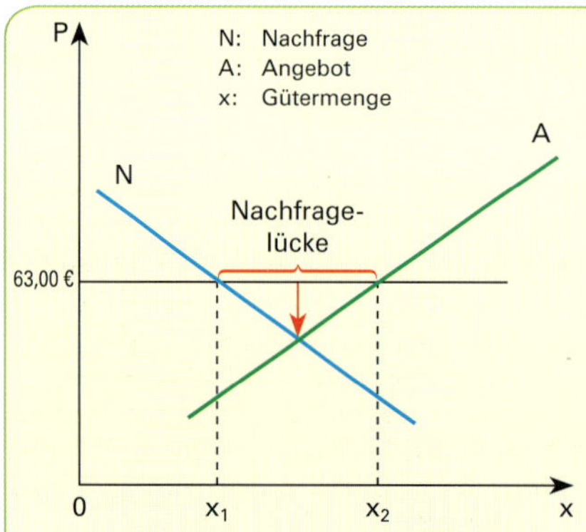

Marktungleichgewicht

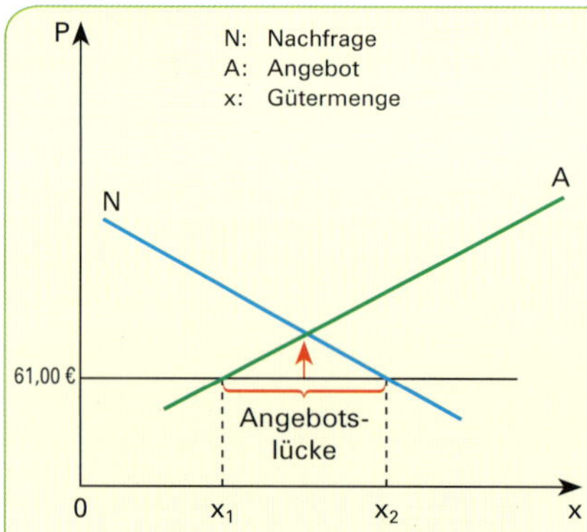

Marktungleichgewicht

Bei einer **Nachfragelücke** (bei einem Angebotsüberhang) ist der Marktpreis (P_1) **höher** als der Gleichgewichtspreis. Die Nachfragelücke $\overline{x_1x_2}$ wird geschlossen, wenn der Preis **sinkt.**

Bei einer **Angebotslücke** (bei einem Nachfrageüberhang) ist der Marktpreis (P_1) **niedriger** als der Gleichgewichtspreis. Die Angebotslücke $\overline{x_1x_2}$ wird geschlossen, wenn der Preis **steigt.**

3.3.2 Voraussetzungen des vollkommenen Marktes

Aus unserem Modell lassen sich nun eine ganze Reihe von Erkenntnissen ableiten.

Zunächst haben wir festgestellt, dass für die Ware ein einheitlicher Preis, eben der **Einheitspreis** (Gleichgewichtspreis) besteht. Die Frage ist, unter welchen **Voraussetzungen** (= Prämissen) ein solcher Einheitspreis entstehen kann.

Für das Vorliegen eines **vollkommenen** Marktes müssen nachfolgende Voraussetzungen erfüllt sein:

Voraussetzungen	Erläuterungen	Beispiele
Homogenität der Güter	Ein Einheitspreis entwickelt sich nur dann, wenn auf dem Markt vollkommen gleichartige Güter gehandelt werden: Die Güter müssen homogen sein.	▪ Banknoten, ▪ Aktien einer bestimmten Aktiengesellschaft, ▪ Edelmetalle, ▪ Baumwolle eines bestimmten Standards, ▪ Superbenzin, ▪ Strom.
Punktmarkt	Angebot und Nachfrage müssen gleichzeitig an einem bestimmten Ort aufeinandertreffen.	Die an einem bestimmten Tag in einem bestimmten Börsensegment, auf Messen oder Wochenmärkten zusammenlaufenden Kauf- und Verkaufswünsche bestimmen den Kurs (den Preis) des Tages.
Markttransparenz	Anbieter und Nachfrager müssen eine vollständige Marktübersicht besitzen.	▪ Ein Nachfrager hat dann eine vollständige Marktübersicht, wenn er die Preise und Qualitäten aller angebotenen Waren kennt. ▪ Ein Anbieter besitzt die vollkommene Marktübersicht, wenn ihm die Kaufabsichten aller Kunden bekannt sind. (Vollständige Markttransparenz findet sich folglich nur an der Börse.)
Unendlich schnelle Reaktionsfähigkeit	Anbieter und Nachfrager müssen sofort auf Änderungen der Marktsituation reagieren können.	▪ Der Börsenspekulant hat jederzeit die Möglichkeit, sich telefonisch an der Börse über den Stand der Nachfrage, des Angebots und der Kurse zu informieren (Markttransparenz). Zugleich hat er die Möglichkeit, z. B. bei steigenden Kursen mehr anzubieten oder weniger nachzufragen (schnelle Reaktionsfähigkeit). ▪ Die Autofahrer können sich über eine Tank-App zeitnah über die Preisänderungen bei Kraftstoffen informieren. Somit haben sie die Möglichkeit, bei der Wahl der Tankstelle sehr schnell zu reagieren.

Voraussetzungen	Erläuterungen	Beispiele
Keine Präferenzen	Käufer und Verkäufer dürfen sich aufgrund bestimmter Vorlieben nicht gegenseitig bevorzugen.	■ Eine **sachliche Präferenz** liegt vor, wenn ein Käufer der Meinung ist, dass das Produkt des Herstellers A besser als das des Herstellers B ist, auch wenn beide Produkte objektiv gleich (homogen) sind. ■ Eine **zeitliche Präferenz** ist gegeben, wenn z. B. Urlaub in der Hauptsaison statt Nebensaison bevorzugt wird. ■ Von **räumlicher Präferenz** spricht man z. B., wenn die räumliche Nähe des Marktpartners zu Bevorzugungen führt. Besuch des Restaurants an der Skipiste statt einer Gaststätte im Tal. ■ **Persönliche Präferenzen** bestehen z. B. dann, wenn ein Kunde ein Geschäft aufgrund besonders kulanter und freundlicher Bedienung bevorzugt.

Fehlt nur eine der genannten Bedingungen, spricht man von einem **unvollkommenen Markt.** Annähernd vollkommene Märkte sind die Ausnahme, unvollkommene Märkte sind die Regel.

Das äußere Merkmal des unvollkommenen Marktes ist, dass es für eine Güterart **unterschiedliche Preise** gibt.

Die **Gründe für die Unvollkommenheit der Märkte** sind im Einzelnen:

- Eine bestimmte Güterart wird in verschiedenen Qualitäten, Abmessungen, Aufmachungen, Farben usw. hergestellt. Das Gut ist **heterogen** (= verschiedenartig).
- Angebot und Nachfrage treffen weder am gleichen Ort noch zur gleichen Zeit zusammen (= **dezentralisierte, nicht organisierte Märkte**).
- Anbietern und Nachfragern **fehlt die Marktübersicht.** (Der Verbraucher weiß beispielsweise in der Regel nicht, was die Schokolade im übernächsten Geschäft kostet.)
- Käufer und Verkäufer hegen persönliche, sachliche, räumliche oder zeitliche **Präferenzen.**

3.3.3 Wechselwirkungen zwischen Angebot, Nachfrage und Preis

Die Steuerungsfunktion des Marktes lässt sich am besten verstehen, wenn man das Marktgeschehen im **Zeitablauf** betrachtet, in das Modell also Angebots- bzw. Nachfrageverschiebungen einbezieht.

Diese sogenannten **Preisgesetze** werden jedoch nur dann wirksam, wenn man von einer **normalen Angebotskurve** (also vom Gesetz des Angebots) und von einer **normalen Nachfragekurve** (also vom Gesetz der Nachfrage) ausgeht.

<table>
<tr><th>Auswirkung</th><th>Nachfrageänderung</th><th>Angebotsänderung</th></tr>
<tr><td>Preis-
erhöhung</td><td>Bleibt das Angebot unverändert und die Nachfrage steigt (Rechtsverschiebung der Nachfragekurve), wollen mehr Nachfrager die gleichbleibende Menge Güter kaufen. Folge: Der Preis steigt.
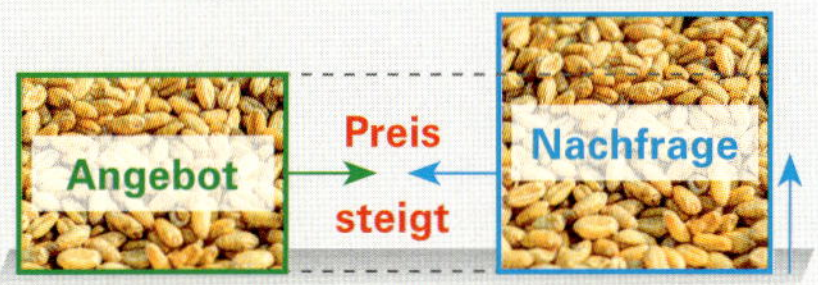

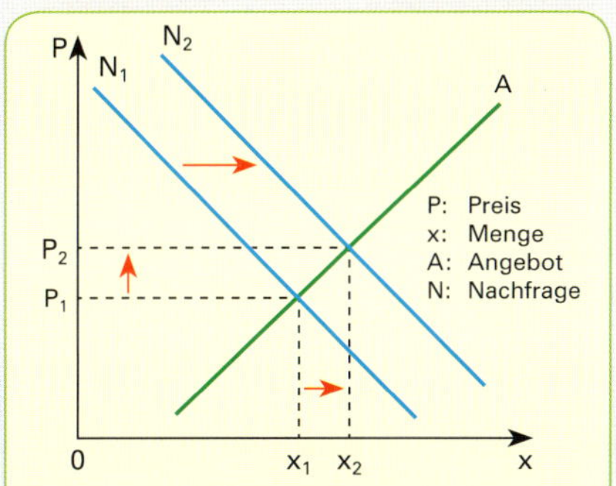

Steigende Preise und zunehmender Absatz bei zunehmender Nachfrage</td><td>Bleibt die Nachfrage unverändert und das Angebot sinkt (Linksverschiebung der Angebotskurve), wollen mehr Nachfrager ein geringeres Angebot kaufen. Folge: Der Preis steigt.
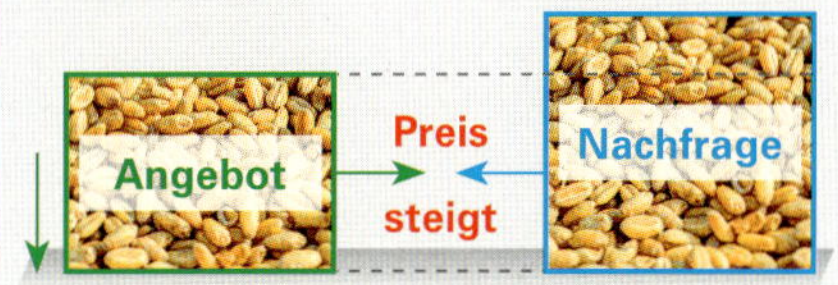

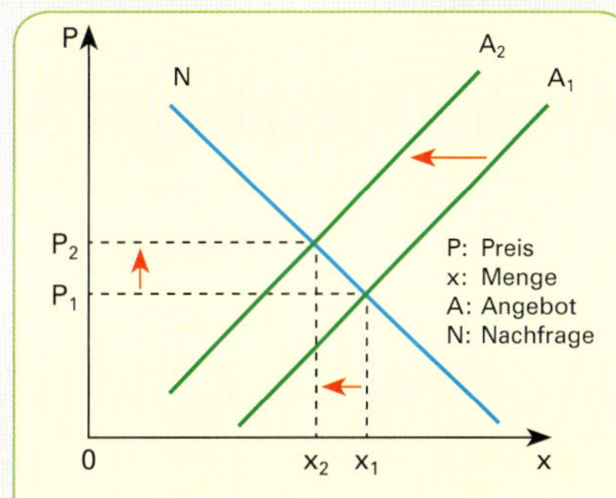

Steigende Preise und abnehmender Absatz bei abnehmendem Angebot</td></tr>
<tr><td>Preis-
senkung</td><td>Bleibt das Angebot unverändert und die Nachfrage sinkt (Linksverschiebung der Nachfragekurve), wollen weniger Nachfrager das Gut kaufen als die Anbieter verkaufen. Folge: Der Preis sinkt.
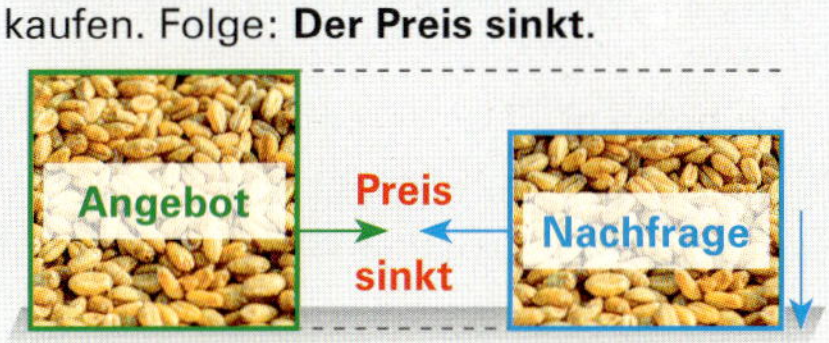

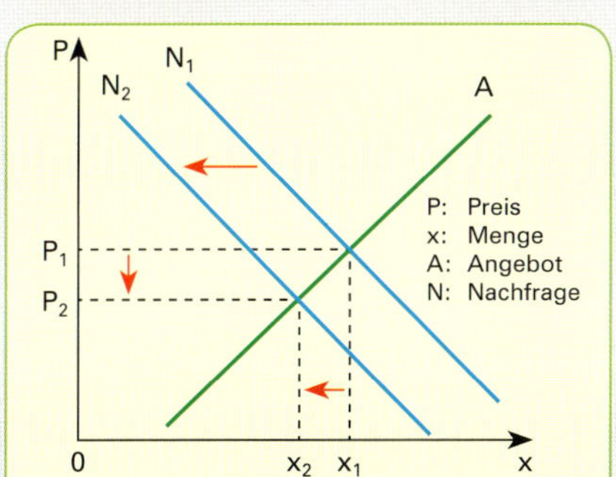

Sinkende Preise und abnehmender Absatz bei abnehmender Nachfrage</td><td>Bleibt die Nachfrage unverändert und das Angebot steigt (Rechtsverschiebung der Angebotskurve), wollen mehr Anbieter das Gut verkaufen als Nachfrager kaufen. Folge: Der Preis sinkt.
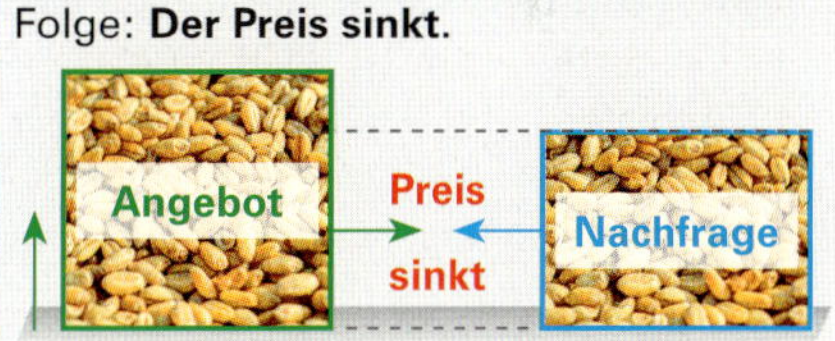

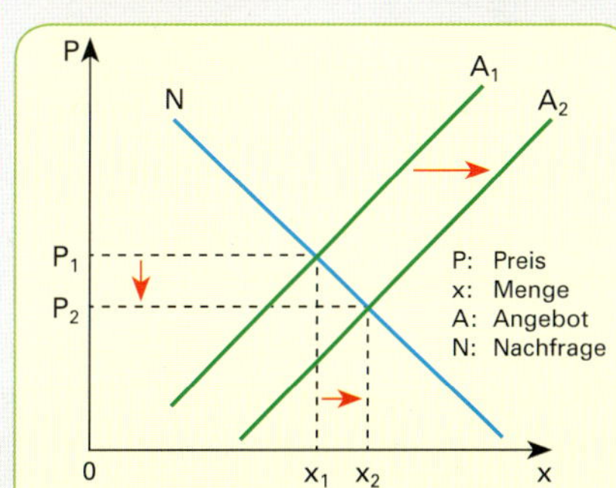

Sinkende Preise und zunehmender Absatz bei zunehmendem Angebot</td></tr>
</table>

3.3.4 Bedeutung der Preisgesetze

Die bisherigen Überlegungen zeigen, dass in einer freien Marktwirtschaft Preis, Angebot und Nachfrage (kurz: die Märkte) die Volkswirtschaft **selbsttätig** (automatisch) **steuern.** Was für die Güterpreise gilt, trifft im Modell auch auf die übrigen Marktpreise zu.

Beispiel:

So wird der **Arbeitsmarkt** über die **Löhne** (Preise für die Arbeitskraft) reguliert. Ist das Arbeitsangebot hoch und die Arbeitsnachfrage niedrig, wird eben der Lohn so lange sinken, bis der „Markt geräumt" ist.

Gleichermaßen werden die **Kreditmärkte** mithilfe des **Zinsmechanismus** gesteuert. Ist das Kreditangebot niedrig, die Kreditnachfrage hoch, wird der Zins so lange steigen, bis auch hier die Kreditnachfrage dem Kreditangebot entspricht. Somit erübrigen sich jegliche staatliche Eingriffe in das Marktgeschehen.

3.4 Funktionen[1] des Gleichgewichtspreises

Ausgleichsfunktion 	Der Gleichgewichtspreis ist der Preis, bei dem der höchstmögliche Umsatz erzielt wird. Alle Nachfrager, die den Gleichgewichtspreis bezahlen wollen (oder können), und alle Anbieter, die zum Gleichgewichtspreis verkaufen wollen (oder können), kommen zum Zuge. „Der freie Preis räumt den Markt."
Signalfunktion 	Sie äußert sich darin, dass der freie Marktpreis den Knappheitsgrad eines Gutes anzeigt (signalisiert). Steigt der Preis, so wird erkennbar, dass ■ sich entweder das Güterangebot bei gleichbleibender Nachfrage verknappt hat, ■ sich die Nachfrage bei gleichbleibendem Güterangebot erhöht hat oder ■ die Nachfrage schneller als das Güterangebot gestiegen ist. Der fallende Preis zeigt die gegenteilige Marktsituation an.
Lenkungsfunktion 	Der freie Marktpreis steuert das Angebot und damit die Produktion auf diejenigen Märkte hin, auf denen die größte Nachfrage herrscht und folglich die höchsten Preise (und damit Gewinne) erzielt werden können. **Beispiel:** Sinkt die Nachfrage nach Rindfleisch zugunsten der Nachfrage nach Geflügelfleisch, werden die Rindfleischpreise sinken und die Geflügelpreise steigen. Die Landwirte stellen sich auf die Produktion von Geflügelfleisch um und schränken die Produktion von Rindfleisch ein.
Erziehungsfunktion 	Da der Preis bei vollkommener polypolistischer Konkurrenz vom einzelnen Nachfrager nicht beeinflussbar ist, zwingt er die Produzenten, ihre Kosten zu senken, wenn sie rentabel anbieten wollen. Die Verbraucher werden dazu erzogen, möglichst sparsam (möglichst preisgünstig) einzukaufen, wenn sie ihren Nutzen maximieren wollen.

1 **Funktionen**: hier im Sinne von Aufgabe.

Kompetenztraining

7 1. Entscheiden Sie, welcher Marktart bzw. welchen Marktarten Sie folgende Märkte zurechnen!

1.1 In der Europäischen Union (EU) gibt es unzählige Landwirte, die Getreide verschiedener Sorten und Qualitäten anbauen und zahlreichen Käufern anbieten.

1.2 Auf dem Schuhmarkt konkurrieren sehr viele Einzelhandelsunternehmen. Sie bieten ihre Waren einer unübersehbar großen Zahl von möglichen Kunden an.

1.3 Auf diesem Markt (z. B. der Frankfurter Börse) werden u. a. Aktien gehandelt. Der Kurs (der Preis) der Aktien wird von Skontroführern[1] festgelegt.

1.4 In der Zeitung finden Sie die Rubriken „Zu vermieten" bzw. „Mietgesuche".

1.5 Auf diesem Markt treten zahlreiche Leute, die einen Pkw auf Raten kaufen wollen, als Nachfrager auf, um ihren Autokauf finanzieren zu können.

1.6 Überall im Land bieten die Bäckereien ihre frischen Backwaren an.

1.7 Außer dem Bund darf kein Unternehmen gewerbsmäßig Euromünzen prägen lassen.

2. Stellen Sie eine Matrix wie auf S. 56 auf und füllen Sie diese mit einem selbst gewählten praktischen Beispiel je Marktform aus!

3. Legen Sie mit eigenen Worten dar, wie der Preis im vollkommenen Polypol den Markt zum Ausgleich bringt!

4. Angenommen, auf einem Wochenmarkt treten folgende Anbieter frischer und absolut gleichwertiger Pfifferlinge auf, wobei jeder Anbieter 10 kg auf den Markt bringt:

Die Mindestpreisvorstellungen der Anbieter sind:

Anbieter	A	B	C	D	E	F
Preis je kg in €	10,00	11,00	12,00	13,00	14,00	15,00

Als Nachfrager treten 50 Einkäufer auf, die höchstens Folgendes ausgeben und je 1 kg kaufen wollen:

Einkäufer	1–10	11–20	21–30	31–40	41–50
Preisvorstellungen je kg in €	13,00	12,50	12,00	11,50	11,00

Aufgabe:

Bestimmen Sie den Gleichgewichtspreis, indem Sie eine Tabelle mit nachfolgend dargestelltem Aufbau zu Angebot und Nachfrage anfertigen! Ermitteln Sie bei den jeweiligen Preisen auch den jeweiligen Angebots- und Nachfrageüberhang!

Preis (€ je kg)	Angebotsmenge (in kg)	Nachfragemenge (in kg)	Angebotsüberhang (in kg)	Nachfrageüberhang (in kg)

5. In Aufgabe 4 haben wir zwar so getan, als ob es sich um einen vollkommenen polypolistischen Markt handle. Begründen Sie, warum dies in Wirklichkeit jedoch nicht der Fall ist!

6. Erläutern Sie, warum die Börse dem Modell des vollkommenen polypolistischen Marktes ziemlich nahe kommt!

---

1 **Skontro** (it.) bedeutet weiterführen, fortschreiben. Das „Skontrobuch" ist das Auftragsbuch eines Maklers. Skontroführer sind Unternehmen, die zur Feststellung des Börsenpreises (des Kurses) an einer Wertpapierbörse zugelassen sind [§ 25 BörsG]. Die Skontroführer haben die Funktion eines Maklers.

5 Merkur-Nr. 0589

7. In den folgenden Fragen ist unterstellt, dass sich sowohl das Angebot als auch die Nachfrage „normal“ verhalten, also preisreagibel sind. Entscheiden Sie, wie sich dann Preis und umgesetzte Menge entwickeln, wenn

   7.1 bei gleichbleibendem Angebot die Nachfrage zunimmt!

   7.2 bei gleichbleibendem Angebot die Nachfrage abnimmt!

   7.3 bei gleichbleibender Nachfrage das Angebot zunimmt!

   7.4 bei gleichbleibender Nachfrage das Angebot abnimmt!

8. Auf einem Markt besteht für ein Gut folgende Gesamtnachfrage und folgendes Gesamtangebot:

Preis je Stück	Gesamte Nachfragemenge	Gesamte Angebotsmenge
5,00 €	2500	1500
5,20 €	2250	1750
5,40 €	2000	2000
5,60 €	1750	2250
5,80 €	1500	2500

Aufgaben:

Entscheiden Sie, welche der folgenden Aussagen durch das obige Zahlenbeispiel bestätigt werden kann!

(1) Bei einem Preis von 5,80 € besteht ein Nachfrageüberhang von 1000 Stück.

(2) Der Gleichgewichtspreis bildet sich bei einer Nachfragemenge von 2250 Stück.

(3) Bei einem Preis von 5,00 € ergibt sich ein Angebotsüberhang von 1000 Stück.

(4) Bei einem Preis von 5,60 € ergibt sich eine Gleichgewichtsmenge von 1750 Stück.

(5) Bei einem Preis von 5,20 € ergibt sich ein Nachfrageüberhang von 500 Stück.

9. Ordnen Sie den nachfolgenden Begriffen die im Schaubild aufgeführten Ziffern zu!

a) Preis	
b) Menge	
c) Nachfragekurve	
d) Angebotskurve	
e) Angebotsdefizit	
f) Nachfragedefizit	
g) Gleichgewichtspreis	
h) Gleichgewichtsmenge	
i) Produzentenrente	

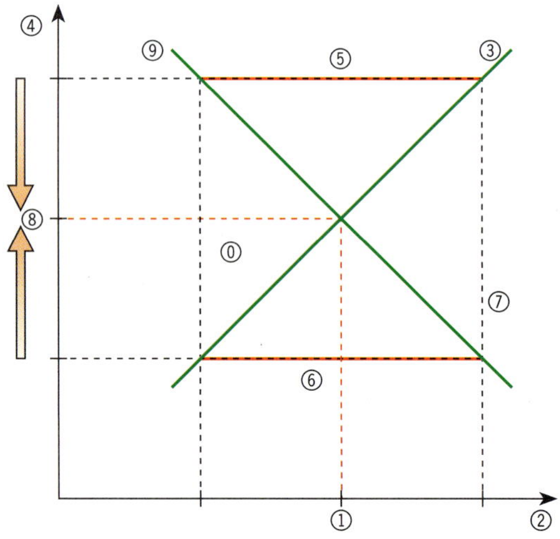

8

1. Auf dem Markt für Vitamine herrscht bezüglich einer bestimmten Vitaminart folgende Nachfrage- und Angebotssituation:

Preis der Vitaminart in €	40,00	35,00	30,00	25,00	20,00	5,00
Nachgefragte Stücke in 100	0	0	0	1	2	5
Angebotene Stücke in 100	10,5	9,5	7,5	6	4,5	0

Aufgabe:

Zeichnen Sie die Angebots- und Nachfragekurve je 5,00 € bzw. je 100 Stück ≙ 1 cm und bestimmen Sie den Gleichgewichtspreis und die zu diesem Preis umsetzbaren Stückzahlen!

Zeichnen Sie zunächst nur die angegebenen Daten in das Koordinatensystem ein. Unterstellen Sie die beliebige Teilbarkeit von Menge und Preis, sodass Sie nunmehr die eingezeichneten Punkte miteinander zu einer Angebots- bzw. Nachfragekurve verbinden können!

2. Die Polypolpreisbildung stellt einen Ausgleichsmechanismus zwischen den gegensätzlichen Interessen der Anbieter und Nachfrager dar.

Aufgaben:

2.1 Nennen Sie die gegensätzlichen Interessen der Anbieter und Nachfrager!

2.2 Begründen Sie, warum es sich bei der Polypolpreisbildung um einen Mechanismus, d. h. um ein sich selbstständig regelndes System, handelt!

3. Begründen Sie, wie sich folgende Datenänderungen auf den Gleichgewichtspreis bei vollständiger und vollkommener Konkurrenz auswirken! Es wird unterstellt, dass sich alle übrigen Bedingungen nicht ändern. Angebot und Nachfrage verhalten sich normal.

Aufgaben:

3.1 Die Gewerkschaften setzen Arbeitszeitverkürzungen bei vollem Lohnausgleich durch. Die Unternehmer ersetzen die ausgefallenen Arbeitsstunden vollständig durch Neueinstellungen.

3.2 Die Nachfrage nach Kalbfleisch geht zurück, weil die Verbraucher fürchten, dass die Züchter die Tiere mit gesundheitsschädlichen Stoffen mästen.

3.3 Der Staat senkt die Kostensteuern.

3.4 Rationalisierungsmaßnahmen der Unternehmer führen zu steigender Produktivität.

3.5 Die Verbraucher fürchten Preiserhöhungen; sie sparen deshalb weniger.

4. Bei einem Makler an einer Warenbörse gehen folgende Kauf- und Verkaufsaufträge ein:

Kaufaufträge	Verkaufsaufträge
10 t billigst	15 t bestens
15 t zu 80,00 € höchstens	10 t zu 81,00 € mindestens
5 t zu 81,00 € höchstens	20 t zu 82,00 € mindestens
20 t zu 82,00 € höchstens	5 t zu 83,00 € mindestens
30 t zu 83,00 € höchstens	25 t zu 84,00 € mindestens
25 t zu 84,00 € höchstens	30 t zu 85,00 € mindestens

Billigst bzw. bestens: Hierbei handelt es sich um nicht limitierte Kauf- bzw. Verkaufsaufträge. Sie werden zu dem am Abschlusstag gültigen Preis (Kurs) abgerechnet.

Aufgabe:

Ermitteln Sie den vom Warenmakler festzulegenden Kurs!

5. Angenommen, in dem Beispiel auf S. 57 würden alle Anbieter „bestens" verkaufen wollen.

   Aufgabe:

   Ermitteln Sie, wie hoch dann der Gleichgewichtspreis (Kurs) ist!

6. Erläutern Sie, welche Aussagen sich treffen lassen, wenn das Angebot und die Nachfrage gleichzeitig zu- oder abnehmen! (Begründen Sie Ihre Antworten zeichnerisch, d. h. mithilfe der Angebots- und Nachfragekurven!)

9

1. Für ein bestimmtes Gut gelten am Markt folgende Angebots- und Nachfragebedingungen (x = Menge; p = Preis):

   Nachfrage: $x(p) = 28 - 4p$; Angebot: $x(p) = 4 + 2p$;

   Ermitteln Sie den Gleichgewichtspreis und die Gleichgewichtsmenge!

2. Gegeben sei ein freier Markt in Form eines zweiseitigen Polypols, der sich im Gleichgewicht befindet. Entscheiden Sie, welche der folgenden Aussagen auf diesen Markt zutrifft!

   2.1 Das Güterangebot wird jenen Käufern zugeteilt, die es – gemessen an der Zahlungsbereitschaft – am niedrigsten bewerten.

   2.2 Die Güternachfrage wird jenen Verkäufern zugeteilt, welche die Güter zu den höchsten Kosten produzieren können.

   2.3 Es wird diejenige Gütermenge produziert, die zu einem Maximum an Produzenten- und Konsumentenrente führt.

   2.4 Es wird diejenige Gütermenge produziert, die zu einem Maximum an Konsumentenrente führt.

   2.5 Es wird diejenige Gütermenge produziert, die zu einem Maximum an Produzentenrente führt.

3. Entscheiden Sie, welche der folgenden Aussagen zur Konsumentenrente richtig ist!

   Die Konsumentenrente

   3.1 ist gleich der Zahlungsbereitschaft der Käufer minus der Summe der Kaufpreiszahlungen.

   3.2 misst den Nutzen der Verkäufer aus der Marktteilnahme.

   3.3 entspricht dem Nutzen, den Produzenten aus der Teilnahme am Marktgeschehen ziehen.

   3.4 entspricht dem Nutzen, den Produzenten und Konsumenten aus der Teilnahme am Marktgeschehen ziehen.

   3.5 ist die Fläche unter der Nachfragekurve und unter dem Preis.

   3.6 ist die Fläche über der Angebotskurve und über dem Preis.

4. Auf dem Markt für den nachwachsenden Rohstoff A liegen dem Makler die nachfolgend in Tabellenform dargestellten Nachfrage- und Angebotsmengen vor. Bei den einzelnen Preisen ist die jeweils insgesamt am Markt wirksam werdende Menge angegeben.

Preis in € pro Tonne	Gesamtnachfragemenge in Tonnen	Gesamtangebotsmenge in Tonnen
300,00	60	180
290,00	140	170
280,00	160	160
270,00	205	80
260,00	217	30

4.1 Berechnen Sie die auf diesem Markt insgesamt erzielbare Produzentenrente!

4.2 Berechnen Sie die auf diesem Markt insgesamt erzielbare Konsumentenrente!

5. Auf dem Markt für einen bestimmten Rohstoff liegen dem Makler folgende Kauf- und Verkaufsaufträge vor:

Käufer	**Jeweils akzeptierte Preisobergrenze**
Kunde A möchte 480 t kaufen	240,00 € pro t
Kunde B möchte 192 t kaufen	288,00 € pro t
Kunde C möchte 288 t kaufen	324,00 € pro t
Kunde D möchte 144 t kaufen	360,00 € pro t
Verkäufer	**Jeweils akzeptierte Preisuntergrenze**
Kunde E möchte 480 t verkaufen	360,00 € pro t
Kunde F möchte 288 t verkaufen	324,00 € pro t
Kunde G möchte 432 t verkaufen	288,00 € pro t
Kunde H möchte 192 t verkaufen	240,00 € pro t

Aufgaben:

5.1 Ermitteln Sie, wie hoch der vom Makler festzusetzende Marktpreis ist!

5.2 Berechnen Sie, wie hoch der bei dem vom Makler festzusetzenden Marktpreis erzielbare Gesamtumsatz auf dem Markt ist!

5.3 Bestimmen Sie, wie hoch der Angebotsüberhang bei einem Preis von 324,00 € je Tonne ist!

6. Auf einem Gemüsemarkt werden bei einem Preis von 9,00 € je kg insgesamt 800 kg Spargel nachgefragt und 250 kg Spargel angeboten. Entscheiden Sie, in welcher Zeile die Marktsituation richtig beschrieben wird!

Zeile	Marktlage	Marktumsatz in €	Preisentwicklung
①	Angebotsüberhang	7 200,00	fallend
②	Nachfrageüberhang	7 200,00	steigend
③	Angebotsüberhang	2 250,00	fallend
④	Nachfrageüberhang	2 250,00	steigend
⑤	Angebotsüberhang	2 250,00	steigend

Lernsituation B2
Wettbewerb im Spannungsfeld von Kooperation und Konzentration

Mehrere Schüler einer Fachoberschule für Wirtschaft stehen an einem Montag in der ersten Pause gemeinsam auf dem Schulhof und unterhalten sich über die gerade geschriebene Klausur. Aus dem Hintergrund nähert sich Kevin, den man von Weitem bereits lauthals vor sich hin schimpfen hört. Als er bei der Gruppe angekommen ist, lässt er seinem Ärger freien Lauf. Kevin erzählt, dass er sich gerade in der Schulkantine ein Schnitzelbrötchen gekauft hat und im Vergleich zur Vorwoche 0,50 € mehr zahlen musste. Dies sei aus seiner Sicht eine totale Abzocke; aber was bleibe einem Schüler in der 15-minütigen Pause auch anderes übrig, als in der Schulkantine etwas zu kaufen, wenn man sein Frühstück mal wieder zu Hause hat liegen lassen.

Der im Klassenverband stets besonnene Hendrik hält die Aufregung von Kevin für vollkommen übertrieben und führt an, Kevin solle sich bloß nicht so aufregen. Schließlich habe er ständig mit einer solchen Abzockerei zu tun. Seit ihm seine Eltern einen gebrauchten Kleinwagen vorfinanziert haben, müsste er beim Tanken aufpassen wie ein Luchs. In der näheren Umgebung seines Wohnortes gäbe es drei unterschiedliche Tankstellen, die täglich mehrfach ihre Preise ändern – teilweise um bis zu 0,10 € pro Liter, was insgesamt verhältnismäßig mehr ausmacht als die Preiserhöhung beim Schnitzelbrötchen. Was ihn besonders ärgert, ist die Tatsache, dass die unterschiedlichen Tankstellenbetreiber die Preise immer nahezu zeitgleich ändern; danach könne man quasi die Uhr stellen.

Sarah-Marie, die Klassenbeste, mischt sich in das Gespräch ein. Sie sagt, dass sie das Ganze nicht verstehen kann. Schließlich wäre Benzin doch gleich Benzin, so wie beim Telefonieren die verkaufte Leistung doch auch die gleiche sei. In diesem Markt allerdings würden sich die Anbieter bei den Preisen schon seit Langem gegenseitig ständig unterbieten. Erst diese Woche sei sie deshalb mit ihrem Smartphone zu einem wesentlich günstigeren Anbieter gewechselt. Dadurch würde sie jetzt monatlich mehr als 10,00 € einsparen und das, obwohl sie nunmehr sogar noch mehr im Internet surfen könne als bei dem vorherigen Anbieter.

Kevin erwidert daraufhin, dass er sich ja genau aus diesem Grund so aufregt. In der Stadt gäbe es viele Bäckereien und dort würden die Schnitzelbrötchen teilweise viel günstiger angeboten als in der Schulkantine.

Kevins Nachfrage nach Schnitzelbrötchen

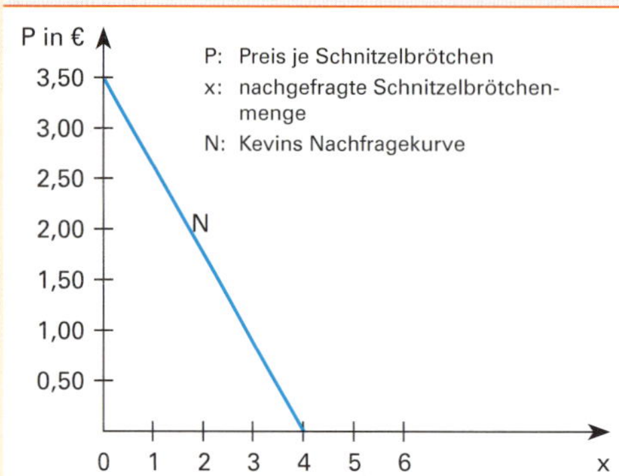

Kompetenzorientierte Arbeitsaufträge:

1. Betrachten Sie zunächst Kevins Nachfragekurve nach Schnitzelbrötchen und interpretieren Sie deren Verlauf!
2. Vergleichen Sie die hier angesprochenen Marktformen und untersuchen Sie diese unter dem Aspekt der Verteilung von Marktmacht und Wettbewerb!
3. Finden Sie heraus, welche Präferenzen in der vorangestellten Lernsituation beim Benzin und den Schnitzelbrötchen eine Rolle spielen könnten!
4. Nennen Sie jeweils zwei weitere Beispiele für Märkte, auf denen der Wettbewerb aufgrund des „Preiskampfes" erkennbar funktioniert, und solche, auf denen mangels Preiskampf augenscheinlich kein Wettbewerb herrscht!
5. Erläutern Sie, was Unternehmen dazu veranlassen könnte bezüglich der Preise „zu kooperieren", statt sich auf einen Preiskampf einzulassen!
6. Beurteilen Sie die Notwendigkeit, inwiefern der Staat Regelungen zum Schutz des Wettbewerbs einführen sollte!

4 Chancen und Risiken von Kooperation und Konzentration für das Marktgeschehen

4.1 Individual- und Kollektivmonopole

Die Entstehung marktstarker Unternehmen wird als **Konzentration**[1] oder **Monopolisierung** bezeichnet.

Monopolisierung bedeutet in diesem Zusammenhang nicht unbedingt, dass am Ende des Konzentrationsprozesses nur **ein** Unternehmen **(Einzelmonopol, Individualmonopol)**[2] bzw. nur eine Unternehmensgruppe **(Kollektivmonopol)**[3] übrig bleibt. Vielmehr wird von Monopolisierung auch dann gesprochen, wenn der Konzentrationsprozess zur Marktbeherrschung eines Unternehmens bzw. eines Unternehmenszusammenschlusses führt. Mit anderen Worten: Mit Monopolisierung ist nicht nur die Entstehung von **„reinen Monopolen"**, sondern auch von **„Teilmonopolen"** gemeint. Ein Teilmonopol liegt vor, wenn ein starker Anbieter bzw. Nachfrager und einige schwache („kleine") Anbieter bzw. Nachfrager auf dem Markt auftreten.

4.2 Ursachen der Konzentration

Ein **Individualmonopol** (Einzelmonopol) entsteht z. B.

- aufgrund einer bahnbrechenden **Erfindung**, die eine besondere Marktstellung sichert;
- aufgrund des **Alleineigentums** an seltenen Rohstoffen;

1 **Konzentration** (griech., lat.): Zusammenballung wirtschaftlicher Macht.

2 **Individuum** (lat.): „das Unteilbare", das Einzelwesen. Individualmonopol: Monopol, das aus einem einzigen Unternehmen besteht.

3 **Kollektiv** (lat.): Gesamtheit, Zusammenschluss, Gruppe (mit gemeinsamen Zielen).

- aufgrund der Tatsache, dass ein Unternehmen (z. B. durch geschickte Unternehmensführung) **schneller** wächst als seine Konkurrenten, sodass es diese schließlich aus dem Markt verdrängt **(unternehmensinternes[1] Wachstum);**
- aufgrund von **Aufkäufen** der Konkurrenzunternehmen mit dem Ziel, diese entweder in das eigene Unternehmen einzugliedern oder aufzulösen;
- aufgrund eines **Gesetzes,** das einem Unternehmen (das sich häufig vollständig oder teilweise in staatlichem Eigentum befindet) eine Monopolstellung verschafft und sichert („Staatsmonopol").

Ein **Kollektivmonopol** entsteht, wenn ein **Unternehmenszusammenschluss** (eine **Unternehmensverbindung**) zu einer **marktbeherrschenden** Stellung der beteiligten Unternehmen führt.

Mit anderen Worten: Ein Kollektivmonopol liegt nur dann vor, wenn die kooperierenden Unternehmen **wie ein Einzelmonopol** oder **wie ein Teilmonopol** auf dem Markt auftreten können. Der Zusammenschluss kleiner Unternehmen auf einem mehr oder weniger polypolistischen Markt ist demnach kein „Kollektivmonopol".

4.3 Gründe für die Konzentration

Aus der Sicht der beteiligten Unternehmen sprechen z. B. folgende Gründe für die Konzentration:

Beschränkung des Wettbewerbs	Die Einschränkung der Konkurrenz ermöglicht es den monopolistischen Anbietern, ihre Preise so zu gestalten, dass Gewinne erzielt werden. Monopolistische Nachfrager können die Preise ihrer Zulieferer drücken, um ihre eigenen Gewinne zu erhöhen.
Beschaffungs-sicherung	Durch Verträge, Beteiligungen oder durch den Aufkauf von Zulieferbetrieben wird die Zulieferung von Rohstoffen und/oder Fertigteilen gesichert.
Absatzsicherung	Durch Verträge, Beteiligungen oder durch den Aufkauf von nachgelagerten Unternehmen lässt sich der Absatz der eigenen Erzeugnisse oder Waren sichern.
Absatzförderung	Der Absatz lässt sich z. B. durch gemeinsame Werbung, einheitliche Ausgestaltung von Verkaufsstätten sowie durch vereinheitlichte Qualität der angebotenen Produkte ausweiten.
Förderung der Forschung	Die Finanzierung kostspieliger Forschungsvorhaben wird erleichtert oder erst durch die gemeinsame Finanzierung (z. B. einer Forschungs-GmbH) ermöglicht.

1 **Intern** (lat.): inwendig, aus sich selbst entwickelnd.

Kapazitäts-auslastung	Durch die Übernahme von Großaufträgen, die die Leistungskraft der einzelnen Unternehmen übersteigen würden, lässt sich die Beschäftigung der zusammenarbeitenden (kooperierenden) Unternehmen sichern. **Beispiele:** Mehrere europäische Unternehmen sind am Bau eines Flugzeugs beteiligt. – Mehrere Bauunternehmen erstellen in einer Arbeitsgemeinschaft einen Flughafen.
Sicherung der Konkurrenzfähigkeit auf dem Weltmarkt	Die Absatzsicherung auf den internationalen Märkten kann z. B. durch gemeinsame Rationalisierungsmaßnahmen[1] mit dem Ziel der Kostensenkung, durch gemeinsame Werbung und/oder durch die Gründung gemeinsamer Absatzeinrichtungen (Absatzsyndikate)[2] geschehen.
Ausschaltung der Konkurrenz	Das konkurrierende Unternehmen wird aufgekauft. Dessen Rechte (z. B. Patente), technisches Wissen (Know-how) und sein Ruf auf dem Markt (Firmenwert, Goodwill) gehen auf den Käufer über.
Gewinn-abschöpfung	Die Anteilsmehrheit an einem gutgehenden Unternehmen wird erworben, dessen Gewinne müssen dann an die „Muttergesellschaft" abgeführt werden.

4.4 Arten der Konzentration durch Unternehmenszusammenschlüsse

Unternehmenszusammenschlüsse (Unternehmensverbindungen) können auf **vertraglicher Basis** beruhen. Zu diesen sogenannten **Kooperationsformen** gehören z. B. Interessengemeinschaften, Arbeitsgemeinschaften, Konsortien,[3] Gemeinschaftsunternehmen („Joint Ventures")[4] und Kartelle.

Kartelle sind **vertragliche** Zusammenschlüsse von **rechtlich selbstständig** bleibenden Unternehmen eines Wirtschaftszweigs, deren wirtschaftliche Selbstständigkeit im Hinblick auf das Ziel, Markt und Wettbewerb im Wege von Absprachen zu beeinflussen, mehr oder weniger stark eingeschränkt ist.

Unternehmenszusammenschlüsse, bei denen ein oder mehrere Partner ihre **wirtschaftliche** und/oder **rechtliche Selbstständigkeit** verlieren, bezeichnet das Aktiengesetz als **verbundene Unternehmen.** Zu ihnen gehören z. B. die Konzerne und die Trusts.

Verbundene Unternehmen und Trusts können vertikal, horizontal oder anorganisch sein.

---

1 **Rationalisierung** (lat.): vernünftig, kostengünstig gestalten. Ratio (lat.): Vernunft.

2 **Syndikat** (lat.): vom einzelnen Produzenten unabhängige Verkaufseinrichtung.

3 Das Wort Konsortium (Mehrzahl: Konsortien) hängt mit dem lateinischen Wort Konsorte (Genosse, Mitglied) zusammen. Ein **Konsortium** ist ein vorübergehender, loser Zweckverband von Unternehmen zur Durchführung von Geschäften, die mit großem Kapitaleinsatz und hohem Risiko verbunden sind. So schließen sich z. B. Kreditinstitute zu Konsortien zusammen, um Aktien oder Obligationen großer Unternehmen zu platzieren, d. h. zu verkaufen.

4 **Joint Ventures** (engl. Gemeinschaftsunternehmen) sind eine Form der wirtschaftlichen Zusammenarbeit zwischen zwei oder mehreren voneinander unabhängigen Unternehmen – der sogenannten Gesellschafterunternehmen –, die sich darin niederschlägt, dass ein rechtlich selbstständiges Unternehmen gemeinsam gegründet oder erworben wird mit dem Ziel, Aufgaben im gemeinsamen Interesse der Gesellschafterunternehmen auszuführen.

Arten	Erläuterungen	Beispiele
Vertikaler Zusammenschluss	Ein solcher Zusammenschluss liegt vor, wenn sich Unternehmen verschiedener Produktionsstufen zusammenschließen.	Forstwirt – Sägewerk – Möbelfabrik – Möbelfachgeschäft.
Horizontaler Zusammenschluss	Hiervon spricht man, wenn es sich um Unternehmen der gleichen Branche handelt.	Bank – Bausparkasse – Versicherung.
Anorganischer Zusammenschluss	An diesem Zusammenschluss sind Unternehmen unterschiedlichster Branchen beteiligt.	Parfümerie – Brauerei – Lebensmittelfabrik – Maschinenhersteller.

- **Konzerne** sind horizontale, vertikale oder anorganische Zusammenschlüsse von Unternehmen, die **rechtlich selbstständig** sind, ihre **wirtschaftliche Selbstständigkeit** aber **aufgeben,** indem sie sich einer **einheitlichen Leitung** unterstellen.[1]
- **Trusts** sind horizontale, vertikale oder anorganische Zusammenschlüsse mehrerer Unternehmen, die ihre **rechtliche und wirtschaftliche Selbstständigkeit aufgeben.**

Die Trusts entstehen durch **Verschmelzung (Fusion).** Diese kann durch Aufkauf oder durch Neubildung erfolgen. Bei der Neubildung wird eine neue Gesellschaft gegründet, auf das die Vermögen der sich vereinigenden Unternehmen übertragen wird. Von Fusionen erhofft man sich u.a. **Synergieeffekte,**[2] d.h. Kosteneinsparungen durch Zusammenlegung von Abteilungen (z.B. Forschung, Marketing, Konstruktion, Vertrieb).

5 Notwendigkeit und Auswirkungen einer Wettbewerbskontrolle

5.1 Grundlagen der Wettbewerbspolitik

Die Unternehmen haben aufgrund der zunehmenden Fixkostenbelastung das Ziel, vor allem bei wirtschaftlichen Schwierigkeiten einem freien Wettbewerb durch Zusammenschlüsse auszuweichen. Deshalb muss der Staat den Wettbewerb durch eine **aktive Wettbewerbspolitik (Ordnungspolitik)** fördern und alle Unternehmenszusammenschlüsse, die erkennbar gegen die Prinzipien eines freien Wettbewerbs verstoßen, verbieten und unter Strafe stellen.

- Das **Kartellrecht** schafft die Voraussetzungen für einen **funktionierenden** Wettbewerb der auf den Märkten auftretenden Unternehmen. Insbesondere will es der **Entstehung** von **zu viel Marktmacht** eines Unternehmens **vorbeugen.**
- In Deutschland finden sich die kartellrechtlichen Regelungen vor allem im **Gesetz gegen Wettbewerbsbeschränkungen [GWB].**

1 Das herrschende Unternehmen kann auch eine **„Dachgesellschaft"** sein. Bei diesen sogenannten Dachgesellschaften **(Holding-Companies)** übertragen die Konzernunternehmen ihre Aktien (oder zumindest deren Mehrheit) auf eine übergeordnete Gesellschaft, die lediglich Aufgaben der Verwaltung und Finanzierung übernimmt.

2 **Synergie** (griech.): Mitwirkung, Kräfte sparendes Zusammenwirken.

5.2 Kartellkontrolle

(1) Grundsätzliches Kartellverbot

- **Vereinbarungen** zwischen Unternehmen, **Beschlüsse** von Unternehmensvereinigungen sowie aufeinander **abgestimmte Verhaltensweisen** zur Verhinderung, Einschränkung oder Verfälschung des Wettbewerbs sind **verboten** [§ 1 GWB].
- Von diesem Verbot sind sowohl Beschränkungen des Wettbewerbs von Marktteilnehmern auf der gleichen Wirtschaftsstufe (**horizontale** Beschränkungen) als auch solche von Wettbewerbern verschiedener Wirtschaftsstufen (**vertikale** Beschränkungen) erfasst.

Vereinbarungen	Vereinbarungen sind Verträge, durch die sich eine oder mehrere (natürliche oder juristische) Personen zu einem Tun oder Unterlassen verpflichten (z. B. Preise zu erhöhen, bestimmte Personengruppen nicht zu beliefern, Produktionsquoten einzuhalten). Unter das Verbot fallen mündliche oder schriftliche Vereinbarungen.
Beschlüsse	Beschlüsse sind einstimmig oder mehrheitlich mit Rechtsfolgewillen getroffene Entscheidungen der zuständigen Gremien (Organe) von Unternehmensvereinigungen. Sie binden die Mitglieder der Vereinigung.
Abgestimmte Verhaltensweisen	Abgestimmte Verhaltensweisen sind dadurch gekennzeichnet, dass eine verbindliche Übereinkunft zwischen den sich am Markt gleichförmig verhaltenden Unternehmen fehlt. Dies kann bereits durch gegenseitige Information über ihr künftiges Marktverhalten oder die Befolgung einer Empfehlung der Fall sein. (Beispiel: Alle führenden Banken und Sparkassen erhöhen ohne formale Absprache innerhalb weniger Tage ihre Kontoführungsgebühren.)

Grundsätzlich verboten sind somit auch die sogenannten **Preisbindungen** durch Hersteller, bei denen die Händler daran gehindert werden, ihre Verkaufspreise selbst festzulegen.

§ 1 GWB gilt jedoch nicht für Zeitungen, Zeitschriften und Bücher (Näheres siehe § 30 GWB und § 3 BuchPrG).

Beispiel:

Die Teigwarenfabrik Mehlert GmbH in Karlsruhe verpflichtet ihre Abnehmer (die Lebensmitteleinzelhändler) dazu, die Mehlert-Erzeugnisse nur zu den von der Mehlert GmbH festgelegten Preise zu verkaufen.

(2) Legalausnahme[1]

Kartelle müssen nicht bei einer Wettbewerbsbehörde[2] angemeldet und genehmigt werden. Vielmehr besteht ein System der Legalausnahme: Kartelle werden so lange als gesetzlich zulässig (legal) behandelt, wie sie nicht von einer Wettbewerbsbehörde oder einem Gericht als unzulässig angesehen werden.

(3) Sonstige Ausnahmen

Freigestellte Vereinbarungen

Vom Kartellverbot des § 1 GWB **freigestellt** sind **Vereinbarungen zwischen** Unternehmen, **Beschlüsse von Unternehmensvereinigungen** oder **aufeinander abgestimmte Verhaltensweisen,** die unter **angemessener Beteiligung** der **Verbraucher** an dem entstehenden Gewinn[3] zur Verbesserung der Warenerzeugung oder -verteilung oder zur Förderung des technischen oder wirtschaftlichen Fortschritts beitragen.

Die freigestellten Kartellabsprachen dürfen lediglich solche Beschränkungen enthalten, die für die Erreichung der oben genannten Ziele unerlässlich sind. Sie dürfen den beteiligten Unternehmen nicht die Möglichkeit eröffnen, für einen wesentlichen Teil der betreffenden Waren den Wettbewerb auszuschalten.

Mittelstandskartelle

Vereinbarungen zwischen miteinander im Wettbewerb stehenden Unternehmen und Beschlüsse von Unternehmensvereinigungen, die die **Rationalisierung**[4] wirtschaftlicher Vorgänge durch zwischenbetriebliche Zusammenarbeit zum Gegenstand haben **(„Rationalisierungskartelle"),** sind ebenfalls vom Kartellverbot **nicht betroffen,** wenn

- dadurch der Wettbewerb auf dem Markt **nicht wesentlich beeinträchtigt** wird und
- die Vereinbarung oder der Beschluss dazu dient, die **Wettbewerbsfähigkeit** kleinerer oder mittlerer Unternehmen, also von sogenannten **Mittelstandsunternehmen, zu verbessern.**

Diese Regelung ist für die deutsche Wirtschaft von großer Bedeutung, denn sie lässt den mittelständischen Unternehmen bei ihren Vereinbarungen und Beschlüssen einen verhältnismäßig breiten Gestaltungsspielraum. Der **„Mittelstand"** umfasst über 99 % der Unternehmen in Deutschland. Das Institut für Mittelstandsforschung Bonn definiert unabhängige Unternehmen mit bis zu neun Beschäftigten und weniger als 1 Million € als **kleine Unternehmen** und solche mit bis zu 499 Beschäftigten und einem Jahresumsatz von unter

1 **Legal** (lat.): gesetzlich erlaubt. Legalausnahme: Legaler Zustand, solange er nicht von einer zuständigen staatlichen oder zwischenstaatlichen Institution (z. B. Kartellbehörde, Gericht) für illegal (gesetzlich unzulässig) angesehen wird.

2 Die deutschen Wettbewerbsbehörden (Kartellbehörden) sind das Bundeskartellamt, das Bundesministerium für Wirtschaft und Technologie und die nach Landesrecht zuständigen obersten Landesbehörden wie z. B. das Wirtschaftsministerium. (Näheres zu den Kartellbehörden finden Sie in den §§ 48 ff. GWB.) Die Vorschriften zu den Verfahren vor den Kartellbehörden stehen in den §§ 54 ff. GWB.

3 Unter „Gewinn" ist hier nicht der in der Gewinn- und Verlustrechnung ausgewiesene Reingewinn zu verstehen, sondern der Vorteil der Unternehmen (z. B. Verbesserung der Produktqualität, Exportvorteile), den sie durch die Vereinbarungen, Beschlüsse und/oder abgestimmte Verhaltensweisen erlangen.

4 **Ratio** (lat.): Vernunft. Rationalisierung bedeutet im wirtschaftlichen (ökonomischen) Sprachgebrauch: vereinheitlichen, straffen, das Zusammenwirken der Produktionsfaktoren zweckmäßiger als bisher gestalten. Unter Rationalisierung ist demnach der Ersatz überkommener Verfahren durch zweckmäßigere und besser durchdachte zu verstehen.

50 Millionen €, die keine kleinen Unternehmen sind, als **mittlere Unternehmen.** Kleine und mittlere Unternehmen **(KMU)** sind demnach Unternehmen, die

- weniger als 500 Arbeitnehmer beschäftigen und
- einen Jahresumsatz von weniger als 50 Millionen € erzielen.

5.3 Missbrauchsaufsicht

Über bestehende marktbeherrschende Unternehmen besteht, unabhängig davon, ob die Marktbeherrschung durch internes oder externes Unternehmenswachstum entstand, eine Missbrauchsaufsicht durch das Bundeskartellamt.

Eine **missbräuchliche** Ausnutzung einer **marktbeherrschenden** Stellung durch ein oder mehrere Unternehmen ist **verboten.**[1]

(1) Formen des Missbrauchs

Ein **Missbrauch** liegt z. B. dann vor, wenn ein marktbeherrschendes Unternehmen

- die Wettbewerbsmöglichkeiten anderer Unternehmen erheblich ohne sachlich gerechtfertigten Grund beeinträchtigt,
- Entgelte oder sonstige Geschäftsbedingungen fordert, die sich bei einem wirksamen Wettbewerb mit hoher Wahrscheinlichkeit nicht ergeben würden, oder
- sich weigert, einem anderen Unternehmen gegen ein angemessenes Entgelt Zugang zu den eigenen Netzen oder anderen Infrastruktureinrichtungen zu gewähren.[2]

Ein Missbrauch ist auch dann gegeben, wenn es dem anderen Unternehmen aus rechtlichen oder tatsächlichen Gründen ohne die Mitbenutzung nicht möglich ist, auf dem vor- oder nachgelagerten Markt als Wettbewerber des marktbeherrschenden Unternehmens tätig zu werden.

(2) Begriff der Marktbeherrschung

- **Marktbeherrschend** ist **ein** Unternehmen, wenn es als Anbieter oder Nachfrager einer bestimmten Art von Waren **oder** gewerblichen Leistungen auf dem relevanten Markt ohne Wettbewerber ist oder keinem wesentlichen Wettbewerb ausgesetzt ist **oder** im Verhältnis zu seinen Wettbewerbern eine überragende Marktstellung hat.
- **Marktbeherrschend** sind z. B. **zwei oder mehr** Unternehmen, wenn zwischen ihnen für eine bestimmte Art von Waren oder von gewerblichen Leistungen kein wesentlicher Wettbewerb besteht.

---

1 Die Unternehmen haben deshalb die Möglichkeit, unmittelbar bei einem Zivilgericht zu klagen (z. B. wenn ein Unternehmen aufgrund seiner Marktstellung wesentlich überhöhte Preise verlangt). Das Bundeskartellamt oder eine andere Behörde muss somit nicht vorher tätig werden.

2 Zweck dieser gesetzlichen Regelung ist z. B., den Wettbewerb auf früheren monopolistischen Märkten dadurch zu fördern, dass bedeutende Netze bzw. Infrastrukturen wie z. B. Leitungsnetze für Strom und Nachrichten, Flughäfen und Medien grundsätzlich von allen Wettbewerbern genutzt werden können.

Vermutet wird eine Marktbeherrschung, wenn ein Unternehmen einen **Marktanteil** von **mindestens 40 %** hat. Eine **Gesamtheit** von Unternehmen gilt als marktbeherrschend, wenn drei oder weniger Unternehmen zusammen einen Marktanteil von **mindestens 50 %** oder fünf oder weniger Unternehmen zusammen einen Marktanteil von mindestens zwei Dritteln erreichen. Diese Vermutung gilt nicht, wenn die Unternehmen z. B. nachweisen, dass sie im Verhältnis zu den übrigen Wettbewerbern **keine überragende** Marktstellung haben.

5.4 Fusionskontrolle (Zusammenschlusskontrolle)

(1) Zusammenschlüsse

Unternehmenszusammenschlüsse liegen z. B. in folgenden Fällen vor:

- Erwerb des gesamten oder eines wesentlichen Teils des Vermögens eines anderen Unternehmens;
- Erwerb der unmittelbaren oder mittelbaren Kontrolle über andere Unternehmen durch Rechte, Verträge oder andere Mittel;
- Erwerb von Anteilen an einem anderen Unternehmen, wenn diese Anteile allein oder zusammen mit sonstigen, dem Unternehmen bereits gehörenden Anteilen a) 50 % oder b) 25 % des Kapitals oder der Stimmrechte des anderen Unternehmens erreichen.

(2) Anmelde- und Anzeigepflicht

Alle Unternehmenszusammenschlüsse sind **vor ihrem Vollzug** beim Bundeskartellamt **anzumelden**. Sie unterliegen bis zur Freigabe durch das Bundeskartellamt dem **Vollzugsverbot**. Die zur Anmeldung verpflichteten einzelnen Unternehmen müssen in ihrer Anmeldung dem Bundeskartellamt die **Form des Zusammenschlusses mitteilen.** Weitere Angaben sind von den beteiligten Unternehmen z. B. zur Firma, zum Niederlassungsort, zur Art ihres Geschäftsbetriebs, zu ihren Umsatzerlösen im Inland sowie in der Europäischen Union und über ihre Marktanteile zu machen.

(3) Geltungsbereich der Zusammenschlusskontrolle

Die Vorschriften des GWB über die Zusammenschlusskontrolle gelten, wenn im letzten Geschäftsjahr vor dem Zusammenschluss die beteiligten Unternehmen **insgesamt weltweit** Umsatzerlöse von **mehr als 500 Millionen €** und mindestens ein beteiligtes Unternehmen im **Inland** Umsatzerlöse von **mehr als 25 Millionen €** erzielt haben.

(4) Verfahren der Zusammenschlusskontrolle

Die Untersagung von Unternehmenszusammenschlüssen ist grundsätzlich nur innerhalb einer Frist von **vier Monaten** seit Eingang der vollständigen Fusionsanmeldung möglich.

(5) Ministererlaubnis

Auf Antrag kann der **Bundesminister für Wirtschaft und Technologie** die Erlaubnis zu einem vom Bundeskartellamt untersagten Zusammenschluss erteilen, wenn dieser von gesamtwirtschaftlichem Vorteil ist oder durch ein **überragendes Interesse der Allgemeinheit** gerechtfertigt ist. Die Erlaubnis darf nur erteilt werden, wenn der Zusammenschluss die marktwirtschaftliche Ordnung nicht gefährdet.

(6) Bekanntmachungen

Folgende Tatbestände sind im Bundesanzeiger oder im elektronischen Bundesanzeiger bekannt zu machen *(www.ebundesanzeiger.de):*

Die Einleitung des Hauptverfahrens durch das Bundeskartellamt, Anträge auf Erteilung einer Ministererlaubnis, die Ministererlaubnis, die Ablehnung oder Änderung einer Ministererlaubnis, die Verfügungen des Bundeskartellamts über die Freigabe oder Untersagung von angemeldeten Unternehmenszusammenschlüssen und weitere wichtige, die Kartelle und Fusionen betreffende Tatbestände.

(7) Sanktionen[1] zum Schutz des Wettbewerbs

Das Bundeskartellamt kann den Unternehmen und Unternehmenszusammenschlüssen ein nach den Vorschriften des GWB verbotenes Verhalten untersagen. Weitere Sanktionen sind die Verpflichtung zum Schadensersatz, der Unterlassungsanspruch sowie die Mehrerlösabschöpfung.

Das Bußgeldverfahren bei einer Ordnungswidrigkeit (z. B. Geldbuße, gerichtliches Verfahren) ist in den §§ 81ff. GWB geregelt. Vorschriften zu bürgerlichen Rechtsstreitigkeiten (z. B. Zuständigkeit der Landgerichte, Benachrichtigung und Beteiligung des Bundeskartellamts) enthalten die §§ 87ff. GWB.

Kompetenztraining

10

1. Nennen Sie wichtige Ursachen der Unternehmenskonzentration!
2. Dem Bundeskartellamt obliegt auch die Aufgabe der Fusionskontrolle.

   Aufgaben:

   2.1 Erklären Sie den Begriff Fusion!

   2.2 Begründen Sie die Bedeutung der Fusionskontrolle in einer sozialen Marktwirtschaft!
3. Die Lebensmittelwerke AG schließt sich mit der Handelskette Gut & Fein GmbH zusammen.

   Aufgaben:

   3.1 Nennen Sie zwei Gründe, die für diesen Entschluss maßgebend gewesen sein könnten!

   3.2 Führen Sie an, wie man diese Art von Zusammenschluss bezeichnet!

   3.3 Nennen Sie zwei Vorteile und zwei Nachteile, die dieser Zusammenschluss für den Verbraucher mit sich bringen kann!

   3.4 Das Bundeskartellamt in Bonn verweigert den Zusammenschluss. Entscheiden Sie, auf welches Gesetz sich die Ablehnung gründet!
4. Erklären Sie jeweils zwei (mögliche) gesamtwirtschaftliche Vorteile und Nachteile (negative Auswirkungen) von Unternehmenszusammenschlüssen! Überwiegen Ihrer Ansicht nach die Vor- oder Nachteile? Begründen Sie Ihre Meinung!
5. Erläutern Sie, warum der Staat in der sozialen Marktwirtschaft dazu aufgerufen ist, Wettbewerbspolitik zu betreiben und welche Ziele der Staat damit verfolgt!

1 **Sanktionen**: Zwangsmaßnahmen.

C Das gesamtwirtschaftliche Zielsystem der Bundesrepublik Deutschland

Lernsituation C1
Analyse wirtschaftspolitischer Rahmenbedingungen

Nadine, Jennifer, Sarah und Meike – allesamt noch Schülerinnen bzw. Auszubildende – sind seit vielen Jahren eine typische Mädchenclique, die viel Zeit miteinander verbringt. Alle vier sind in den letzten acht Monaten volljährig geworden und dürfen nun erstmals bei der in Kürze stattfindenden Bundestagswahl wählen. Als sogenannte Erstwählerinnen wollen sie auf jeden Fall an der Wahl teilnehmen und außerdem nicht irgendeiner Partei ihre Stimme geben, nur weil deren Kandidat oder Kandidatin sympathisch wirkt. Vielmehr haben sie sich fest vorgenommen, sich genauer darüber zu informieren, wofür die einzelnen Parteien wirklich stehen und welche Ziele sie konkret verfolgen. Vor diesem Hintergrund haben sich alle vier in den letzten Wochen mehr oder weniger intensiv für die Ziele der Parteien interessiert und öfter als früher Nachrichten und politische Diskussionsrunden angeschaut.

An einem Wochenende treffen sich die vier Freundinnen mal wieder nach einer ausgiebigen Shoppingtour in ihrem Lieblingscafe, um den Tag in gemütlicher Runde langsam ausklingen zu lassen. Im Laufe der schon länger andauernden Unterhaltung werden auch die in Kürze anstehenden Wahlen zum Gesprächsthema. Jennifer, die seit einem Jahr eine Ausbildung zur Industriekauffrau absolviert, führt an, dass ihr heute beim Shoppen mal wieder aufgefallen sei, dass in letzter Zeit doch alles recht teuer geworden ist. Auch ihre Eltern würden sich schon länger über diese Entwicklung total aufregen. Gestern habe sie dann in einer Talkshow einen Politiker gehört, der sich im Falle eines Wahlsieges seiner Partei vor allem für einen stabileren Euro und somit auch für eine Eindämmung des spürbaren Preisanstiegs einsetzen möchte. Er habe sogar ausdrücklich darauf hingewiesen, dass dem Großteil der arbeitenden Bevölkerung diese Entwicklung dauerhaft nicht mehr zuzumuten sei und deshalb dringend politischer Handlungsbedarf bestehe. Dass habe ihr sehr imponiert und sie würde deshalb wahrscheinlich dieser Partei ihre Stimme geben.

Meike erklärt, dass ihr aufgefallen sei, dass die einzelnen Parteien recht unterschiedliche Ziele formuliert hätten, wobei ihr die Sache mit dem Euro noch nicht begegnet sei. Vielmehr ist ihr ein Werbespot in Erinnerung, wo die betreffende Partei sich im Falle einer Regierungsbeteiligung für mehr Wachstum und somit auch für mehr Ausbildungs- und Arbeitsplätze einsetzen möchte. Da sie nach Beendigung der Höheren Berufsfachschule im kommenden Jahr eine Ausbildung zur Bankkauffrau anstrebt und von Bekannten weiß, wie schwierig es zurzeit ist, einen solchen Ausbildungsplatz bei einer Bank oder Sparkasse zu bekommen, hält sie diese Zielsetzung aus ihrer Sicht für besonders wichtig, sodass sie sich durchaus vorstellen könnte, genau diese Partei zu wählen.

Jennifer:
„... vor allem ein stabilerer Euro ..."

Meike:
„... mehr Wachstum und somit auch mehr Ausbildungs- und Arbeitsplätze ..."

Sarah:
„... total begeistert, wie die Zukunft unseres Planeten in den Mittelpunkt gestellt wird ..."

Jetzt schaltet sich auch Sarah in das Gespräch ein und ist spürbar verärgert über Meike. Sie kann nicht verstehen, wie man eine Partei wählen kann, die ganz offensichtlich die Industrie noch stärker fördern möchte und damit wahrscheinlich auch noch mehr Industriegebiete entstehen ließe. Und mehr Industriegebiete bedeuten auch mehr Straßen und Autobahnen, mehr Lkw-Verkehr, mehr Lärm und mehr Abgase. Dies würde doch die Natur und somit die Umwelt noch weiter zerstören und die Zukunft der jungen Menschen stark gefährden. Eine solche Partei würde sie niemals wählen. Vielmehr habe sie in letzter Zeit immer wieder Politiker einer bestimmten Partei darüber sprechen hören, dass sie im Falle eines Wahlsieges genau das nicht mehr weiter zulassen werden. Daraufhin habe sie sich im Internet deren Parteiprogramm angesehen und sei total begeistert, wie die Politiker dieser Partei die Zukunft unseres Planeten in den Mittelpunkt ihrer Politik stellen – das sei eine Partei, die man als junger Mensch wählen müsse.

Nadine kann die ganze Aufregung ihrer Freundinnen überhaupt nicht verstehen und sagt, dass sie sich doch gar nicht streiten müssten, schließlich wäre es doch letztlich völlig egal, welcher Partei man seine Stimme gibt. Auf die Frage, wie sie denn darauf kommt, antwortet Nadine, dass ihr aufgefallen sei, dass auf den Wahlplakaten fast aller Parteien immer das Gleiche steht: „Für mehr soziale Gerechtigkeit". Und wenn doch alle Parteien ganz offensichtlich das gleiche Ziel verfolgen, erübrige sich wohl jegliche Diskussion.

Kompetenzorientierte Arbeitsaufträge:

1. Formulieren Sie, welche Ziele die Parteien in der vorangestellten Lernsituation konkret verfolgen. Erläutern Sie anschließend, mit welchen Messgrößen das Erreichen dieser jeweiligen Ziele überprüft werden kann!
2. In der Lernsituation wird erkennbar, dass zumindest zwei der angesprochenen Ziele miteinander in Konflikt stehen. Erklären Sie, um welche Ziele es sich handelt, und beschreiben Sie anschießend anhand eines eigenständig gewählten Beispiels diesen Zielkonflikt!
3. Erläutern Sie, was man unter „sozialer Gerechtigkeit" versteht! Überprüfen Sie dabei auch kritisch die Frage, inwiefern tatsächlich alle Parteien das Gleiche meinen, wenn sie von mehr sozialer Gerechtigkeit sprechen!
4. Nennen Sie die vier Ziele nach dem Stabilitätsgesetz und erläutern Sie jeweils deren politisch akzeptierten Zielerreichungsgrad!
5. Entwickeln Sie für jedes einzelne Ziel des „magischen Sechsecks" jeweils zwei mögliche wirtschaftspolitische Maßnahmen, die zu einem höheren Zielerreichungsgrad beitragen könnten!
6. Beschreiben Sie die Wirtschaftsschwankungen als Konjunkturzyklus, unterscheiden Sie dabei vor allem deren Phasen!
7. Erläutern Sie vier mögliche Ursachen für die Wirtschaftsschwankungen!
8. **Projektvorschlag mit regionalem Bezug:**

   Entwickeln Sie gemeinsam einen möglichen Fragenkatalog zur künftigen (wirtschaftlichen) Entwicklung Ihrer Region (z.B. Kreis, Stadt)! Zur Aufstellung dieses Fragenkatalogs könnten mögliche inhaltliche Themenschwerpunkte von arbeitsteiligen Gruppen zusammengestellt, der Klasse vorgetragen und dann zu einem endgültigen Arbeitspapier zusammengeführt werden.

6 Merkur-Nr. 0589

1 Begriff und Ziele der Wirtschaftspolitik

1.1 Begriff der Wirtschaftspolitik

Die Wirtschaftspolitik versucht Antworten auf die Fragen zu finden:

- **Welche** Ziele sind realisierbar und
- **wie** lassen sich die festgelegten Ziele erreichen?

Am Anfang der Wirtschaftspolitik steht ein **Ziel,** das realisiert werden soll. Die Festlegung solcher Ziele und Normen, also dessen, was sein sollte, lässt sich wissenschaftlich allgemeingültig nicht vornehmen.

Da man folglich über die Ziele der Wirtschaftspolitik **unterschiedlicher Meinung** sein kann, sollte deren Festlegung bzw. Formulierung letztlich über politisch legitimierte Organe im Sinne eines gesamtgesellschaftlichen Konsenses[1] erfolgen. Die anzustrebenden Ziele sind im Wesentlichen politisch durch die **Träger der Wirtschaftspolitik,** etwa durch das Parlament, zu bestimmen.

Unter **Wirtschaftspolitik** versteht man die Beeinflussung der Wirtschaft durch politische Maßnahmen, mit denen der **Staat regelnd** und **gestaltend** in die Wirtschaft eingreift.

Wirtschaftspolitik umfasst letztlich alle Maßnahmen staatlicher Instanzen

- zur Gestaltung der Wirtschaftsordnung (**Ordnungspolitik:** z. B. Wettbewerbsordnung, Gewerbeordnung, Eigentumsordnung),
- zur Beeinflussung der Struktur **(Strukturpolitik)** und
- zum Ablauf des arbeitsteiligen Wirtschaftsprozesses **(Prozesspolitik).** Zur Prozesspolitik gehören u. a. die Arbeitsmarktpolitik, Konjunkturpolitik (Fiskalpolitik)[2] und Geldpolitik.

Die Wirtschaftspolitik kann sich auf die gesamte Volkswirtschaft **(allgemeine Wirtschaftspolitik)** oder auf Teilbereiche **(spezielle Wirtschaftspolitik)** erstrecken.

1.2 Träger der Wirtschaftspolitik

(1) Parlament und Regierung

Wichtigster Träger der Wirtschaftspolitik ist der „Staat". In demokratischen Wirtschafts- und Gesellschaftsordnungen ist seine politische Entscheidungsbefugnis auf die staatlichen Organe **Parlament** (Legislative), **Regierung** mit nachgeordneter Verwaltung (Exekutive) und **Rechtsprechung** (Judikative) verteilt. Die Regierung wird von der Regierungsfraktion getragen und von der Opposition kontrolliert.

1 **Konsens:** Zustimmung, Einwilligung, Übereinstimmungen der Meinungen.

2 Vgl. hierzu Lerngebiet D, Kapitel 2.

In einem **Bundesstaat** (einem föderalistischen Staat) tritt der Zentralstaat (der „Bund") Teile seiner Entscheidungsbefugnis an die Bundesländer ab, die einen Teil ihrer politischen Macht wiederum an Gemeinden, Gemeindeverbände und Kreise delegieren (weitergeben). In der Bundesrepublik Deutschland werden die Länder über eine eigene Kammer, den **Bundesrat,** an der Willensbildung des Bundes beteiligt.

(2) Regierungsunabhängige Institutionen

Außerdem wird in der Bundesrepublik Deutschland politische Macht an mehr oder weniger regierungsunabhängige (autonome) staatliche Institutionen abgetreten. Solche zur sogenannten mittelbaren Staatsverwaltung zählenden **Körperschaften** sind z. B. die Deutsche Bundesbank, die Bundesagentur für Arbeit, die Rentenversicherungsträger, die gesetzlichen Krankenkassen, die Industrie- und Handelskammern und die Handwerkskammern.

Eine besondere Stellung nimmt die **Europäische Zentralbank (EZB)** ein, weil sie als Zentralbank der Europäischen Wirtschafts- und Währungsunion (WWU) das **alleinige** Recht zur Schaffung von **Notengeld** besitzt. Sie ist in ihren geldpolitischen Entscheidungen weitgehend autonom (unabhängig). Ihre wichtigste Aufgabe ist die Erhaltung der **Geldwertstabilität.**

(3) Verbände

Des Weiteren gehören in der Bundesrepublik Deutschland auch die Verbände – also organisierte Zusammenschlüsse von Personen[1] – zu den Trägern der Wirtschaftspolitik. Verbände bündeln die Interessen der einzelnen Mitglieder zur Erreichung **gemeinsamer Ziel- oder Wertvorstellungen.**

Wie geschieht nun die Einflussnahme der Verbände auf staatliche Entscheidungen? Der klassische Adressat der Verbandstätigkeit ist das Parlament.[2] In der Bundesrepublik Deutschland haben die Verbandsvertreter die Möglichkeit, ihre Vorstellungen (Ziele, Interessen) in dem Bundestagsausschuss einzubringen, in dem gemäß § 73 III der Geschäftsordnung des Deutschen Bundestags in sogenannten **„Hearings"** neben Sachverständigen auch Interessenvertreter (z. B. der deutschen Wirtschaft) gehört werden können. Daneben werden natürlich zahlreiche informelle Kontakte zwischen den Verbandsvertretern und Abgeordneten gepflegt.

Darüber hinaus lassen die Verbände ihre Vertreter (z. B. Vertreter des Mittelstands, der Heimatvertriebenen, der Landwirtschaft, der Unternehmer) von den politischen Parteien aufstellen und in die Parlamente (den Deutschen Bundestag und die Länderparlamente) wählen.

Schließlich nehmen die Verbände Einfluss auf die Ministerialverwaltungen, indem sie Informationen liefern, die der Staat benötigt, um sinnvolle Entscheidungen treffen zu können.

---

1 Die rechtliche Definition des Begriffs **„Verbände"** geht weiter. Hier wird unter einem Verband eine Personenvereinigung zu einem bestimmten Zweck verstanden, die durch eine Verfassung (Satzung) zur Bildung eines gemeinschaftlichen Willens begründet wird und, falls eine juristische Person vorliegt, rechtsfähig, d. h. selbst Träger von Rechten und Pflichten ist. Die Verbände sind danach teils privatrechtliche Vereinigungen (z. B. eingetragene und auch nicht eingetragene Vereine, Formkaufleute), teils öffentlich-rechtliche juristische Personen (z. B. Gemeinden, Gemeindeverbände, Rundfunkanstalten, Sozialversicherungsträger).

2 Die Verbandsvertreter werden als **Lobbyisten** bezeichnet. Der Ausdruck stammt aus den USA und bezeichnet diejenigen Interessenvertreter, die im 19. Jahrhundert in der Wandelhalle des Parlaments (in der „Lobby") die Abgeordneten in ihrem Sinne zu beeinflussen suchten.

(4) Ausland

Wirtschaftspolitische Entscheidungen reichen über die Landesgrenzen hinaus, man denke z. B. an die Erhöhung oder Senkung von Zöllen, die Einführung oder Aufhebung der Devisenzwangswirtschaft, die Inflations- oder Deflationspolitik, die Erhöhung oder Senkung von Rüstungsausgaben usw. In jedem Fall wirken sich derartige wirtschaftspolitische Eingriffe des Auslands auf die Binnenwirtschaft aus. Gegenmaßnahmen werden dann erforderlich, wenn die Eingriffe des Auslands den eigenen wirtschaftspolitischen Zielen entgegenstehen.

Unmittelbar an der Entscheidungsbildung der Regierung und der übrigen Träger der Wirtschaftspolitik sind **internationale Organisationen** beteiligt, wie z. B. die World Trade Organization (WTO) und der Internationale Währungsfonds (IWF).

1.3 Wirtschaftspolitische Ziele und ihre Zielbeziehungen

1.3.1 Ziele des Stabilitätsgesetzes sowie deren Messgrößen und Zielerreichungsgrade

(1) Überblick

- **Politik** ist **zielgerichtetes** Handeln. Der Staat muss sich also Ziele setzen, nach denen er seine Wirtschaftspolitik ausrichtet.
- Bestimmte „Eckpfeiler" setzt das **Grundgesetz** mit seinen Forderungen nach **größtmöglicher Freiheit** einerseits und **sozialer Gerechtigkeit** andererseits. In diesem weit gespannten Rahmen ist der Staat in seinen Zielsetzungen und Maßnahmen frei.

Nach § 1 des Gesetzes zur Förderung der Stabilität und des Wachstums der Wirtschaft vom 8. Juni 1967 **(„Stabilitätsgesetz")** haben Bund und Länder bei ihren wirtschafts- und finanzpolitischen Maßnahmen die Erfordernisse des gesamtwirtschaftlichen Gleichgewichts zu beachten.

Gesamtwirtschaftliches Gleichgewicht liegt vor, wenn **alle** Produktionsfaktoren vollbeschäftigt sind und sich **alle** Märkte (z. B. Arbeits-, Kredit-, Gütermärkte) ausgleichen.

Aus diesem **Oberziel** leitet das Stabilitätsgesetz folgende **Unterziele (magisches Viereck)** ab:

- Stabilität des Preisniveaus,
- hoher Beschäftigungsstand,
- außenwirtschaftliches Gleichgewicht und
- stetiges und angemessenes Wirtschaftswachstum.

Die vier genannten Ziele sind **quantitative Ziele,** weil sie sich in Zahlen erfassen lassen. Zwei weitere wichtige, nicht ausdrücklich im Stabilitätsgesetz erwähnte **qualitative Ziele** sind:

- sozial verträgliche Einkommens- und Vermögensverteilung und
- Erhaltung der natürlichen Lebensgrundlagen (Umweltschutz).

Werden die **quantitativen** und **qualitativen** Ziele gleichzeitig verfolgt, so spricht man von einem **magischen Sechseck.**

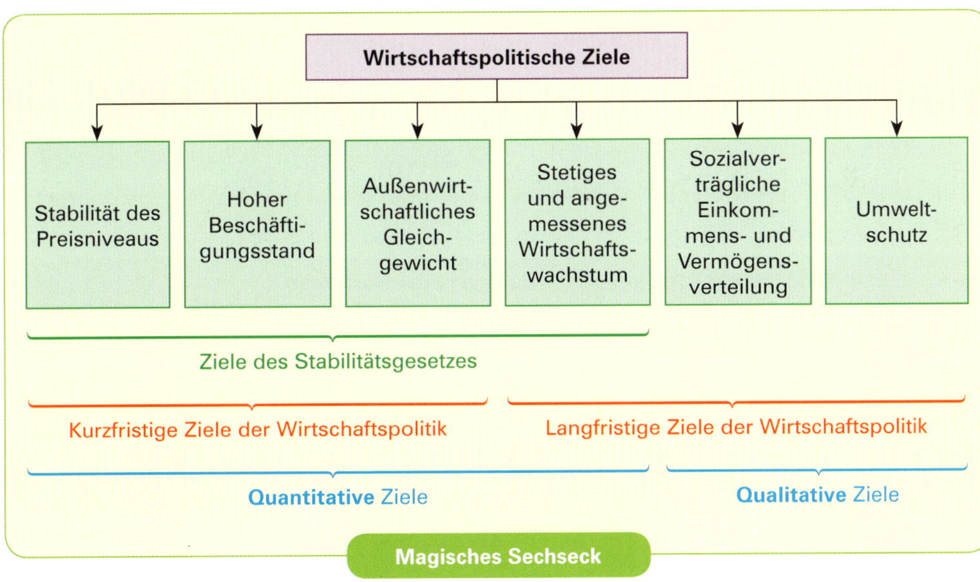

(2) Hoher Beschäftigungsstand

Unter **Beschäftigung** verstehen wir im Folgenden den Grad der **Kapazitätsausnutzung** einer Volkswirtschaft.

Die Beschäftigungslage in einer Volkswirtschaft beurteilt man meist an den Arbeitslosenzahlen und den offenen Stellen.

Vollbeschäftigung	Sie ist gegeben, wenn die **Arbeitslosenquote** (Anteil der Arbeitslosen an den beschäftigten Erwerbspersonen) **nicht mehr als rund 2 %** beträgt.
Überbeschäftigung	Sie liegt vor, wenn die Zahl der offenen Stellen erheblich über der Zahl der Arbeitslosen liegt.
Unterbeschäftigung	Sie ist gegeben, wenn die Arbeitslosenquote höher als rund 2 % ist und die Zahl der offenen Stellen niedriger als die Arbeitslosenzahl ist.

Eine einheitliche Berechnungsformel für die **Arbeitslosenquote** gibt es nicht. Die Bundesagentur für Arbeit verwendet in Anlehnung an die Berechnung der EU-Arbeitslosenquote folgende Berechnungsmethode:

$$\textbf{ALQ} = \frac{\text{Arbeitslosenzahl} \cdot 100}{\text{Anzahl der Erwerbspersonen}}$$

Unter **Erwerbspersonen** sind die selbstständigen und die unselbstständigen Erwerbspersonen **zuzüglich der Arbeitslosen** zu verstehen. Demnach besteht die Zahl der abhängigen Erwerbspersonen aus den abhängig Beschäftigten **und** den Arbeitslosen.

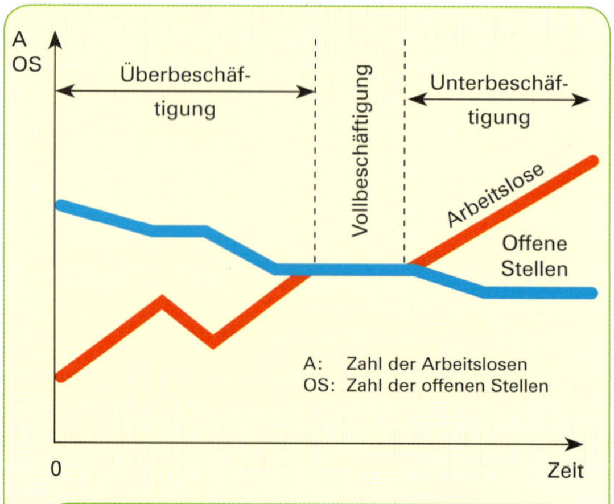

Unter-, Über- und Vollbeschäftigung

Zu den wichtigsten **Problemen der Unterbeschäftigung** innerhalb einer Volkswirtschaft zählen:

- Drohende Arbeitslosigkeit bewirkt einen **Rückgang der Nachfrage.**
- Die **Steuereinnahmen** des Staates **gehen zurück**, sodass dieser seine Aufgaben nicht mehr in vollem Umfang erfüllen kann.
- Die **Familien** der Arbeitslosen kommen in **finanzielle Schwierigkeiten,** sodass die sozialen Probleme zunehmen.
- Sinkende Beitragseinnahmen der **Sozialversicherungsträger** und zugleich steigende Ausgaben (z.B. der Arbeitslosenversicherung), steigende Lohnnebenkosten der Unternehmen durch Erhöhung der Beitragssätze, dadurch Gefährdung der internationalen Wettbewerbsfähigkeit, Verschärfung einer bestehenden Arbeitslosigkeit.
- **Soziale Konflikte** können sich verstärken (z.B. Radikalisierung).

Somit ergibt sich, dass eine der wichtigsten Aufgaben der Wirtschaftspolitik die Sicherung eines hohen Beschäftigungsstands ist.

(3) Stabilität des Preisniveaus

Eine (absolute) **Stabilität des Preisniveaus** (Geldwertstabilität) liegt vor, wenn sich das Preisniveau[1] überhaupt nicht verändert.

Auch bei absoluter Preisniveaustabilität (kurz: Preisstabilität) können sich die Preise der einzelnen Güter verändern. Bedingung ist jedoch, dass Preissteigerungen einzelner Wirtschaftsgüter durch die Preissenkungen anderer Wirtschaftsgüter ausgeglichen werden.

Die Wirtschaftspolitik konnte oder wollte bisher nur in seltenen Fällen eine absolute Preisstabilität erreichen. Aus diesem Grund wird heute eine relative Preisstabilität gefordert. Nach der **Definition der Europäischen Zentralbank (EZB)** ist Preisstabilität gegeben, wenn die Preissteigerungsrate im **Durchschnitt** mehrerer Jahre **unter 2 %** liegt.

1 **Preisniveau:** gewogener Durchschnitt aller Güterpreise.

Inflationsraten,[1] die über der genannten Zielvorstellung liegen, bringen erhebliche Nachteile mit sich. Die Sparer werden dann geschädigt, wenn die Inflationsraten (Preissteigerungsraten) höher als die Sparzinsen sind. Hingegen werden die Schuldner und die Besitzer von Realvermögen (z. B. von Grundstücken, Betriebsvermögen und Anteilsrechten wie z. B. Aktien) bevorzugt. Steigt das inländische Preisniveau schneller als das ausländische, wird der Export beeinträchtigt, sodass die Arbeitsplätze in Gefahr geraten.

(4) Außenwirtschaftliches Gleichgewicht

Unter **außenwirtschaftlichem Gleichgewicht** versteht man den mittelfristigen Ausgleich der Zahlungsbilanz.

Die Zahlungsbilanz ist die Gegenüberstellung aller in Geld messbaren Transaktionen (Bewegungen, Übertragungen) zwischen In- und Ausland. Sind die Zahlungsströme ins Inland größer als die Zahlungsströme ins Ausland, spricht man von Zahlungsbilanzüberschuss. Sind die Zahlungsströme vom Inland ins Ausland größer als die Zahlungsströme vom Ausland ins Inland, handelt es sich um ein Zahlungsbilanzdefizit. Im ersten Fall liegt eine **aktive Zahlungsbilanz,** im zweiten eine **passive Zahlungsbilanz** vor.

Da die Hauptursachen von **Zahlungsbilanzungleichgewichten** meistens in einem anhaltenden **Missverhältnis von Importen und Exporten** liegen, wollen wir uns auf die Wirkungen von Export- bzw. Importüberschüssen beschränken.

Exportüberschüsse 	■ Exportüberschüsse führen zu **Devisenüberschüssen,**[2] weil die Exporteure die eingenommenen Devisen in der Regel bei den Banken in Binnenwährung umtauschen. Die Banken wiederum refinanzieren sich bei der Zentralbank. ■ Somit steigt der Geldumlauf in der Binnenwirtschaft. Bei bestehender Vollbeschäftigung steigt das Preisniveau („importierte Inflation").[3]
Importüberschüsse 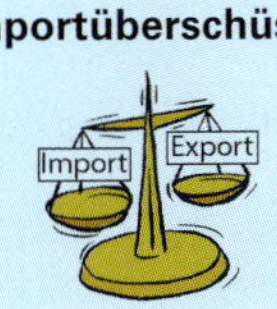	■ Importüberschüsse haben die gegenteilige Wirkung. Die Importeure zahlen die Importe entweder in Binnen- oder in Fremdwährung. Wird in Binnenwährung gezahlt, tauschen die im Devisenausland ansässigen Exporteure ihre Erlöse in ihre eigene Währung um. Wird in Fremdwährung gezahlt, müssen die Importeure die benötigten Devisen im eigenen Währungsgebiet kaufen. ■ In beiden Fällen **schrumpft der Devisenvorrat** der Binnenwirtschaft: Die Zahlungsbilanz wird passiv. Die abnehmende Geldmenge bremst zwar den Preisauftrieb, gefährdet aber die Arbeitsplätze.

1 **Inflationsraten**: Preissteigerungsraten (prozentuale durchschnittliche Preissteigerungen in Bezug auf das Vorjahr). Unter Inflation (lat. Aufblähung) versteht man eine lang anhaltende Steigerung des Preisniveaus.

2 **Devisen**: Zahlungsmittel (z. B. Schecks und Überweisungen) in Fremdwährung.

3 Weil bei Exportüberschüssen gegenüber Fremdwährungsländern der Geldumlauf im eigenen Währungsgebiet steigt und dort zugleich das Güterangebot sinkt, spricht man auch vom **doppelt inflationären Effekt** der **Exportüberschüsse**.

(5) Stetiges und angemessenes Wirtschaftswachstum

Begriff Wirtschaftswachstum

Ein **stetiges Wirtschaftswachstum** liegt vor, wenn das Wachstum des **realen** Bruttoinlandsprodukts keine oder nur geringe Konjunkturschwankungen[1] aufweist.

Das Wirtschaftswachstum ist in allen Wirtschaftsordnungen ein wesentliches Ziel der Wirtschaftspolitik, denn nur dann, wenn die Produktion wirtschaftlicher Güter schneller als die Bevölkerung wächst, kann der **materielle Lebensstandard** pro Kopf der Bevölkerung **erhöht** werden. Wirtschaftliches Wachstum ist umso wichtiger, je geringer der Entwicklungsstand und damit der Lebensstandard einer Volkswirtschaft ist.

Schwieriger als der Begriff des stetigen Wirtschaftswachstums ist der Begriff des **angemessenen Wirtschaftswachstums** zu bestimmen, denn was unter „angemessen" zu verstehen ist, kann nur politisch entschieden werden. Derzeit würde ein jährliches Wirtschaftswachstum von **3 %** im Bundesdurchschnitt als großer wirtschaftspolitischer Erfolg gewertet werden.

Bedingungen des quantitativen Wirtschaftswachstums

Das Wachstum der Wirtschaft – gemessen an der Höhe des **realen Bruttoinlandsprodukts**[2] – ist vor allem auf folgende Faktoren zurückzuführen:

- ausreichend zur Verfügung stehende Rohstoff- und Energiequellen (Ressourcen);
- hohe Sparrate, die hohe Investitionen ermöglicht;
- gute Ausbildung der arbeitenden Bevölkerung („Know-how");
- ausgebaute Infrastruktur;
- optimistische Zukunftserwartungen der Wirtschaftssubjekte;
- sicherer (steigender) Absatz mit angemessenen Unternehmensgewinnen.

Grenzen des Wirtschaftswachstums

Die Bedingungen des Wirtschaftswachstums machen zugleich seine möglichen Grenzen sichtbar: Die **Rohstoff- und Energievorräte** der Erde sind begrenzt, die **Bevölkerungszahl** der hoch industrialisierten Länder stagniert oder schrumpft und die **Umweltbelastung** durch Schadstoffe nimmt zu. Hinzu kommt, dass in den industriellen „Wohlstandsgesellschaften" die materiellen Grundbedürfnisse weitgehend befriedigt sind.

(6) Mögliche Zielkonflikte[3] (magisches Viereck)

Die Forderung, dass die Wirtschaftspolitik gleichzeitig einen hohen Beschäftigungsstand, Preisniveaustabilität (Geldwertstabilität), außenwirtschaftliches Gleichgewicht sowie stetiges und angemessenes Wirtschaftswachstum anzustreben habe, ist leicht zu erheben, aber schwierig zu erfüllen. Je nach Ausgangslage besteht Zielharmonie[4] oder ein Zielkonflikt.

---

1 **Konjunktur**: Schwankungen der wirtschaftlichen Aktivitäten, vor allem der Beschäftigung (Näheres siehe Kapitel 2).

2 Zum Bruttoinlandsprodukt (BIP) siehe Kapitel 3.2.

3 **Konflikt** (lat.): Zusammenstoß, Widerstreit, Zwiespalt.

4 **Harmonie** (griech.-lat.): Überreinstimmung, Einklang.

- Von **Zielharmonie** spricht man, wenn bestimmte wirtschaftspolitische Maßnahmen der Erreichung mehrerer Ziele dienlich sind.
- Ein **Zielkonflikt** liegt vor, wenn die Ergreifung einer bestimmten Maßnahme die Wirtschaft zwar einem Ziel näher bringt, sie dafür aber von anderen Zielen entfernt.
- **Zielindifferenz**[1] ist gegeben, wenn durch die Verfolgung eines wirtschaftspolitischen Ziels die Verfolgung anderer wirtschaftspolitischer Ziele weder gefährdet noch gefördert wird.

Es ist ersichtlich, dass in der Regel die gleichzeitige Verfolgung der genannten Ziele nicht möglich ist. Man spricht daher vom **„magischen Viereck"**. Nur ein Magier, also ein Zauberer, könnte gleichzeitig Vollbeschäftigung, Preisstabilität, außenwirtschaftliches Gleichgewicht sowie stetiges und angemessenes Wirtschaftswachstum erreichen.

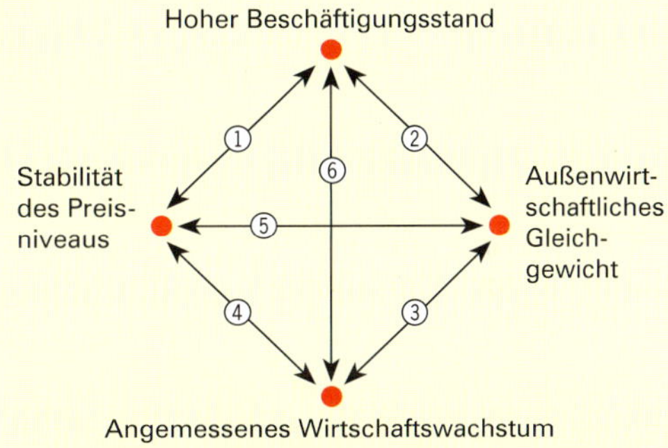

Magisches Viereck der Wirtschaftspolitik

(Die Pfeile bedeuten mögliche Zielkonflikte)

Beispiel für eine mögliche Konfliktsituation:

Ist eine Wirtschaft **unterbeschäftigt,** liegt in der Regel folgende Situation vor: Die Zahl der Arbeitslosen übersteigt die Anzahl der offenen Stellen; der Preisauftrieb ist gedämpft, sofern die Gewerkschaften trotz Unterbeschäftigung keine überhöhten Lohnforderungen durchsetzen. Die Investitionsneigung der Unternehmen ist gering, weil der entsprechende Absatz fehlt. Die Steuereinnahmen des Staates reichen nicht aus, um die Staatsausgaben zu finanzieren. Angenommen nun, die Wirtschaft soll mithilfe von Exportförderungsmaßnahmen (z.B. Exportsubventionen, Abwertung) belebt werden. War die Zahlungsbilanz bisher ausgeglichen, kann somit das Ziel des außenwirtschaftlichen Gleichgewichts *nicht* angestrebt werden. Das Ziel der Preisstabilität hingegen ist in dieser Situation nicht gefährdet, weil die unterbeschäftigte Wirtschaft zunächst zu konstanten Preisen anbieten kann.

1.3.2 Sozial verträgliche Einkommens- und Vermögensverteilung

Das wirtschafts- und sozialpolitische Ziel einer sozial verträglichen Einkommens- und Vermögensverteilung läuft darauf hinaus, die Einkommen und Vermögen in Zukunft **gleichmäßiger** unter die großen sozialen Gruppen der Arbeitnehmer einerseits und der Selbstständigen („Unternehmer") einschließlich der sonstigen Vermögensbesitzer andererseits zu verteilen. Bezüglich der Einkommenspolitik des Staates bedeutet das, die **Lohnquote** (Anteil der Arbeitnehmer am Gesamteinkommen) zu erhöhen.

1 **Indifferenz** (lat.): „Keinen Unterschied haben"; indifferent: unbestimmt, unentschieden, gleichgültig, teilnahmslos.

Die Verfolgung des Ziels einer sozial verträglichen Einkommensverteilung ist für die Regierung der Bundesrepublik Deutschland deswegen schwierig, weil Tarifautonomie besteht, d. h., weil die Sozialpartner (Tarifpartner) das Recht haben, die Arbeitsentgelte selbstständig und ohne staatliche Einmischung zu vereinbaren. Dennoch verbleiben dem Staat eine Reihe von **wirtschafts- und sozialpolitischen Maßnahmen** vor allem vermögenspolitischer Art. Hierzu gehören die

- Einführung eines **Investivlohns** (Gewinnausschüttungen an Arbeitnehmer, die im eigenen oder in fremden Unternehmen investiert werden),
- der **Kombilohn** (bei niedrigen Löhnen stockt der Staat den Lohn auf) und
- **Sparförderungsmaßnahmen.**

Hinzu kommt die **Steuerpolitik,** mit deren Hilfe die **Einkommen umverteilt** werden: Hohe Einkommen werden überproportional hoch, niedrigere Einkommen nur gering oder überhaupt nicht direkt besteuert **(Steuerprogression).**

1.3.3 Erhaltung der natürlichen Lebensgrundlagen

Das wirtschafts- und sozialpolitische Ziel, die Umwelt lebenswert zu erhalten und/oder zu verbessern, ist ein **qualitatives Ziel.**

Wird in den Zielkatalog einer **sozialen Marktwirtschaft** das Ziel des Umweltschutzes aufgenommen, müssen – ebenso wie dies zur Erreichung sozialer Ziele erforderlich ist – **staatliche Eingriffe** erfolgen, die die Marktbedingungen so verändern, dass **Nachfrage** und **Angebot** in der gewünschten Weise gelenkt werden. **Marktkonforme Maßnahmen** müssen hierbei die Regel, **marktkonträre Maßnahmen** die Ausnahme bilden.

Arten	Erläuterungen	Beispiele
Marktkonforme Maßnahmen Ziel: **Anreize** zu umweltschonendem Verhalten geben, **ohne den Preismechanismus** des Marktes **außer Kraft zu setzen.**	Mithilfe marktkonformer Maßnahmen strebt der Staat eine preisgesteuerte Beeinflussung des Verhaltens der Wirtschaftssubjekte an. Mithilfe von Steuern, Abgaben und Zöllen (sogenannten **„Ökosteuern"**) sollen als umweltschädigend erkannte Maßnahmen und Produkte so stark belastet werden, dass in absehbarer Zeit sowohl Nachfrage als auch Angebot reagieren werden. Umgekehrt sollen alle als umweltschonend erkannten Maßnahmen und Produkte so stark entlastet (erforderlichenfalls auch subventioniert) werden, sodass sich Nachfrage und Produktion in die gewünschte Richtung bewegen.	■ Mögliche Einführung von „Öko-Produktsteuern", z. B. für Batterien, tropisches Holz, Waschmittel und Streusalz. ■ Erhebung von Müllvermeidungssteuern für Einwegflaschen, Getränkedosen, Kunststoffbehälter und -flaschen, Aluminiumfolien und für Werbezwecke verwendetes Papier. ■ Rücknahmeverpflichtung für umweltbelastende Produkte, nachdem ihre Nutzungsdauer abgelaufen ist (z. B. Kühlschränke, Autos, Batterien).

Arten	Erläuterungen	Beispiele
Marktkonträre Maßnahmen Ziel: Zu umweltschonendem Verhalten **zwingen, indem der Preismechanismus** des Marktes **aufgehoben wird.**	Die Umweltpolitik kommt ohne marktkonträre Maßnahmen nicht aus. Marktkonträre Maßnahmen sind **Verbote**[1] (sofern keine technologischen Alternativen zur Verfügung stehen) und die Vorgabe von **Grenzwerten.** Das Problem der Vorgabe von Grenzwerten ist, dass sie auch noch unterboten werden können, die Wirtschaftssubjekte aber nicht einsehen, dass sie die Kosten für eine weitere Verringerung von Schadstoffen tragen sollen, wenn dies nicht gesetzlich vorgeschrieben ist.	■ Umweltschädliche Produkte, auf die vollständig verzichtet werden kann, müssen verboten werden (z.B. umweltschädliche Treibgase in Sprühdosen, Glühbirnen, Trinkhalme und Einwegbesteck aus Plastik). ■ Einzelschadstoffe, die mit technischen Mitteln auf einen bestimmten Stand reduziert werden können, sind mithilfe von Grenzwerten zu verringern (z.B. Schadstoffe in Autoabgasen).

2 Wirtschaftsschwankungen als Konjunkturzyklus

2.1 Phasen des Konjunkturzyklus

Die Entwicklung der Wirtschaft (das Wachstum des **realen Bruttoinlandsprodukts**) verläuft nicht gradlinig, sondern in Wellenbewegungen, die als **Konjunkturschwankungen** bezeichnet werden.

Ein lang anhaltender wirtschaftlicher Tiefstand wird als **Depression**[2] bezeichnet. Die Depression ist keine konjunkturelle Erscheinung, sondern Ausdruck einer tief greifenden strukturellen Krise.[3]

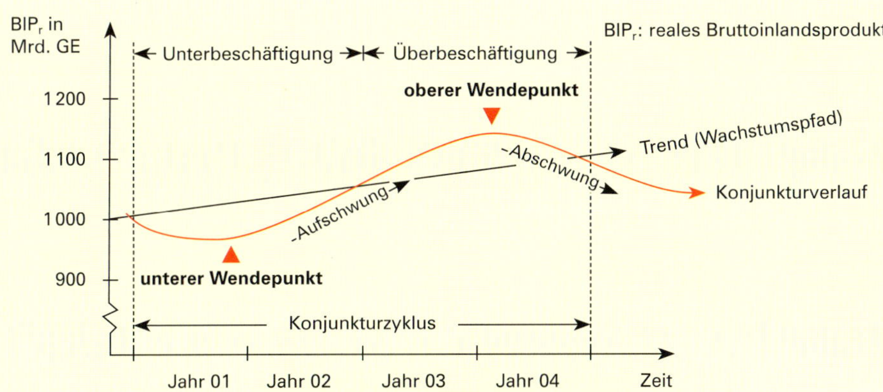

Idealtypischer[4] Konjunkturzyklus

1 Dies gilt jedoch **nicht** für den Fall, dass **alternative Möglichkeiten** (z.B. Technologien) zur Verfügung stehen.

2 **Depression** (lat.): wörtl. Niedergeschlagenheit, traurige Stimmung.

3 **Krise,** auch Krisis (griech., lat.): Entscheidungssituation, in der sich die Lage zum Guten oder auch zum Schlechten entwickeln kann. Im Sprachgebrauch wird unter Krise i.d.R. eine schlechte, nicht zufriedenstellende Lage bezeichnet.

4 **Idealtypisch** (griech.-lat.): ein nur in der Vorstellung vorkommendes Modell bestimmter sich ähnelnder oder sich wiederholender Ereignisse oder Merkmale. So gab es z.B. bei den verschiedenen Konjunkturzyklen der Bundesrepublik Deutschland stets Aufschwünge, Hochkonjunkturen, Abschwünge (Rezessionen) und Tiefpunkte (untere Wendepunkte), die sich jedoch im Hinblick auf ihre Verläufe (Stärke, Dauer) unterschieden.

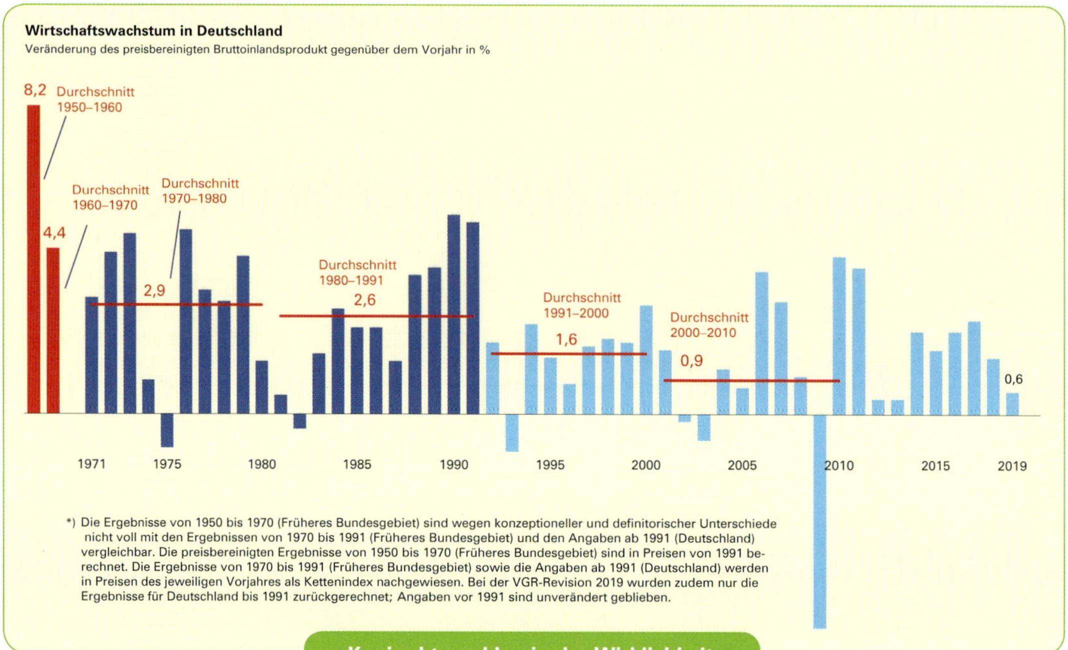

Konjunkturzyklen in der Wirklichkeit

Quelle: Statistisches Bundesamt, Bruttoinlandsprodukt 2019 für Deutschland, Begleitmaterial zur Pressekonferenz, Frankfurt a. M. 2020.

Wie das vorausgegangene Schaubild zeigt, ist die wirtschaftliche Entwicklung in Deutschland durch zyklische[1] Schwankungen gekennzeichnet, deren Abfolge und Intensität sich an der **realen** (d. h. von Preiseinflüssen bereinigten) Veränderung des Bruttoinlandsprodukts ablesen lässt.

Langfristig folgte die Wirtschaftsentwicklung in Deutschland einem **aufsteigenden Trend**: Durch alle Zyklen hindurch setzte sich das reale Wachstum der Wirtschaftsleistung fort. Allerdings wurden die Wachstumswellen immer flacher, die wirtschaftliche Dynamik immer schwächer. Auch gab es von Mal zu Mal tiefere Konjunktureinbrüche am Ende eines Zyklus.

1 **Zyklus** (lat.): regelmäßig wiederkehrende Erscheinung, regelmäßige Folge. Zyklisch = regelmäßig wiederkehrend.

Überblick über die Konjunkturphasen

Konjunkturphasen	Auftragsbestände/ Produktion	Konjunkturelle Arbeitslosigkeit	Lohnentwicklung	Zinsen	Wertpapierkurse	Preisentwicklung	Sparneigung	Zukunftserwartungen
Aufschwung	steigend	noch hoch	mäßige Lohnerhöhungen	noch niedrig	hoch	geringe Preissteigerungsraten	sinkend	optimistisch
Boom[1] (Hochkonjunktur, Überkonjunktur, Überbeschäftigung)	bei Konsumgütern noch steigend; bei Investitionsgütern stagnierend oder sinkend	sinkend	kräftige Lohnerhöhungen	steigend	sinkend	hohe Preissteigerungsraten	niedrig	optimistisch
Oberer Wendepunkt (Konjunkturgipfel)	bei Konsumgütern stagnierend; bei Investitionsgütern sinkend	gleichbleibend	kräftige Lohnerhöhungen („Lohnlag")[2]	hoch	niedrig	hohe Preissteigerungsraten	niedrig	abwartend bis pessimistisch
Abschwung (Rezession, Niedergang)	sinkend	steigend	mäßige Lohnerhöhungen (Inflationsausgleich); u. U. Abbau übertariflicher Leistungen	langsam sinkend	langsam steigend	abnehmende Preissteigerungsraten (auf polypolistischen Märkten u. U. sinkende, auf oligopolistischen und monopolistischen Märkten weiter steigende Preise)	steigend	pessimistisch
Unterer Wendepunkt (Talsohle, Depression)	auf niedrigem Niveau verharrend	hoch	mäßige Lohnerhöhungen; geringe übertarifliche Leistungen	niedrig	hoch	geringere Preissteigerungsraten; Kosteninflation (Stagflation) jedoch möglich	hoch	abwartend oder vorsichtiger Optimismus

Konjunkturschwankungen sind **politisch unerwünscht,** weil Rezessionen z. B. zu sinkenden Steuereinnahmen führen, weniger finanzstarke Unternehmen zum Aufgeben zwingen und zu konjunktureller Arbeitslosigkeit führen. Die **Wirtschaftspolitik** versucht daher, **Konjunkturschwankungen abzuflachen.**

1 **Boom** (engl.): kräftiger Aufschwung.

2 **Lag** (engl.): Verschiebung, Verzögerung.

2.2 Ursachen für Wirtschaftsschwankungen

Das Phänomen[1] ist dem Menschen seit jeher bekannt: Die wirtschaftliche Entwicklung vollzieht sich nicht regelmäßig, sondern in „Schwankungen". Selbst die Bibel berichtet von den „sieben fetten und den sieben mageren Jahren".

> Die heutige Volkswirtschaftslehre weiß, dass die wirtschaftlichen Wellenbewegungen **nicht** auf **eine Ursache allein** zurückgeführt werden können. Es gibt zahlreiche „Auslöser" für den Konjunkturauf- bzw. -abschwung.

Zu unterscheiden ist dabei einerseits zwischen den Faktoren, die einen Konjunktur**aufschwung** oder aber einen Konjunktur**abschwung** auslösen können; andererseits lassen sich diese Faktoren wiederum in **endogene** und **exogene** Ursachen unterteilen.

> - Bei den **endogenen Ursachen** werden die konjunkturellen Schwankungen durch Einflüsse **innerhalb** des Wirtschaftssystems ausgelöst.
> - Bei den **exogenen Ursachen** lössen von **außerhalb** auf das Wirtschaftssystem einfließende Faktoren die konjunkturellen Schwankungen aus.

Einen Überblick über die **wichtigsten Ursachen für Konjunkturschwankungen** gibt nachfolgende Übersicht.

	Determinanten[2] des Konjunkturverlaufs	
	Faktoren, die den **Konjunkturaufschwung** auslösen können:	Faktoren, die den **Konjunkturabschwung** auslösen können:
Endogen[3]	■ Ausweitung des Geldangebots (Kreditangebots) durch die Zentralbank: sinkende Zinssätze – steigende Kreditnachfrage. ■ Steigende private und staatliche Investitionsgüternachfrage. ■ Steigende private und staatliche Konsumgüternachfrage. ■ Steigender Außenbeitrag (Export > Import). ■ Zahlungsbilanzüberschüsse.	■ Verknappung des Geldangebots (Kreditangebots) durch die Notenbank: steigende Zinssätze – sinkende Kreditnachfrage. ■ Sinkende private und staatliche Investitionsgüternachfrage. ■ Sinkende private und staatliche Konsumgüternachfrage. ■ Sinkender Außenbeitrag (Export < Import). ■ Zahlungsbilanzdefizite.
Exogen[4]	■ Optimistische Zukunftserwartungen der Wirtschaftssubjekte. ■ Positive politische Ereignisse (z. B. Beendigung von Kriegen, Abschluss wichtiger Friedensverträge).	■ Pessimistische Zukunftserwartungen der Wirtschaftssubjekte. ■ Negative politische Ereignisse (z. B. Kriegsausbrüche, Aufstände, Generalstreiks, Terroranschläge).

1 **Phänomen** (lat.): Erscheinung.

2 **Determinanten**: Ursachen, (Bestimmungs-)Gründe.

3 **Endogen** (gr.): innen entstehend, von innen kommend.

4 **Exogen** (gr.): außen entstehend, von außen kommend.

Kompetenztraining

11

1. Nennen und beschreiben Sie den Zielkatalog des „magischen Vierecks"!

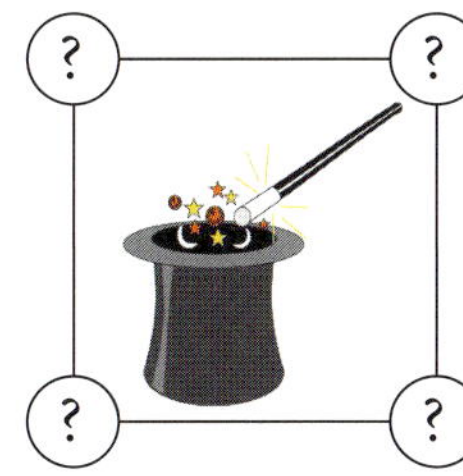

2. Erläutern Sie, warum diese Zielkombinationen (Frage 1) als „magisch" bezeichnet werden!
3. Führen Sie aus, wie viel mögliche Konfliktfelder es z. B. bei der gleichzeitigen Verfolgung von z. B. fünf oder sieben wirtschaftspolitischen Zielen gibt!
4. Die im Kapitel 1 genannten wirtschaftspolitischen Ziele sind Oberziele. Wählen Sie drei dieser Ziele aus und überlegen Sie sich, welche Zwischen- und Unterziele sich aus diesen Oberzielen ableiten lassen!
5. Bearbeiten Sie folgende Aufgaben:
   - 5.1 Das Oberziel der Wirtschaftspolitik von Deutschland ist nach § 1 StabG das „gesamtwirtschaftliche Gleichgewicht". Erläutern Sie, was hierunter zu verstehen ist!
   - 5.2 Führen sie an, welche quantitativen Ziele im § 1 StabG genannt werden!
   - 5.3 Erläutern Sie, warum die Vollbeschäftigung ein wichtiges Ziel der Wirtschaftspolitik ist!
   - 5.4 Stellen Sie dar, unter welchen Bedingungen Vollbeschäftigung vorliegt!
   - 5.5 Erklären Sie das wirtschaftspolitische Ziel „Preisniveaustabilität"!
   - 5.6 Begründen Sie, warum der Staat für außenwirtschaftliches Gleichgewicht sorgen sollte!
   - 5.7 Erläutern Sie, welche möglichen Zielkonflikte zwischen den Zielen „hoher Beschäftigungsstand", „Stabilität des Preisniveaus" und „außenwirtschaftliches Gleichgewicht" bestehen können!
   - 5.8 Erklären Sie, was unter stetigem Wirtschaftswachstum zu verstehen ist!
   - 5.9 Nennen Sie neben dem Ziel des stetigen Wirtschaftswachstums noch weitere langfristige Ziele der Wirtschaftspolitik!
   - 5.10 Erläutern Sie, welche Zielkonflikte sich zwischen dem Ziel des stetigen Wirtschaftswachstums einerseits und den kurzfristigen Zielen der Stabilität des Preisniveaus, des hohen Beschäftigungsstands und des außenwirtschaftlichen Gleichgewichts andererseits ergeben können!
   - 5.11 Die möglichen Zielkonflikte erfordern, dass der Staat wirtschaftspolitische Kompromisse schließen muss. Erläutern Sie diese Aussage!
   - 5.12 Erklären Sie, warum in Deutschland trotz Wirtschaftswachstum das Ziel eines möglichst hohen Beschäftigungsstands seit Jahren unerreichbar scheint!
6. Beurteilen Sie, ob in den nachstehenden Fällen Zielharmonie, Zielindifferenz oder Zielkonflikt besteht!
   - 6.1 In einer Volkswirtschaft wirkt das „Gesetz der Massenproduktion". Die Wirtschaft ist unterbeschäftigt. Die Regierung beschließt, die Staatsausgaben (bei gleichbleibenden Einnahmen) zu erhöhen. Ihre vorrangigen wirtschaftspolitischen Ziele sind zz. der Abbau der Arbeitslosigkeit und die Preisniveaustabilität.
   - 6.2 In einer mit dem Ausland stark verflochtenen Volkswirtschaft übersteigen die Exporte seit längerer Zeit die Importe. Die Wirtschaft ist unterbeschäftigt. Die Regierung beschließt die Senkung der Importzölle und die Aufhebung bisheriger Exportförderungsmaßnahmen. Ihre vorrangigen wirtschaftspolitischen Ziele sind zz. außenwirtschaftliches Gleichgewicht, Preisniveaustabilität und Vollbeschäftigung.

6.3 In einer vollbeschäftigten Volkswirtschaft steigen die Preise jährlich um ca. 10 %. Es bestehen laufende Exportüberschüsse. Das Wirtschaftswachstum beträgt im kommenden Jahr voraussichtlich 3 %. Der Grad der Umweltverschmutzung ist sehr hoch, sodass die Lebenserwartung der Bevölkerung zu sinken beginnt. Die derzeitige Einkommens- und Vermögensverteilung wird als „gerecht" empfunden.

Die Regierung beschließt, die Grenzen weiter zu öffnen, um die Importe zu steigern. Die sechs magischen Ziele der Wirtschaftspolitik werden von der Regierung als gleichrangig betrachtet.

7. Ökosteuern und -abgaben, Verbote und die Vorgabe von Grenzwerten sollen zu einem umweltverträglichen Wirtschaften beitragen.

Beispiele:

a) Erhebung einer Abwasserabgabe, die mit zunehmendem Reinheitsgrad der Abwässer sinkt.

b) Abschaffung der Kraftfahrzeugsteuer und Erhöhung der Mineralölsteuer.

c) Verbot umweltschädlicher Produkte (z. B. umweltschädlicher Treibgase in Sprühdosen).

d) Begrenzung der zulässigen Rußzahlen bei Ölfeuerungsanlagen.

e) Fahrverbot in deutschen Innenstädten für Kraftfahrzeuge mit Dieselmotor.

f) Stromsteuer auf Atomstrom und Strom aus Verbrennungskraftwerken.

g) Vorgabe von Abgasgrenzwerten (z. B. für Kraftwerke, Autos).

h) Subventionen zur Gewinnung von Erdwärme.

i) Steuererleichterung für Fahrzeuge mit Elektroantrieb.

j) Herstellungsverbot asbesthaltiger Werkstoffe.

k) Einführung des Dosenpfands.

l) Importverbot für genmanipulierte Lebensmittel.

Aufgaben:

7.1 Begründen Sie, welche der genannten Maßnahmen als marktkonform und welche als marktkonträr zu bezeichnen sind!

7.2 Angebot und Nachfrage nach einem umweltschädlichen Gut A verhalten sich normal. Das Gut A wird mit einer Ökosteuer belegt. Stellen Sie mithilfe der Angebots- und Nachfragekurve dar, wie sich Preis und Absatzmenge des Gutes A verändern!

7.3 Erläutern Sie, wie sich die Ökosteuer auf das Produkt A auf die Nachfrage nach dem Substitutionsgut (Ersatzgut) B auswirken könnte!

7.4 Bilden Sie zwei eigene Beispiele für den unter 7.3 beschriebenen Substitutionseffekt!

8. Erklären Sie, welche Zusammenhänge die nachfolgenden Abbildungen ausdrücken!

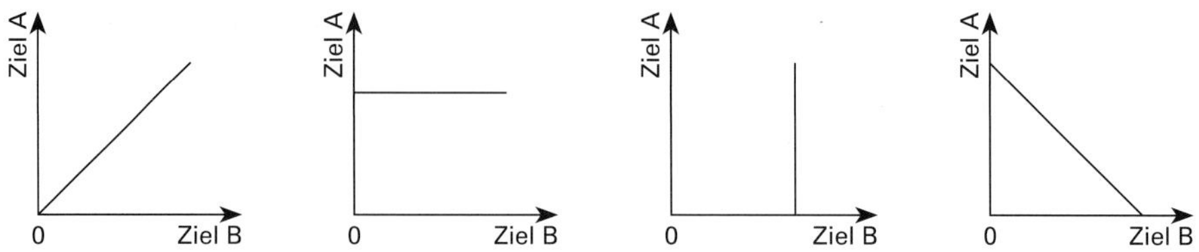

9. **Textauszug:**

Zukunftsstudie: OECD warnt die Welt vor ökologischem Kollaps

Die Weltbevölkerung wächst rasant, Energie- und Wasserverbrauch steigen. Weltweit drohen unumkehrbare Schäden für Umwelt und Gesellschaft.

Von Tobias Kaiser

Es ist ein eindringlicher Appell: In einer Studie warnt die Organisation für Wirtschaftliche Zusammenarbeit und Entwicklung (OECD) vor zunehmender Umweltzerstörung: „Wir riskieren unumkehrbare Umweltschäden, die die in den vergangenen zweihundert Jahren erzielten Verbesserungen des Lebensstandards gefährden", schreiben die Forscher in ihrem Bericht.

In den kommenden 40 Jahren werde die Weltbevölkerung um zwei Milliarden Menschen auf dann neun Milliarden Menschen anwachsen. Fast zwei Drittel aller Menschen weltweit werden 2050 in Städten leben und die globale Wirtschaftsleistung werde sich bis dahin vervierfachen.

Dieses Wachstum bleibe nicht ohne Folgen für die Umwelt. Eine viermal größere Weltwirtschaft wird trotz Energiesparmaßnahmen rund 80 Prozent mehr Energie verbrauchen als heute. Weil vor allem die großen Schwellenländer weiter auf fossile Energieträger wie Öl und Gas setzen, wird der Ausstoß klimaschädlicher Treibhausgase trotz internationaler Vereinbarungen zunehmen – die Experten rechnen mit einem Plus von 50 Prozent bis 2050. [...]

Die Pariser Forscher rechnen mit enormen ökonomischen und menschlichen Kosten, wenn die internationale Politik die Umweltzerstörung nicht energischer bekämpft. „Die Folgen für die Lebensqualität der Menschen weltweit wären desaströs", warnen die Forscher. Allein die Zahl der Menschen, die jedes Jahr durch Abgase und Chemikalien sterben, könnte sich bis zur Mitte des Jahrhunderts auf 3,6 Millionen Menschen verdoppeln.

Rodungen und Monokulturen werden nach den Berechnungen der OECD dafür sorgen, dass bis 2050 die Artenvielfalt an Land um zehn Prozent abnimmt. Betroffen seien besonders Europa, Asien und das südliche Afrika. In Flüssen und Seen seien bereits ein Drittel der Arten ausgerottet und dieser Prozess werde sich weiter fortsetzen.

Angesichts dieser Prognosen fordert die OECD rasches und ambitioniertes Handeln. Ein Politikwechsel sei nötig: „Die bisherige Politik der schrittweisen Fortschritte wird in den kommenden Jahrzehnten nicht mehr genügen."

Die Wissenschaftler machen dabei konkrete Vorschläge für Maßnahmen, die dabei helfen könnten, die Umweltbelastung in den kommenden Jahrzehnten zu reduzieren und die Entwicklung sogar umzukehren.

Dazu müsse es vor allem teurer werden, die Umwelt zu belasten, etwa durch einen Emissionshandel wie in der Europäischen Union oder durch Steuern auf Energieträger oder schädliche Emissionen wie Kohlendioxid. Als Beispiel dafür gilt die deutsche Ökosteuer.

Außerdem plädieren die Forscher dafür, umweltschädliche Subventionen abzuschaffen, etwa für die Landwirtschaft und die Fischerei. Dadurch könnten umweltschädliche Anreize vermieden werden. Nötig sei auch, das Bauern, Unternehmen und Haushalte künftig stärker dafür zahlen, wenn sie natürliche Ressourcen wie Wasser verbrauchen – das sei bisher in vielen Regionen der Welt nicht der Fall und führe zu Verschwendung.

Quelle: WELT Online vom 15.03.2012.

Aufgaben:

9.1 Versuchen Sie, klare umweltpolitische Ziele zur Vermeidung eines ökologischen Kollapses zu formulieren!

9.2 Erläutern Sie, wie eine Steuerpolitik aussehen müsste, die dazu beitragen kann, die angesprochenen Probleme zu lösen!

7 Merkur-Nr. 0589

Lernsituation C2
Die Ermittlung des Bruttoinlandsprodukts als ein quantitatives Konzept zur Wohlstandsmessung

Lesen Sie zunächst folgenden Artikel und betrachten Sie die nachfolgende Abbildung!

Glück statt Wachstum – Die Grenzen der wirtschaftlichen Produktivität

Im Kapitalismus ist das Bruttoinlandsprodukt das Maß aller Dinge. Und obwohl die sogenannte Erste Welt nach wie vor reicher und produktiver ist als die Dritte, sind die Menschen hier nicht glücklich. Woran liegt das?

Bereits in den 1970ern erkannte der Club of Rome die Grenzen des Wachstums. Wirtschaftliche Produktivität sei kein alleiniger Gradmesser von Lebensqualität und Wohlstand – wichtig seien auch andere Dinge wie Gesundheit, Bildung, das persönliche Umfeld oder eine ökologische Umwelt.

Durch die unsichtbare Hand, die Selbstregulierung des Marktes, werde gleichzeitig auch das allgemeine, gesellschaftliche Glück erhöht – so wollte es der Begründer der modernen Marktökonomie, Adam Smith. Viele unsichtbare Hände stürzten gut 230 Jahre später die Welt in die Krise. Die Wirtschaft wuchs wild, die Finanzwelt wucherte – bis zum Overkill. Wachstum, so das Mantra, soll nun sogar wieder aus der Krise führen. „Wir haben das fast aus dem Auge verloren, kulturell und kollektiv, dass eigentlich Glück der Indikator ist und nicht Wachstum", sagt der Soziologe Hartmut Rosa. […] Längst gehe es bei unserer Produktion nicht mehr darum, Mangel zu beheben. Das einzige, was steige, sei das Tempo. „Inzwischen ist Wachstum zu einem derart unerbittlichen Zwang geworden, dass es uns alle wie in ein Hamsterrad setzt, das uns jedes Jahr zwingt, ein bisschen schneller zu laufen, ein bisschen höher die Wettbewerbsfähigkeit zu steigern", so Rosa. […]

Je höher das Bruttosozialprodukt, desto mehr Wohlstand – diese Rechnung geht für moderne Industriestaaten nicht mehr auf. Hier läuft die Suche nach neuen Gradmessern für Lebensqualität, zum Beispiel dem Bruttoinlands-Glück. Den jüngsten Vorstoß wagten die Nobelpreisträger Joseph Stiglitz und Amartya Sen. […] „Arbeit etwa hat einen Einfluss auf unser Wohlbefinden, der jenseits des Einkommens liegt. Gesundheit, Bildung, Sicherheit und soziale Beziehungen machen Lebensqualität aus, aber werden nicht vom Bruttosozialprodukt erfasst", so Stiglitz.

Das statistische Maß ist blind gegen Leid und Wohl. Es zeigt die Welt im Zerrspiegel: Ganz gleich, ob eine Ölpest Arbeit schafft, Staus den Benzinverbrauch steigern oder Katastrophen Aufräumarbeiten bedingen, das Bruttosozialprodukt wird dadurch gesteigert. Wie aber lassen sich Wohl- und Missstand überhaupt bestimmen? „Der Bettler, der sich am Wegesrand sonnt", schrieb Adam Smith, „hat eine Zufriedenheit, für welche die Könige kämpfen müssen." Das kleine Land Bhutan, ökonomisch betrachtet nicht der Rede wert, ist beim Bruttosozialglück Vorreiter. Das kleine Königtum im Himalaya misst seit gut 40 Jahren Lebensqualität: Spirituelle Wohlfahrt zählt wie auch Fertigkeiten im Handwerk. Kann uns Bhutan Vorbild sein?

[…] Was wir sehen wollen, berechnen wir. Ein realistisches Maß für Wohlstand würde abwägen, mit welchen Umwelt- und Sozial-Kosten wir unsere Produktivität bezahlen. […] „Die Krise hat vor Augen geführt, wie wichtig unsere Bedenken sind", sagt Joseph Stiglitz. „Das Finanzwesen ist das Mittel einer produktiven Wirtschaft und kein Selbstzweck. Die Wirtschaft soll unserem Wohlergehen dienen – auch sie ist nicht Selbstzweck." Politik müsste Wirtschaft zum Allgemeinwohl verpflichten. So könnte der durchaus vorhandene Reichtum gerechter verteilt werden. Keine Gesellschaft kann gedeihen und glücklich sein, in der der weitaus größte Teil ihrer Mitglieder arm und elend ist.

Quelle: www.3sat.de/kulturzeit/themen/141024/index.html, 2012/3sat, Donya Ravasani.

Lebenszufriedenheit im Zeitverlauf 2004 bis 2019

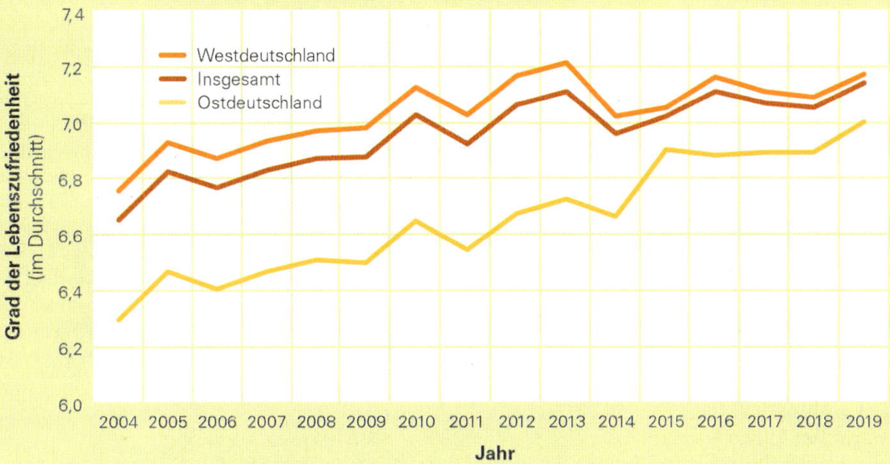

Quelle: Eigene Berechnungen auf Basis des SOEP v34 (2004 bis 2013, ohne Berücksichtigung der Sonderstichproben) und IfD Allensbach (2014 bis 2019). **Anmerkung:** Verzerrende Einflüsse aufgrund unterschiedlicher Interviewmethoden sowie der Dauer der Panelzugehörigkeit im Rahmen der SOEP-Daten wurden kontrolliert.

Quelle: Deutsche Post (Hrsg.): Glücksatlas 2019
(www.dpdhl.com/de/presse/specials/gluecksatlas.html, Zugriff vom 27.05.2020).

Kompetenzorientierte Arbeitsaufträge:

1. Notieren Sie sich zunächst die Begriffe in dem vorangestellten Text, die Ihnen unverständlich erscheinen und recherchieren Sie diese anschließend im Internet!
2. Nennen Sie allgemeine Bestimmungsfaktoren für den Wohlstand eines Landes!
3. Versuchen Sie Ursachen dafür zu finden, warum im Falle von Wirtschaftswachstum in Deutschland nicht alle Einwohner gleichermaßen davon profitieren! Gehen Sie dabei insbesondere auf mögliche Ursachen für diese Ungleichverteilung ein!
4. Entwickeln Sie abseits der Umverteilung von Einkommen einen möglichen Lösungsansatz zur dauerhaften Beseitigung solcher Ungleichverteilungen!
5. Erläutern Sie anhand von drei Beispielen, inwiefern Wirtschaftswachstum hierzulande auch negative Auswirkungen für die Bevölkerung haben kann!
6. Veranschaulichen Sie anhand eines konkreten Beispiels, wie sich Wirtschaftswachstum und Umweltschutz miteinander verbinden lassen!
7. Erläutern Sie kurz, auf welchen Wegen das Bruttoinlandsprodukt ermittelt wird und welche Fragen dabei im Zentrum der jeweiligen Ermittlung stehen!

8. Unterrichtsvorschlag zum Reflektieren des persönlichen Glücks mittels Kartenabfrage

8.1 Notieren Sie in Einzelarbeit, was Sie ganz persönlich aktuell glücklich macht bzw. was Sie sich für Ihre Zukunft wünschen, um glücklich zu leben!

8.2 Überlegen Sie anschließend, was konkret Sie in Zukunft tun können, um die von Ihnen notierten Voraussetzungen für Ihr persönliches Glück zu erreichen!

8.3 Präsentieren Sie Ihre Ergebnisse anschließend vor der Klasse! Dabei sollten von allen Schülerinnen und Schülern zumindest Stichworte auf Karteikarten visualisiert werden.

8.4 Ordnen Sie danach diese Karten nach thematischen Schwerpunkten! Dabei sollten Karten zu gleichen Teilaspekten untereinander, Karten zu unterschiedlichen Aspekten nebeneinander angeordnet werden. Karten mit gleichen Begriffen sollten aussortiert werden.

8.5 Versuchen Sie anschließend zu unterschiedlichen Aspekten Überschriften zu finden, welche die Teilaspekte „zusammenfassen"!

8.6 Disktutieren Sie anschließend im Klassenverband, inwiefern Ihre Wünsche bzw. Aspekte von Glück mit den in diesem Lernbereich vorgestellten Wohlstandsindikatoren übereinstimmen!

3 Berechnung und kritische Würdigung des Bruttoinlandsprodukts als Wohlstandsindikator

3.1 Begriff des Wirtschaftswachstums

Unter Wirtschaftswachstum wird meist die **Erhöhung** des innerhalb einer Periode (gewöhnlich für ein Jahr) erzielten **Bruttoinlandsprodukts** verstanden, also die Zunahme der produzierten Menge an Gütern und Dienstleistungen innerhalb einer Volkswirtschaft. Wenn die Menge der zur Verfügung stehenden Güter und Dienstleistungen zunimmt, so bedeutet Wirtschaftswachstum zugleich eine **Steigerung des Wohlstandes** einer Volkswirtschaft.

Erhöht (verringert) sich das Bruttoinlandsprodukt innerhalb einer Periode im Vergleich zur Vorperiode, so spricht man von positivem (negativem) Wirtschaftswachstum, bleibt es hingegen gleich, bezeichnet man diesen Zustand als **„Nullwachstum"**.

Grundsätzlich lassen sich **zwei Arten** von **Wirtschaftswachstum** unterscheiden:

Arten	Erläuterungen
Quantitatives Wachstum	Bei dem quantitativen Wachstum steht die **rein mengenmäßige Erhöhung** des Bruttoinlandsprodukts im Vordergrund.
Qualitatives Wachstum	Im Zentrum dieses Wachstumsbegriffs steht vor allem die **Verbesserung der Umwelt- und Lebensbedingungen.** Das qualitative Wachstum findet seinen Ausdruck z. B. in der Entwicklung **sparsamer und umweltschonender** Produktionsverfahren, größerer Freizeit oder qualifizierteren Ausbildungen.

Das Wachstum einer Volkswirtschaft wird durch den **Bestand und die Auslastung der Produktionsfaktoren** bestimmt. Daraus lässt sich das gesamtwirtschaftliche Produktionspotenzial ermitteln. Wird dieses Potenzial nicht voll ausgenutzt, so wird auf mögliches Wachstum verzichtet.

3.2 Bruttoinlandsprodukt (BIP) und Bruttonationaleinkommen (BNE)

Die wirtschaftliche Leistung einer Volkswirtschaft und deren Veränderung (Wirtschaftswachstum) wird von Statistischen Ämtern gemessen und in den Größen **Bruttoinlandsprodukt** (BIP) und **Bruttonationaleinkommen** (BNE) ausgedrückt.

Bruttoinlandsprodukt (BIP)	Das **BIP** misst die Produktion von Waren und Dienstleistungen in einem **bestimmten Gebiet** (Inland, Arbeitsort) für einen **bestimmten Zeitraum,** meist ein Jahr, **unabhängig** davon, ob diejenigen, von denen die Produktionsfaktoren bereitgestellt werden (Erwerbstätige, Kapitaleigner), ihren ständigen Wohnsitz in diesem Gebiet haben oder nicht. Da hier auf die Erfassung der Leistung in einem **Wirtschaftsgebiet** abgestellt wird, spricht man von dem **Inlandskonzept.**
Bruttonationaleinkommen (BNE)	Das **BNE** bezieht sich auf die Güter, die mithilfe der Faktorleistung (Arbeit, Kapital) der **Einwohner** eines bestimmten Gebietes (Inland, Wohnort) produziert wurden, **unabhängig** davon, ob diese Faktorleistung **im Inland oder in der übrigen Welt erbracht wurde. Das BNE zeigt daher stärker die Einkommen,** die den Bewohnern eines bestimmten Gebietes während einer bestimmten Periode zufließen. Dieses Konzept wird als **Inländerkonzept** bezeichnet.

Um vom **Bruttoinlandsprodukt** zum **Bruttonationaleinkommen** zu gelangen, muss man vom Bruttoinlandsprodukt all jene Leistungen **subtrahieren,** die **Ausländer** im **Inland** erstellt haben, und all jene Leistungen **addieren,** die **Inländer** im **Ausland** erbracht haben.

Beispiel:

In Lummerland beträgt das Bruttoinlandsprodukt 300 Mrd. GE. Davon wurden 10 Mrd. GE von Ausländern erbracht, also von Menschen, die ihren ständigen Wohnsitz außerhalb von Lummerland haben. Gleichzeitig haben Staatsbürger von Lummerland im Ausland Leistungen erbracht im Gesamtwert von 15 Mrd. GE.

Das Bruttonationaleinkommen von Lummerland berechnet sich wie folgt:

300 Mrd. GE Bruttoinlandsprodukt
– 10 Mrd. GE (Leistungen von Ausländern, die in Lummerland erbracht wurden)
+ 15 Mrd. GE (Leistungen von Lummerländern, die im Ausland erbracht wurden)
= 305 Mrd. GE Bruttonationaleinkommen

Da die Leistungen der Staatsbürger von Lummerland größer sind als die Leistungen der Ausländer in Lummerland, ist das Bruttonationaleinkommen von Lummerland größer als das Bruttoinlandsprodukt. Der Saldo der Primäreinkommen beträgt 5 Mrd. GE und ergibt sich aus der Differenz der beiden Korrekturbeträge (15. Mrd. GE – 10 Mrd. GE = 5 Mrd. GE).

3.3 Reales und nominales BIP

Das BIP lässt sich sowohl **nominal** (in **jeweiligen Preisen**) als auch **preisbereinigt (real)** darstellen. Auf Vorjahrespreisbasis wird die „reale" Wirtschaftsentwicklung im Zeitablauf **frei von Preiseinflüssen** dargestellt. Die **Veränderungsrate** des **preisbereinigten** BIP dient als **Messgröße** für das **Wirtschaftswachstum** einer Volkswirtschaft. Das BIP ist damit die **wichtigste Größe** der volkswirtschaftlichen Gesamtrechnungen.

Hinweis:

Ein steigendes Bruttoinlandsprodukt bedeutet noch nicht, dass die Volkswirtschaft tatsächlich im angezeigten Umfang mehr produziert hat. Das Wachstum kann vielmehr ganz oder teilweise auf **gestiegene Preise** zurückzuführen sein. Das zu jeweiligen (im Betrachtungsjahr aktuellen) Preisen bewertete Bruttoinlandsprodukt bezeichnet man als **nominales Bruttoinlandsprodukt.** Zur Ermittlung des nominalen Bruttoinlandsprodukts werden die produzierten Güter und Dienstleistungen eines Jahres mit den tatsächlich gezahlten Preisen multipliziert und die Einzelergebnisse dann addiert.

Beispiel:

In einer Volkswirtschaft werden im Jahr 01 von einem Sportwagenhersteller 20 exklusive Nobel-Karosserien hergestellt und zu einem Preis von 1 Mio. € pro Stück verkauft. Im Jahr 02 werden vom gleichen Modell 15 Wagen hergestellt und zu einem Preis von 2 Mio. € pro Stück verkauft. Obwohl 5 Autos weniger hergestellt wurden, hat sich das nominelle Bruttoinlandsprodukt – einzig wegen der gestiegenen Preise – um 10 Mio. € erhöht.

Will man die **tatsächliche** Mehrleistung einer Volkswirtschaft im Vergleich zum Vorjahr ermitteln, muss man das **reale** (preisbereinigte) **Bruttoinlandsprodukt** berechnen. Dies geschieht im Kern dadurch, dass man aus dem nominalen Bruttoinlandsprodukt die **Preissteigerungen herausrechnet.**

3.4 Entstehung, Verwendung und Verteilung des BIP

Die Ergebnisse des Wirtschaftsprozesses einer Volkswirtschaft für eine bestimmte Periode (z. B. ein Jahr) werden von der **volkswirtschaftlichen Gesamtrechnung (VGR)** erfasst. Sie liefern den Trägern der Wirtschaftspolitik wichtige Informationen u. a. darüber, was die eingeleiteten wirtschaftspolitischen Maßnahmen bewirkt haben.

In der volkswirtschaftlichen Gesamtrechnung gibt es **drei verschiedene Ansätze** zur Berechnung des Bruttoinlandsprodukts:

- **Entstehungsrechnung:** **Wo** ist das Bruttoinlandsprodukt **entstanden?**
- **Verwendungsrechnung:** **Wie** wird das Bruttoinlandsprodukt **verwendet?**
- **Verteilungsrechnung:** **Wie** werden die bei der Entstehung des Bruttoinlandsprodukts erzielten Einkommen **verteilt?**

Vielfach wirkt es für Außenstehende verwunderlich, dass **alle drei Berechnungsarten** zu dem stets **gleichen Ergebnis** führen, jedoch ganz unterschiedliche Fragestellungen beantworten. Nachfolgendes Beispiel soll dabei helfen, dieses Phänomen zu verstehen.

Beispiel:

Angenommen, in dem kleinen Inselstaat Lummerland sei das einzige dort hergestellte Produkt Reis. Es gibt keine Produktions- und Importabgaben und keine Abschreibungen. Unterstellen wir weiter, dass im Jahr 01 insgesamt 1 000 kg Reis produziert wurden, wobei 700 kg durch den Anbau von Reis auf Feldern geerntet und 300 kg industriell – quasi im Reagenzglas – produziert wurden. Von dem produzierten Reis hat man 100 kg ins benachbarte Kartoffelland exportiert, 150 kg hat der Staat für seine Bediensteten aufgekauft und zubereitet und 180 kg wurden von dem einzigen Unternehmen in Lummerland einbehalten und in deren Kantine verarbeitet bzw. eingelagert. Die restlichen 570 kg Reis haben die privaten Haushalte aufgekauft. Aus der Statistik lässt sich ablesen, dass die Produktionsmenge den zwei Arbeiterfamilien und der einen Unternehmerfamilie im Verhältnis 600 kg zu 400 kg zugeflossen sind. Führt man nunmehr die drei Berechnungen durch, ergibt sich stets das gleiche Ergebnis:

Entstehungsrechnung (Wo ist der Reis entstanden?)	**Verwendungsrechnung** (Wie wurde der Reis verwendet?)	**Verteilungsrechnung** (Wie wurde der Reis verteilt?)
700 kg Land- und Forstwirtschaft	100 kg Export (Außenbeitrag)	600 kg Arbeitnehmerhaushalte
300 kg produzierendes Gewerbe	150 kg staatlicher Konsum	400 kg Unternehmerhaushalte
1 000 kg Bruttoinlandsprodukt	180 kg Bruttoinvestitionen	1 000 kg Bruttoinlandsprodukt
	570 kg privater Konsum	
	1 000 kg Bruttoinlandsprodukt	

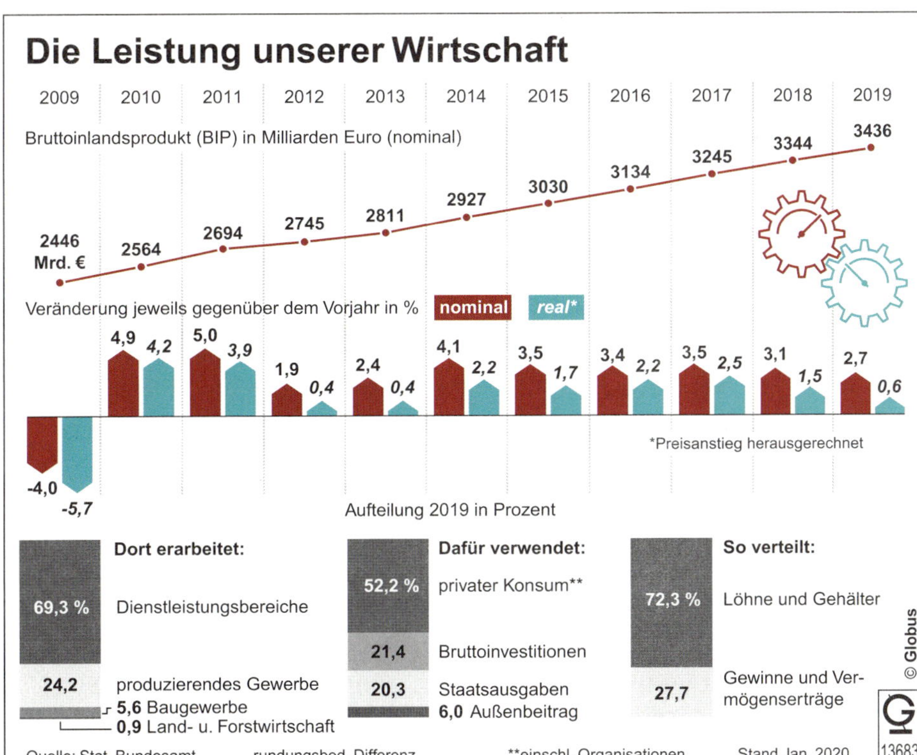

3.4.1 Entstehungsrechnung

Die Entstehungsrechnung erfasst die wirtschaftliche Leistung einer Periode nach ihren Quellen, d. h. nach den **Wirtschaftssektoren** (Produktionsansatz).

Die Wirtschaftsbereiche, die Güter produzieren, werden in drei Gruppen untergliedert:

Wirtschaftsbereiche	Erläuterungen
Primärer Sektor	Land- und Forstwirtschaft, Fischerei
Sekundärer Sektor	Produzierendes Gewerbe
Tertiärer Sektor	Dienstleistungen mit den Bereichen ■ Handel, Gastgewerbe und Verkehr ■ Finanzierung, Vermietung und Unternehmensdienstleister ■ Öffentliche und private Dienstleister

Die Summe der wirtschaftlichen Leistungen der einzelnen Wirtschaftssektoren (Produktionswert – Vorleistungen) ergibt die **Bruttowertschöpfung.** Werden anschließend die Gütersteuern hinzugezählt und die Gütersubventionen abgezogen,[1] so erhält man das **Bruttoinlandsprodukt.**

Um den **tatsächlichen Wertzuwachs/Wertverlust** der Wirtschaftsbereiche feststellen zu können, muss der **Wertverlust (Abschreibungen),** der durch die Nutzung der Produktionsmittel entstanden ist, abgezogen werden **(Nettowertschöpfung).**

Nettowertschöpfung = Bruttowertschöpfung – Abschreibungen

Werden die Abschreibungen vom Bruttoinlandsprodukt abgezogen, so erhält man das **Nettoinlandsprodukt.**

Nettoinlandsprodukt = Bruttoinlandsprodukt – Abschreibungen

	Land- und Forstwirtschaft, Fischerei	27,3
+	Produzierendes Gewerbe ohne Baugewerbe	749,5
+	Baugewerbe	171,9
+	Handel, Gastgewerbe und Verkehr	502,0
+	Finanzierung, Vermietung und Unternehmensdienstleister[2]	800,5
+	Öffentliche und private Dienstleister[3]	840,9
=	Bruttowertschöpfung	3 091,9
+	Gütersteuern } Saldo[1]	+ 344,1
–	Gütersubventionen	
=	Bruttoinlandsprodukt	3 436,0
–	Abschreibungen	637,1
=	Nettoinlandsprodukt	2 798,9

Entstehung des Bruttoinlandsprodukts in der Bundesrepublik Deutschland 2019 (in Mrd. €)

Quelle: Statistisches Bundesamt (Hrsg.): VGR 2019, Wiesbaden 2020.

Die **Entstehungsrechnung** macht den Anteil der einzelnen Wirtschaftssektoren am Bruttoinlandsprodukt deutlich.

1 Der Saldo zwischen den Gütersteuern und den -subventionen heißt **Nettoproduktionsabgabe.**

2 Die Position **„Finanzierung, Vermietung und Unternehmensdienstleister"** beinhaltet folgende Positionen: Finanz- und Versicherungsdienstleister, Grundstücks- und Wohnungswesen, Unternehmensdienstleister.

3 Die Position **„Öffentliche und private Dienstleister"** umfasst folgende Positionen: Information und Kommunikation, Öffentliche Dienstleister, Erziehung und Gesundheit, Sonstige Dienstleister.

3.4.2 Verwendungsrechnung

Die Verwendungsrechnung gibt darüber Auskunft, **wofür die Güter verwendet** wurden. Es wird untersucht, ob die Waren und Dienstleistungen z. B. als Konsumausgaben, als Investitionen in Unternehmen oder im Außenbeitrag (Export – Import) Verwendung gefunden haben.

Beispiel:

Ein Pkw kann in einem privaten Haushalt genutzt werden, er könnte in Form einer Investition in einem Unternehmen zum Einsatz kommen oder er kann in das Ausland exportiert werden.

Berechnung des Anteils der produzierten Güter nach ihrer Verwendung:

Beispiel:

Die privaten Konsumausgaben betrugen im Jahr 2019 1 793,9 Mrd. € bei einem Bruttoinlandsprodukt von 3 436,0 Mrd. €.

Aufgabe:

Berechnen Sie den Anteil des Bruttoinlandsprodukts, der für private Konsumausgaben verwendet wurde!

Private Konsumausgaben	1 793,9
Konsumausgaben des Staates	698,8
Bruttoinvestitionen	735,5
Außenbeitrag (Exporte minus Importe)	207,8
Das Bruttoinlandsprodukt 2019 beträgt	3 436,0

Verwendung des Bruttoinlandsprodukts in der Bundesrepublik Deutschland 2019 (in Mrd. €) (Auszug)

Quelle: Statistisches Bundesamt (Hrsg.): VGR 2019, Wiesbaden 2020.

Lösung:

3 436,0 Mrd. € sind 100 %
1 793,9 Mrd. € sind x %

$$x = 100 \cdot \frac{1\,793{,}9}{3\,436{,}0} = \underline{\underline{52{,}2\,\%}}$$

Ergebnis:

Vom Bruttoinlandsprodukt wurden im Jahr 2019 für private Konsumausgaben 52,2 % verwendet.

Die **Verwendungsrechnung** zeigt, wofür die Güter des Bruttoinlandsprodukts verwendet werden.

3.4.3 Verteilungsrechnung

Hier wird für eine Periode Auskunft darüber gegeben, **wie sich die erzielten Einkommen** auf das **Arbeitnehmerentgelt** (Lohn, Gehalt) und das **Unternehmer- und Vermögenseinkommen** (z. B. Zinsen, Gewinne, Dividende, Miet- und Pachterträge) aufteilen. Addiert man die beiden Einkommensgruppen, so erhält man das **Volkseinkommen.**

Arbeitnehmerentgelt (Inland) + Unternehmens- und Vermögenseinkommen = **Volkseinkommen**

Der **prozentuale Anteil** des **Arbeitnehmerentgelts** am Volkseinkommen wird als **Lohnquote** bezeichnet. Sie stellt jedoch die materielle Einkommenslage der Arbeitnehmer schlechter dar als sie ist, weil in Deutschland rund die Hälfte **aller Vermögenseinkommen** den Arbeitnehmern zufließen.

Die Berechnung der **Lohnquote** erfolgt nach folgender Formel:

$$\textbf{Lohnquote} = \frac{\text{Arbeitnehmerentgelt} \cdot 100}{\text{Volkseinkommen}}$$

	Arbeitnehmerentgelt (Inländer)	1 851,3
+	Unternehmens- und Vermögenseinkommen	710,3
=	Volkseinkommen	2 561,6
+	Produktions- und Importabgaben an den Staat abzüglich Subventionen	337,7
+	Abschreibungen	637,1
=	Bruttonationaleinkommen	3 536,4
–	Primäreinkommen, die Inländer aus dem Ausland beziehen	
+	Primäreinkommen, die Ausländer aus dem Inland beziehen Saldo	– 100,4
=	Bruttoinlandsprodukt	3 436,0

Verteilung des Volkseinkommens in der Bundesrepublik Deutschland 2019 und die Berechnung des Bruttoinlandsprodukts 2019
(in Mrd. €)

Quelle: Statistisches Bundesamt, Bruttoinlandsprodukt 2019 für Deutschland, Begleitmaterial zur Pressekonferenz, Frankfurt a. M. 2020.

Für das Jahr 2019 ergibt sich folgende Lohnquote:

$$\text{Lohnquote} = \frac{1\,851{,}3 \cdot 100}{2\,561{,}6} = \underline{\underline{72{,}3\,\%}}$$

Den prozentualen Anteil der **Unternehmens- und Vermögenseinkommen** am Volkseinkommen bezeichnet man als **Gewinnquote.**

$$\textbf{Gewinnquote} = \frac{\text{Unternehmens- und Vermögenseinkommen} \cdot 100}{\text{Volkseinkommen}}$$

Für das Jahr 2019 ergibt sich folgende Gewinnquote:

$$\text{Gewinnquote} = \frac{710{,}3 \cdot 100}{2\,561{,}6} = \underline{\underline{27{,}7\,\%}}$$

Die **Verteilungsrechnung** zeigt die Aufteilung des Volkseinkommens auf die beiden Einkommensarten Arbeitnehmerentgelt sowie Unternehmens- und Vermögenseinkommen.

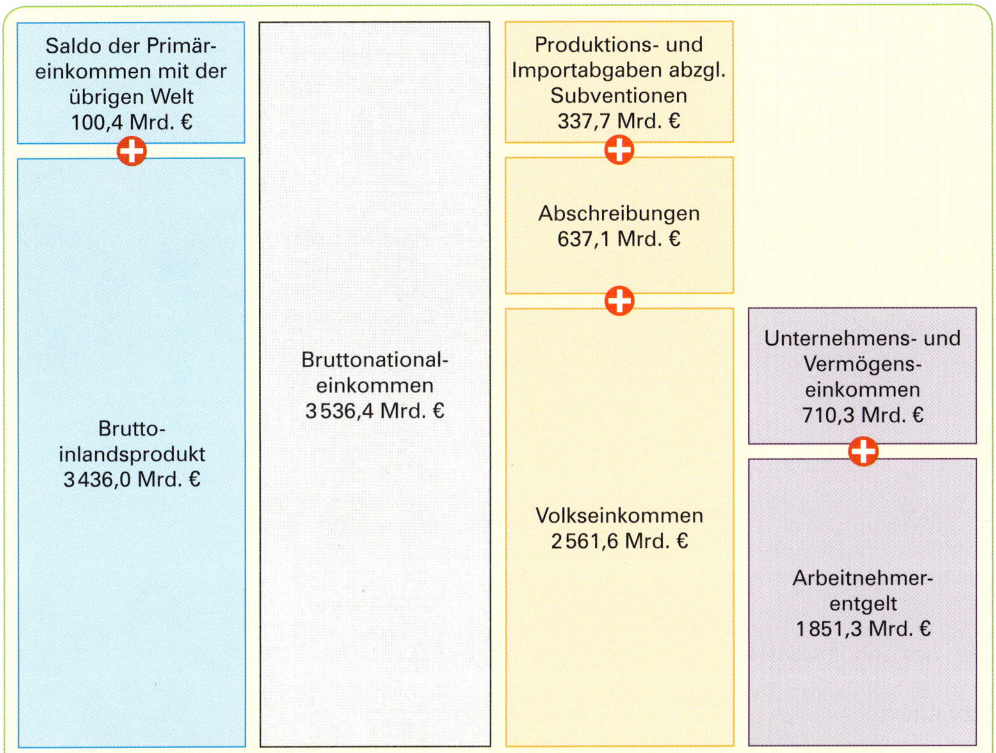

Schematische Darstellung des deutschen Bruttonationaleinkommens 2019

Quelle: Statistisches Bundesamt, Bruttoinlandsprodukt 2019 für Deutschland, Begleitmaterial zur Pressekonferenz, Frankfurt a. M. 2020.

3.5 Kritik am Modell des BIP als Wohlstandsindikator[1]

Kritikpunkte	Erläuterungen und Beispiele
Das Bruttoinlandsprodukt wird **teilweise zu hoch** angesetzt.	 Teile der **sozialen Kosten,** die nicht berücksichtigt werden sollten, werden in das Bruttoinlandsprodukt eingerechnet, z. B. Behandlungskosten von Unfallopfern und Berufskrankheiten, Reparaturen an Maschinen, Neuanschaffungen von Maschinen und Fahrzeugen, die aufgrund von Unfällen erforderlich werden.

1 **Indikator:** Merkmal.

Kritikpunkte	Erläuterungen und Beispiele
Das Bruttoinlandsprodukt wird **teilweise zu niedrig** angesetzt.	 ■ Vorgänge der **Schattenwirtschaft** werden nur als Schätzgröße berücksichtigt, z. B. Schwarzarbeit, Beschäftigung illegaler Einwanderer, Lieferung von Waren und Dienstleistungen ohne Rechnung. ■ **Soziale Leistungen** werden nicht hinzugerechnet, z. B. die Kindererziehung, die Ausbildungsleistung der Unternehmen, die Arbeitsleistungen im privaten Haushalt. ■ **Eigenleistungen** und **ehrenamtliche Leistungen** werden nicht hinzugerechnet, z. B. selbstgebackene Pizza, selbst renoviertes Zimmer, Jugendtrainer in einer unteren Amateurliga, Einsätze der freiwilligen Feuerwehr.
Das Bruttoinlandsprodukt erfasst nur **zahlenmäßig erfassbare (quantitative)** Größen.	Nicht erfasst werden **qualitative** Größen, z. B. Lebensqualität, Qualität der medizinischen Versorgung, Qualität des Arbeitslebens. 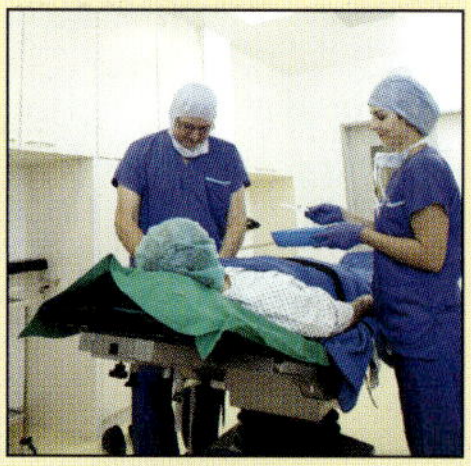

Das **Bruttoinlandsprodukt** ist ein Wohlstandsmaßstab, der nur die **zahlenmäßig erfassbaren Größen** berücksichtigt.

3.6 Alternative Wohlstandsindikatoren

Das durch Mehr- oder Wenigerrechnung bereinigte Bruttonationaleinkommen bzw. Bruttoinlandsprodukt bleibt nach wie vor ein **eindimensionaler Wohlstandsmaßstab,** da lediglich quantitativ (zahlenmäßig) erfassbare Größen berücksichtigt werden können.

Qualitative Dimensionen, die sogenannte **Lebensqualität** (Gesamtheit aller Lebensumstände in einer Gesellschaft), werden nicht berücksichtigt. Die Lebensqualität kann nur mithilfe **sozialer** oder **ökologischer Indikatoren** beschrieben werden, die sich meist einer Bewertung in Geld entziehen. Soziale und ökologische Indikatoren sind qualitative Größen, die wesentliche Tatbestände der Gesellschaft wiedergeben.

Beispiel:

- Die Qualität der medizinischen Versorgung lässt sich z. B. ablesen an der Geburtensterblichkeit, der Müttersterblichkeit, der Zahl der Krankenbetten oder an den Wartezeiten zwischen dem Auftreten einer Krankheit und der Aufnahme in ein Krankenhaus.
- Die Qualität des Arbeitslebens spiegelt sich z. B. in den Arbeitslosenzahlen, in der Zahl der offenen Stellen oder in der Zahl der Arbeitsunfälle und Berufskrankheiten wider.

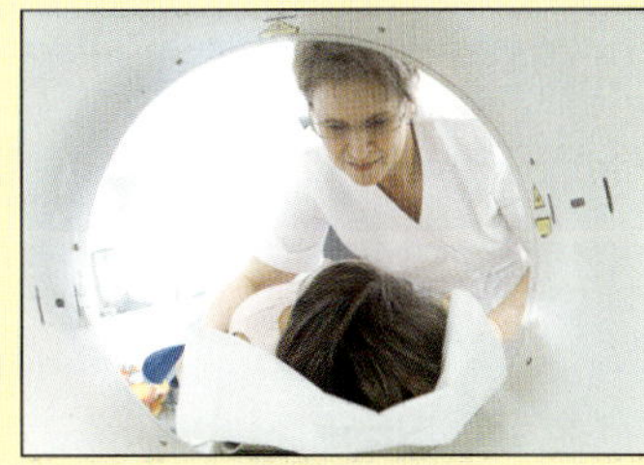

Zu den Indikatoren, die soziale und ökologische Aspekte berücksichtigen, zählen z. B. der Wohlstandsmaßstab Net Economic Welfare (NEW) oder der Human Development Index (HDI).

3.6.1 Net Economic Welfare (NEW)

Einen Ansatz zur Wohlstandserfassung bietet der sogenannte **Net Economic Welfare (NEW).** Dieser Index geht zuerst von dem Bruttoinlandsprodukt aus, welches um die **sozialen Kosten bereinigt** und um die **privaten Dienste erweitert** wird.

Bei der Berechnung dieses Indikators werden **Sozialkosten** wie verschmutzte Gewässer und verdreckte Luft vom Sozialprodukt einer Volkswirtschaft **subtrahiert.** Nach diesem Maßstab sind z. B. die Wohlstandsunterschiede zwischen Großstadt- und Landbevölkerung geringer als in der üblichen Statistik, da höhere Kosten für Müllabfuhr, Verbrechensbekämpfung, Verkehrsregelung und andere städtische Dienste sowie der längere Weg zum Arbeitsplatz als wohlstandsmindernd berücksichtigt werden.

Andererseits werden **positive Beiträge** zum Volkswohlstand, die wegen fehlenden Marktpreises nicht in der Berechnung des Bruttoinlandsprodukts enthalten sind, zum Net Economic Welfare einer Volkswirtschaft hinzugerechnet. Hierzu zählt die Hausarbeit, die mit dem Durchschnittsgehalt berufstätiger Personen bewertet wird, oder der Wert zusätzlicher Freizeit, der Stunden- oder Wochenlohnsätzen gleichgesetzt werden kann. Staatsausgaben für Verteidigung oder Verwaltung gehen nicht als positiver Beitrag in das NEW ein, da mehr Soldaten oder Beamte noch keine bessere Gesellschaft bedeuten.

	Bruttoinlandsprodukt
–	Soziale Kosten
–	Ausgabe für staatliche Verwaltung und Verteidigung
+	Private Dienste ohne Marktpreis
+	Immaterielle Werte
=	**Net Economic Welfare**

Kritiker des Net-Economic-Welfare-Ansatzes halten das Konzept allerdings für einen Versuch, das nicht Messbare zu messen. Dieser Kritik entgegnet Samuelson[1] jedoch, dass es besser sei eine ungenaue Vorstellung von dem zu haben, was man wolle, als eine genaue Vorstellung von dem, was man nicht wolle.

1 Der amerikanische Nobelpreis-Ökonom Samuelson stellte in den 1970er-Jahren erstmals den Wohlstandsmaßstab Net Economic Welfare (NEW) in seinem klassischen Lehrbuch „Economics“ vor.

3.6.2 Human Development Index (HDI)

Der **Human Development Index** (Index der menschlichen Entwicklung) versucht seit 1990 mit einer Maßzahl den Stand der menschlichen Entwicklung in den Ländern der Welt abzubilden. Dieser Index wird jährlich im Weltentwicklungsbericht (Human Development Report, HDR) veröffentlicht, welchen das United Nations Development Programme (UNDP), das Entwicklungsprogramm der Vereinten Nationen, herausgibt.

Der Human Development Index als Messzahl für den Entwicklungsstand eines Landes setzt sich aus **drei Komponenten** zusammen:

- **Lebenserwartung** bei der Geburt,
- **Ausbildung** (Alphabetisierung der erwachsenen Bevölkerung, Einschulungsrate in Grund-, Sekundär- und Hochschulen) und
- **Kaufkraft** (Bruttoinlandsprodukt pro Kopf).

Darüber hinaus enthält der Human Development Report eine Vielzahl zusätzlicher Daten aus dem ökonomischen, sozialen und politischen Bereich.

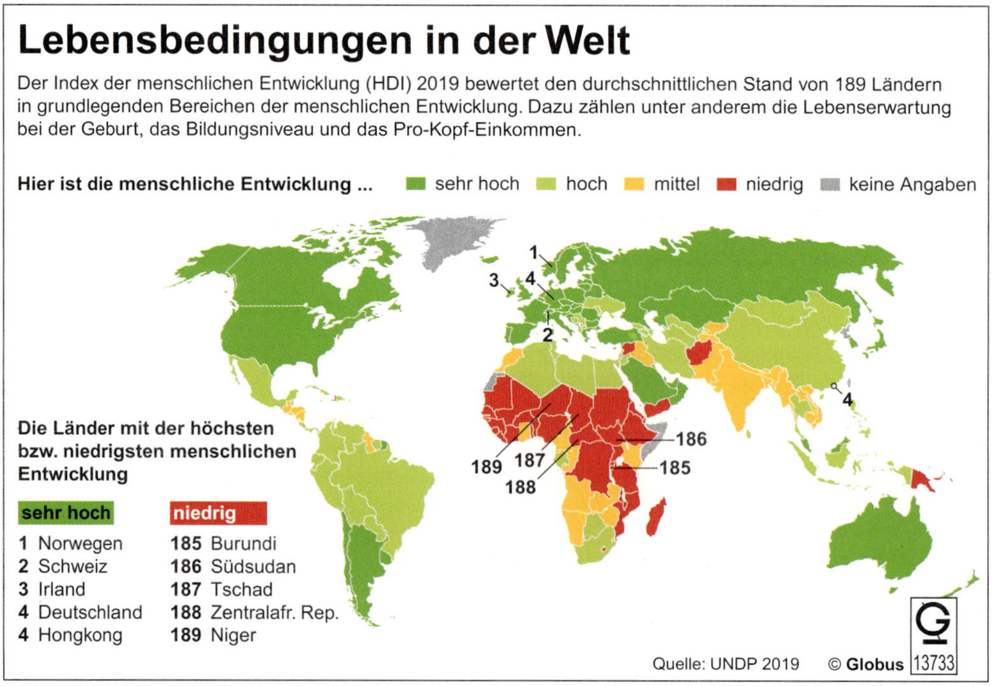

In Norwegen genießen die Menschen weltweit die besten Lebensbedingungen. Das geht aus dem Weltentwicklungsbericht der Vereinten Nationen hervor. Dieser gibt den sogenannten Index der menschlichen Entwicklung (HDI = Human Development Index) wieder, der die Fortschritte in den jeweiligen Staaten misst. Dabei werden Lebenserwartung, Gesundheit, Bildung und Lebensstandard eingerechnet. Laut den Werten für das Jahr 2019 finden sich die zweitbesten Lebensbedingungen in der Schweiz, gefolgt von Irland. Deutschland landet auf dem vierten Platz, zusammen mit Hongkong. Auf den letzten fünf Plätzen im Index stehen afrikanische Staaten. Schlusslicht auf Rang 189 ist Niger, das weltweit die schlechtesten Lebensbedingungen hat. Der Abstand zwischen dem erstplatzierten

Norwegen und Niger ist riesig: Ein Kind, das heute in Norwegen geboren wird, hat eine Lebenserwartung von 82 Jahren und wird etwa 18 Jahre in die Schule gehen. Im westafrikanischen Niger wird ein Kind durchschnittlich 62 Jahre alt und geht nur knapp sieben Jahre zur Schule.

Als wesentliche **Kritikpunkte** am HDI werden angeführt, dass gewisse Elemente wie beispielsweise Einkommensunterschiede innerhalb eines Landes oder zwischen Geschlechtern, sowie die politische Freiheit des Landes keine Berücksichtigung finden. Auch unterscheidet der HDI nicht zwischen Städten und ländlichen Gebieten.

Hinweis:

Abschließend ist festzuhalten, dass **alle existierenden Indikatoren** zur Wohlstandserfassung eines Landes (also auch der NEW und der HDI) **nur einzelne Teile** dessen erfassen, was den Wohlstand als Ganzes ausmacht. Es wird lediglich versucht, die Mängel des Bruttoinlandsprodukts durch einzelne Aspekte zu ergänzen. Eine **ganzheitliche Lösung** für das Problem der Wohlstandserfassung **gibt es jedoch noch nicht.**

Kompetenztraining

12

1. Angenommen, die Bruttowertschöpfung eines EU-Landes beträgt 2100 Mrd. GE.

   Aufgabe:

   Berechnen Sie das Nettoinlandsprodukt, wenn die Nettoproduktionsabgaben 320 Mrd. GE und die Abschreibungen 270 Mrd. GE betragen! Der Saldo zwischen den von der EU bezogenen Subventionen und den an die EU gezahlten Nettoproduktionsabgaben ist null.

2. Das statistische Amt eines Landes veröffentlichte die folgenden Zahlen (in Mrd. €):

Konsumausgaben des Staates	750
Bruttoinvestitionen	850
Abschreibungen	620
Produktionsabgaben an den Staat abzüglich Subventionen	480
Konsumausgaben der privaten Haushalte	2750
Exporte	840
Importe	780
Saldo der Primäreinkommen aus der übrigen Welt	+ 48

   Aufgaben:

   2.1 Ermitteln Sie das Bruttoinlandsprodukt!

   2.2 Berechnen Sie das Volkseinkommen!

   2.3 Erläutern Sie kurz mittels eines Beispiels, wie es zu dem Unterschied zwischen Bruttonationaleinkommen und Bruttoinlandsprodukt kommen konnte!

   2.4 Beschreiben Sie die Entwicklung einer Volkswirtschaft für die beiden nachfolgenden Fälle:

Jahr	Abschreibungen	Bruttoinvestitionen
1. Jahr	850 Mrd. €	890 Mrd. €
2. Jahr	780 Mrd. €	720 Mrd. €

2.5 Beurteilen Sie, ob eine sinkende Lohnquote zwangsläufig zu einer Verschlechterung des Lebensstandards der abhängig Beschäftigten geführt haben muss!

2.6 Nennen Sie neben dem Bruttoinlandsprodukt zwei weitere nichtökonomische Größen für die Beurteilung des Wohlstandes eines Landes!

2.7 Erläutern Sie, welche Kritik an der herkömmlichen Berechnung der Messzahlen der gesamtwirtschaftlichen Leistung geübt wird!

2.8 Beurteilen Sie, was die Größe „Bruttoinlandsprodukt" über den Wohlstand der Bevölkerung eines Landes aussagen kann!

3. An der gängigen Berechnung der Messgrößen der gesamtwirtschaftlichen Leistung wird häufig Kritik geübt.

Aufgaben:

3.1 Nennen und erläutern Sie mindestens drei Kritikpunkte!

3.2 Erklären Sie in diesem Zusammenhang die Begriffe soziale Kosten und soziale Leistungen!

3.3 Bringen Sie je ein eigenes Beispiel für soziale Kosten und soziale Leistungen!

4. Das Bruttoinlandsprodukt kann – je nachdem, welcher Untersuchungsaspekt im Vordergrund steht – auf drei unterschiedlichen Wegen berechnet werden. Die Ergebnisse dieser Berechnung stellen eine wichtige Basis für wirtschaftspolitische Entscheidungen der Bundesregierung dar.

Aufgaben:

4.1 Erläutern Sie, worüber die Entstehungsrechnung und die Verwendungsrechnung des Bruttoinlandsprodukts Auskunft geben und verdeutlichen Sie jeweils anhand eines Beispiels, in welchen Bereichen der Wirtschaftspolitik diese Rechnung als Grundlage für wirtschaftspolitische Entscheidungen herangezogen werden!

4.2 Erklären Sie, was man im Rahmen der Entstehungsrechnung unter der „Bruttowertschöpfung" eines Unternehmens versteht!

5. 5.1 Stellen Sie fest, welche Leistungen **nicht** in die Berechnung des Bruttoinlandsprodukts eingehen!

5.1.1 Ein Gartenbaubetrieb schneidet vor einem Altenwohnheim gegen Entgelt den Rasen.

5.1.2 Eine Oma backt gemeinsam mit ihrem Enkel einen Kuchen.

5.1.3 Ein Arzt untersucht bei einem Hausbesuch einen Kranken.

5.1.4 Ein Nachbar hilft beim Streichen eines neuen Zaunes.

5.1.5 Der städtische Straßendienst reinigt die Bürgersteige.

5.1.6 Die Bürger einer Gemeinde reinigen wöchentlich einmal den Bürgersteig selbst.

5.1.7 Die Verkehrswacht erteilt kostenlosen Verkehrsunterricht für Schulanfänger.

5.2 Nehmen Sie kritisch Stellung zur Errechnung des Bruttoinlandsprodukts!

6. Das statistische Amt eines Landes liefert u. a. folgende gesamtwirtschaftlichen Daten (Zahlen in Mrd. GE):

– Bruttowertschöpfung der Wirtschaftsbereiche		
Produzierendes Gewerbe (ohne Baugewerbe)	835	
Baugewerbe	200	
Handel, Gastgewerbe und Verkehr	340	
Sonstige Wirtschaftsbereiche	700	
– Saldo der Primäreinkommen aus dem Ausland		+ 16
– Konsumausgaben der privaten Haushalte		1 300

– Konsumausgaben des Staates	400
– Bruttoinvestitionen	540
– Außenbeitrag	+ 95
– Abschreibungen	300
– Nettoproduktionsabgaben	+ 260
– Arbeitnehmerentgelt	1 390
– Unternehmens- und Vermögenseinkommen	385
– Produktions- und Importabgaben abzüglich Subventionen	276

Aufgaben:

6.1 Berechnen Sie das Bruttoinlandsprodukt, das Nettoinlandsprodukt und das Volkseinkommen!

6.2 Stellen Sie die Entstehungs- und Verwendungsrechnung des Bruttoinlandsprodukts und die Verteilung des Volkseinkommens einschließlich der Berechnung des Bruttoinlandsprodukts dar!

8 Merkur-Nr. 0589

D Konjunkturindikatoren und wirtschaftspolitische Konzepte

Lernsituation D1
Konjunkturindikatoren zur Prognose der wirtschaftlichen Entwicklung als Basis für wirtschaftspolitisches Handeln

Jennifer und Nils besuchen zurzeit die Fachoberschule für Wirtschaft. Vor Unterrichtsbeginn treffen sich beide zufällig in der Cafeteria des Berufskollegs. Nach einem kurzen belanglosen Gespräch kommen sie auf den gestrigen Unterrichtstag zu sprechen. Nils ist immer noch stocksauer auf einen Lehrer, der nach einer Auseinandersetzung mit der Klasse wegen des – aus seiner Sicht mal wieder unerträglichen – Lärmpegels auf die wenig erfreulichen Perspektiven der Schüler hingewiesen hat. Konkret führte der Lehrer an, dass mit Blick auf die Konjunkturprognosen die Anzahl der Ausbildungsplätze zukünftig wohl auf ein eher recht überschaubares Maß zurückgehen würde, sodass die meisten hier in der Klasse bei den bisher gezeigten Leistungen wohl eher Stammkunden bei der Agentur für Arbeit würden.

Jennifer versucht Nils zu beruhigen und deutet an, dass der Lehrer halt ziemlich genervt war und dann aus der Emotion heraus so ein Ding losgelassen hätte. Außerdem müsste Nils doch eigentlich wissen, wie dieser Typ von Lehrer in solchen Situationen tickt. Nils aber lässt sich nicht beruhigen. Schließlich habe er gestern Abend noch mit seinen Eltern über den Vorfall gesprochen und selbst sein Vater, Bankkaufmann von Beruf, hätte angedeutet, dass dieser Lehrer, zumindest was die Konjunkturprognosen betrifft, wohl Recht hätte.

In diesem Moment setzt sich ihr Mitschüler Arne an den Tisch. Er grinst über das ganze Gesicht und deutet an, dass die Äußerungen ihres Lehrers von gestern alles nur hohles Gequatsche seien. Vor allem die Sache mit den besagten Konjunkturprognosen wäre nichts als heiße Luft. Da müsse man nur mal ein wenig im Internet stöbern und schon hätte man in der Beziehung Klarheit. Um seine Äußerung zu untermauern, legt Arne demonstrativ ein Papier mit folgendem Text auf den Tisch:

Das zarte Pflänzchen Konjunktur

von Mag. Oliver Pohl

Konjunkturprognosen haben die Trefferwahrscheinlichkeit von Wettervorhersagen. Das hat nicht nur mit den mathematischen Formeln zu tun, sondern auch viel mit der Wirtschaftstheorie, die zugrunde gelegt wird. [...]

Kaum ein Wort beflügelt die Fantasie von Wirtschaftstreibenden und Politikern mehr als „Konjunktur". Gebannt starren sie auf die prognostizierten Vorzeichen des Auf- und Abschwungs der Welle der wirtschaftlichen Entwicklung. Die Stimmung hellt sich auf, wenn es nach oben geht, oder verfinstert sich, wenn die Gegenrichtung eingeschlagen wird. Es ist ein permanentes Auf und Ab der Gefühle, die in der Ökonomie über Investitionen, Stellenabbau oder Aufbruch in neue Märkte entscheiden.

Kläglich daneben

Dabei ist die Sache längst nicht so klar, wie es den Anschein hat, nur weil alle Welt davon redet. Unbestritten ist, dass es Zyklen gibt. Aber wie lange dauern sie? Und wann ist welche Stufe erreicht? Den ersten Rückschlag, und der saß, erlebte die damals noch junge Konjunkturforschung in den USA, als der Börsencrash und die Weltwirtschaftskrise von 1929 nicht vorausgesagt werden konnte. Die Ökonomen Arthur F. Burns und Wesley Clair Mitchell, die Urväter der amerikanischen Konjunkturforschung, hatten in den 1920er Jahren den Harvard-Indikator geschaffen, aber kläglich versagt. Daraufhin wurde es über mehrere Jahre ziemlich ruhig um die Vorhersage der wirtschaftlichen Entwicklung.

Schließlich hatte die Welt auch andere Sorgen, nachdem die Menschen im und nach dem Zweiten Weltkrieg um das nackte Überleben kämpften. Als in den 1950er-Jahren sich die Lage langsam wieder zu entspannen begann, kehrte auch das Interesse zurück, sich wieder mit den Wellen der Wirtschaft zu beschäftigen. Konjunkturforschungsinstitute wurden gegründet, die, staatlich finanziert, den Blick in die Glaskugel der Zukunft der Volkswirtschaften werfen. Dabei bedient man sich aus dem Vergleich von Daten aus der Vergangenheit über die Zinsentwicklung und daraus resultierenden Investitionen bzw. dem Zusammenhang von Steuern und dem privaten Konsum. Daraus werden Konjunkturindikatoren abgeleitet.

In der Zusammenführung mit den mathematischen Formeln, die auf die volkswirtschaftliche Gesamtrechnung abstellen, ergibt sich daraus ein Wert, der im Periodenvergleich anzeigen soll, wohin die Reise geht. Das macht die Geschichte nicht unbedingt einfacher, weil oftmals noch Daten aus der staatlichen Statistik bei der Erstellung schlicht fehlen und deshalb geschätzt werden, aber das Gesamtbild wesentlich beeinflussen können. Dazu kommen dann noch zusätzlich eingefügte Faktoren zum Tragen, die die erwarteten Auswirkungen von politischen Entscheidungen in die mathematische Berechnung mit einfließen lassen sollen. Am Ende steht das erwartete Bruttoinlandsprodukt (BIP).

Und das ist meistens falsch, wie einschlägige Untersuchungen über die Treffersicherheit von Konjunkturprognosen feststellen. Seit die Branche sich im Wettlauf um die beste Prognose seit einigen Jahren auch noch bis auf die Kommastellen festlegen will, ist es überhaupt vorbei mit den Volltreffern. Dazu kommt, dass sich die Konjunkturforscher gegenseitig fest im Visier haben, weil keiner Gefahr laufen will, aus dem eingestimmten Gesamtkanon auszubrechen und sich damit dem Spott der Kollegen auszusetzen. Dafür haben nicht zuletzt auch die finanzierenden staatlichen Stellen gesorgt, die einmal im Jahr eine Gemeinschaftsprognose aller Institute fordern.

Magische Ecken

In das Reich der wirtschaftspolitischen Märchen gehört übrigens auch die These, dass die staatlichen Konjunkturforscher wegen der angenommenen Unabhängigkeit bessere Prognosen liefern als die private Konkurrenz von Banken, Versicherungen oder Verbänden. [...]

Quelle: www.wianet.at, Zugriff vom 16.11.2012.

Kompetenzorientierte Arbeitsaufträge:

1. Markieren Sie zunächst die Begriffe, deren Verständnis Ihnen Probleme bereitet. Recherchieren Sie – eventuell unter Zuhilfenahme des Internets – anschließend die Bedeutung dieser Begriffe!
2. Nennen Sie die in dem Artikel aufgeführten Konjunkturindikatoren!
3. Beurteilen Sie auf der Basis des vorangestellten Artikels die Konjunkturindikatoren hinsichtlich ihrer Diagnose- und Prognosefähigkeit!
4. Erläutern Sie, was konkret aus den Konjunkturindikatoren abgeleitet werden kann und welchen Stellenwert sie für Unternehmen wie für die Politik haben!
5. **Projekt mit regionalem Bezug:**

   Durch die örtlichen Industrie- und Handelskammern sowie lokalen Verbände werden regionale Konjunkturdaten und Konjunkturerwartungen ermittelt und veröffentlicht. Recherchieren Sie zunächst, welche Institutionen in Ihrer Region derartige Konjunkturdaten erheben und veröffentlichen. Informieren Sie sich anschließend bei diesen Stellen über die aktuellsten Datensätze und stellen Sie diese für eine Präsentation vor Ihrer Klasse zusammen!

   Entwickeln Sie anschließend auf der Basis dieser Daten gemeinschaftlich qualifizierte Empfehlungen zu Investitionsentscheidungen örtlich ansässiger Unternehmen sowie für wirtschaftspolitische Maßnahmen in Ihrer Region!

1 Konjunkturindikatoren zur Prognose der wirtschaftlichen Entwicklung

Das wirtschaftliche Auf und Ab lässt sich mithilfe unterschiedlicher Größen messen. Bestimmte wirtschaftliche Erscheinungen lassen sogar Rückschlüsse auf die künftige Entwicklung zu, dienen also der Konjunkturprognose.[1]

Konjunkturindikatoren[2] sind Daten, die den Konjunkturverlauf messen und/oder Voraussagen (Prognosen) für künftige Entwicklungen zulassen.

1.1 Realwirtschaftliche Konjunkturindikatoren

Realwirtschaftliche Konjunkturindikatoren beziehen sich vor allem auf die Entwicklung der volkswirtschaftlichen Gesamtnachfrage (Inlandsnachfrage nach Konsum- und Investitionsgütern, Exportgüternachfrage) sowie auf den Arbeitsmarkt:

Entwicklung der Arbeitslosenzahlen und offenen Stellen	**Steigende Arbeitslosenzahlen** und **sinkende offene Stellen** zeigen an, dass die Wirtschaft unterbeschäftigt ist. Die Unternehmen werden sich bei den **Investitionen zurückhalten,** weil sie eine stagnierende oder gar zurückgehende Konsumgüternachfrage erwarten. Die umgekehrte Reaktion tritt ein, wenn die Bundesagentur für Arbeit eine steigende Zahl offener Stellen meldet und wenn die Arbeitslosenzahlen zurückgehen.
Entwicklung der Konsumgüternachfrage	Steigt der private Konsum, ist eine positive Entwicklung des wirtschaftlichen Geschehens zu erwarten. Ist die Wirtschaft vollbeschäftigt, werden Preissteigerungen eintreten. Stagnierende oder sinkende Einzelhandelsumsätze bewirken das Gegenteil.
Entwicklung der Investitionsgüternachfrage	Steigt die Investitionsgüternachfrage, kann eine Erhöhung der Beschäftigung erwartet werden. Bei Vollbeschäftigung können steigende Preise und steigende Löhne vorausgesagt werden. Sinkende Investitionsgüternachfrage lässt den gegenteiligen Schluss zu.
Entwicklung des Außenhandels	Nimmt der Export schneller als der Import zu, ist auf eine Belebung der Konjunktur zu schließen. Eine vollbeschäftigte Wirtschaft muss mit Preissteigerungen rechnen. Steigen die Importe indessen schneller als die Exporte, ist der gegenteilige Effekt wahrscheinlich.
Kapazitätsauslastung und Auftragsbestände	Steigende Auftragsbestände kündigen einen Konjunkturaufschwung an. Die Auslastung der Kapazität folgt der Entwicklung der Auftragsbestände.
Entwicklung der Staatsausgaben und -einnahmen	Aus dem Staatshaushaltsplan kann entnommen werden, in welchem Verhältnis die Staatsausgaben zu den Staatseinnahmen stehen werden. Strebt der Staat große zusätzliche Konsum- oder Investitionsvorhaben an, ohne die Steuern zu erhöhen, ist eine Belebung der Wirtschaftstätigkeit wahrscheinlich. Voraussichtliche Steuererhöhungen indessen können die Investitionstätigkeit der Unternehmen vermindern.

1 **Prognose**: Voraussage, Vorausschau.

2 **Indikator**: Anzeiger.

Entwicklung der Lagerbestände	Steigen die Lagerbestände der Unternehmen über das saisonal übliche Maß, so liegt offenbar Überproduktion vor. Es kann der Schluss gezogen werden, dass die Unternehmen ihre Produktion drosseln werden, was einen Konjunkturabschwung bewirken kann. Nehmen die Lagerbestände ab, ist das Gegenteil der Fall.
Vertrauensindikatoren	Für die Beurteilung zukünftiger Entwicklungen spielen die Erwartungen der Unternehmen und der Verbraucher eine große Rolle. Nimmt das Vertrauen in eine (positive) wirtschaftliche Entwicklung zu, ist mit einer steigenden Konsum- und Investitionsgüternachfrage zu rechnen.

1.2 Finanzwirtschaftliche Konjunkturindikatoren

Geldpolitik	Als Konjunkturindikator zählt auch die (vermutete) künftige Geldpolitik einer Zentralbank. Aufgrund von Zinssenkungen kann die Konjunktur belebt, aufgrund von Zinserhöhungen ein „Überschäumen" der Konjunktur verhindert werden.
Wechselkurse	Steigende Wechselkurse (Mengennotierung) verteuern die Binnenwährung. Der Export in Fremdwährungsländer wird gebremst, die Konjunktur wird negativ beeinflusst. Sinken die Wechselkurse, wird die Binnenwährung für die Devisenausländer billiger. Es ist zu erwarten, dass die Exporte steigen und die Konjunktur angekurbelt wird.

1.3 Früh-, Präsenz- und Spätindikatoren

Die Indikatoren lassen sich auch hinsichtlich der zeitlichen Erkennbarkeit der jeweiligen Konjunkturphase unterscheiden.

Indikatoren	Erläuterungen	Beispiele
Frühindikatoren	Sie sollen anzeigen, wie sich die Konjunktur in den **kommenden Monaten** entwickeln wird.	■ Entwicklung der Aktienmärkte, ■ Auftragseingänge der verarbeitenden Industrie, ■ Baugenehmigungen im Hochbau, ■ Investitionsabsichten, ■ Geschäftsklimaindex, ■ Konsumklimaindex
Präsenzindikatoren	Sie beschreiben den **augenblicklichen** Stand der Konjunktur.	■ Kapazitätsauslastung, ■ Aktuelle Konsumdaten, ■ Lagerbestände
Spätindikatoren	Sie hinken dem eigentlichen Konjunkturverlauf **hinterher**.	■ Steuereinnahmen des Staates, ■ Insolvenzen, ■ Arbeitslosenquote, ■ Preisindizes, ■ Zinsniveauentwicklung

Beispiel:

Diese Indikatoren lassen sich gut mit einer **Achterbahn** vergleichen, die mit **drei Waggons** über die **Konjunkturwellen** gleitet. Während sich beispielsweise in dem vorderen Waggon, in dem die Frühindikatoren sitzen, schon die Stimmen laut erheben und die Aufregung spürbar steigt, weil man den Abgrund vor sich sieht, ist es in dem zweiten Waggon noch relativ ruhig. Schließlich sitzen da die Präsenzindikatoren und verfallen keineswegs in Panik, da sie noch in der leichten Steigung des Booms unterwegs sind. Im dritten Waggon hingegen befindet man sich noch im Anstieg und die Spätindikatoren feiern nach wie vor ganz entspannt die Euphorie des Aufschwungs.

1.4 Beurteilung der Indikatoren hinsichtlich ihrer Diagnose- und Prognosefähigkeit

Heftige **Konjunkturausschläge** sind wegen ihrer negativen Auswirkungen gesellschaftlich und wirtschaftlich **unerwünscht.** Daher erwarten die privaten Haushalte und Unternehmen von den Regierungen, dass sie dazu beitragen, die Konjunkturschwankungen so gering wie möglich zu halten, d. h. ein möglichst störungsfreies Wachstum einer Volkswirtschaft anzustreben. Dabei wird unter „Wirtschaftswachstum" eine **fortlaufende** (kontinuierliche) Zunahme des Bruttoinlandsprodukts verstanden. Um dieses volkswirtschaftliche Gleichgewicht zu erreichen, bedarf es nicht nur der Analyse des jeweiligen Zustands der Volkswirtschaft, sondern auch der **Voraussagen** über mögliche Entwicklungen, also der Konjunkturprognose.

Nur wenn die Informationen über die **mutmaßliche Konjunkturentwicklung** vorliegen, können die Regierungen ihre **konjunkturpolitischen Entscheidungen** – vorausgesetzt, die Prognosen stimmen – rechtzeitig treffen.

Es muss aber an dieser Stelle auf die **Problematik** derartiger Voraussagen hingewiesen werden. Denn wenn, wie häufig angenommen wird, die Konjunktur einen streng zyklischen Verlauf hat, braucht man keine Konjunkturvoraussagen. Andererseits ist klar, dass Vorhersagen die Wirtschaftssubjekte veranlassen, ihre Dispositionen zu ändern. Die Folge ist, dass der vorhergesagte Verlauf nicht eintreten kann, eben weil sich die Grundlagen der Vorhersage geändert haben.

In bestimmten Situationen kann eine Prognose auch dazu führen, dass die vorausgesagte Entwicklung durch die Prognose selbst verstärkt wird (eine sogenannte **Selffulfilling Prophecy**[1]).

1 **Selffulfilling Prophecy** (engl.): eine sich selbst erfüllende Prophezeiung, d. h., die Vorhersage selbst führt dazu, dass der vorausgesagte Sachverhalt eintritt.

Beispiel:

Prophezeit ein Institut steigende Preise, wird die Inflation geradezu herbeigeredet, weil die Wirtschaftssubjekte veranlasst werden, jetzt zu relativ niedrigen Preisen mehr nachzufragen, wodurch die Preise erst zu steigen beginnen.

Pessimistische Voraussagen können sich deshalb bewahrheiten, weil durch die Voraussage der allgemeine Pessimismus erst hervorgerufen wird.

Beispiel:

Sagt ein Institut zunehmende Arbeitslosigkeit voraus, werden die Arbeitnehmer mehr sparen, um sich einen Notgroschen zurückzulegen: Die Konsumgüternachfrage stagniert oder geht zurück. Die Unternehmen investieren nur zögernd – ein Verhalten, das als „Attentismus"[1] bezeichnet wird –, weil sie ihre Absatzmöglichkeiten pessimistisch beurteilen.

Kompetenztraining

13 Textauszug:

Aktienkurse und Konjunktur

Während eines Börsenbooms, wenn die Aktienpreise durch das starke Vertrauen der Investoren hoch getrieben werden, hilft die Börse mit, einen wirtschaftlichen **Boom** zu erzeugen. Verbraucher, die Aktien besitzen, fühlen sich reicher und kaufen mehr. Auch nehmen sie Kredite auf, um neue Wohnungen, Autos, und andere teure Güter zu kaufen.

Zudem ist es für Unternehmen einfach, Anleihen aufzunehmen oder neue Aktien auszugeben. Sie lösen damit einen Investitionsboom in der Wirtschaft aus. Die Banken gewähren Haushalten und Unternehmen zu günstigen Bedingungen Kredite, wenn sie hoch bewertete Aktien besitzen. Sie halten den Wertpapier-Reichtum für ausreichende Sicherheiten. Und ausländische Investoren bringen Geld ins Land, um sich ihren Anteil am Geschehen zu sichern.

Wenn ein Börsenboom zu Ende geht und die Preise einbrechen, kehren sich diese Verhaltensmuster um. Konsum und Investitionen sinken, ausländische Investoren ziehen sich zurück. Bankdarlehen werden knapper. Diese Faktoren bremsen die Wirtschaft ab.

Allerdings kann eine wirtschaftliche Beruhigung auch zu einer **Rezession** oder gar **Depression** werden: Zum einen kann der Einbruch der Aktienpreise [...] zu einer Bankenkrise führen. Zum anderen können Banken merken, dass sie während eines Börsensturzes ihre Forderungen nicht realisieren können. Sie dürften dann vor Zahlungsschwierigkeiten stehen und daher neue Kredite stark einschränken. In extremen Fällen bangen die Kontoinhaber um ihre Einlagen und ziehen ihr Geld ab. Dadurch wird eine Bankenkrise verschärft. Auch ausländische Investoren können sich zurückziehen. Das Land kann in eine Zahlungsbilanzkrise geraten, in der es ausländische Schulden nicht bedienen kann. Handel und Produktion werden unterbrochen. [...]

Quelle: Sachs, J.: Der Einbruch an den Börsen führt zu keiner Depression, in: Die Welt vom 1. August 2002.

Aufgaben:

1. Erklären Sie die hervorgehobenen Begriffe!
2. Überlegen Sie, welchen Einfluss die Aktienkurse auf die Konjunktur haben können!
3. Überlegen Sie, welchen Einfluss die Konjunkturentwicklung auf die Aktienkurse haben kann!
4. Überlegen Sie sich mögliche Zusammenhänge zwischen einer von Ihnen genannten Rezessionsursache und den Folgen, die die Rezession weiter verstärken!

1 **Attentismus:** abwartende Haltung (franz. attendre = warten, abwarten).

5. Nennen Sie Beispiele für „konjunkturelle Rahmenbedingungen"!
6. Begründen Sie, warum die Kfz-Zulassungszahlen ein Indikator für Konjunkturbewegungen sein können!
7. Nennen Sie mindestens vier wichtige Konjunkturindikatoren! Welche Rückschlüsse lassen sich aus den von Ihnen genannten Indikatoren ziehen? Begründen Sie Ihre Antworten!
8. Betrachten Sie zunächst die folgende Abbildung:

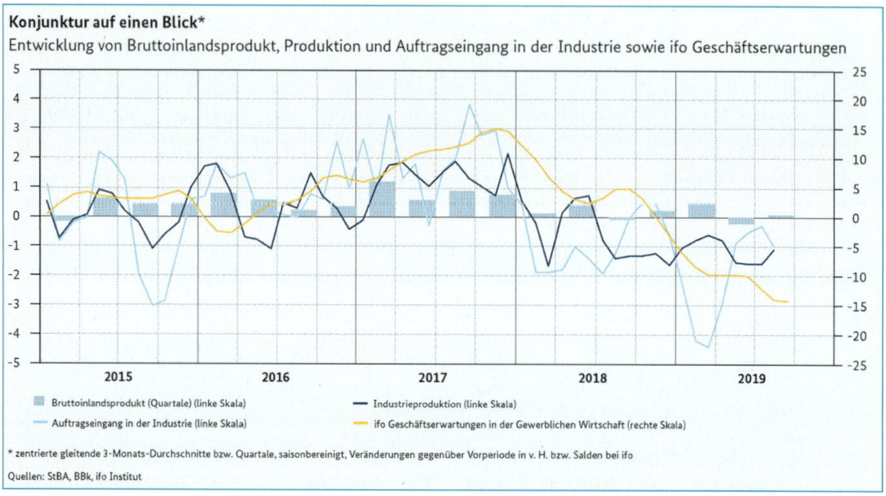

Quelle: Bundesministerium für Wirtschaft und Energie, Schlaglichter der Wirtschaft, Monatsbericht Dezember 2019.

8.1 Bestimmen Sie, ob es sich hierbei um real- oder finanzpolitische Konjunkturindikatoren handelt!

8.2 Entscheiden Sie, ob es sich bei den dargestellten Konjunkturindikatoren um Frühindikatoren, Präsenzindikatoren oder um Spätindikatoren handelt!

9. In den folgenden Teilaufgaben sind mithilfe wichtiger Konjunkturindikatoren bestimmte konjunkturelle Situationen beschrieben. Ordnen Sie diese Situationen den entsprechenden Konjunkturphasen zu!

9.1 „Der Preisindex für die Lebenshaltung ist im vergangenen Halbjahr gesunken. Das reale Bruttoinlandsprodukt nahm um 0,5 % ab. Zugleich stieg die Arbeitslosenquote von 9,5 auf 9,8 % an. Die Kreditinstitute waren flüssig, das Zinsniveau war demzufolge niedriger als zuletzt. [...]"

9.2 „Aufgrund zunehmender Exportüberschüsse stieg im vergangenen Halbjahr das reale Bruttoinlandsprodukt um 2 %, während sich die Zahl der Arbeitslosen kaum veränderte. Die Löhne und Gehälter steigen leicht an. Die Preissteigerungsraten hielten sich in Grenzen (+ 1,8 %). Die Zinsen sind nach wie vor vergleichsweise niedrig. [...]"

9.3 „Die Europäische Zentralbank erhöhte den Leitzinssatz von 3 auf 3,5 %. Die Inflationsrate hat die 3 %-Grenze überschritten. Das Arbeitnehmerentgelt nahm brutto um 8 %, die Gewinne um 5 % zu. Die Zinssätze für Kredite sind deutlich gestiegen. [...]"

Lernsituation D2
Wirtschaftspolitische Instrumente zur Steuerung der Konjunktur

Die 17-jährige Schülerin Lea hat nach einer Geburtstagsparty am Sonntagmorgen mal wieder länger geschlafen. Trotz einer gewissen Restmüdigkeit steht sie pünktlich zum Mittagessen auf, da es in ihrer Familie seit vielen Jahren üblich ist, zumindest an einem Sonntag gemeinsam zu Mittag zu essen. Als sie gut gelaunt und relativ ausgeschlafen das Esszimmer betritt, spürt sie sofort die leicht angespannte Stimmung zwischen ihren Eltern und ihrem Bruder. Anlass der wohl eher schlechten Laune der restlichen Familie ist ihr Bruder Dennis, der sich mal wieder ziemlich aufregt.

Dennis steckt gerade mitten in der Prüfungsvorbereitung zum Mechatroniker, hat aber vor zwei Wochen von seinem Ausbildungsbetrieb erfahren, dass er nach der Ausbildung nicht übernommen wird. Seither stellt er sich unentwegt die Frage, was die ganze Prüfungsvorbereitung überhaupt für einen Sinn hat, wenn er anschließend sowieso arbeitslos ist. Leas Mutter spricht Dennis seit dieser schlechten Nachricht vor zwei Wochen immer wieder Mut zu, indem sie versucht, ihn positiv zu stimmen und ihn ermuntert, nicht so negativ in die Zukunft zu blicken. Auch der Vater macht ihm immer wieder klar, dass er sich nun erst einmal auf die Prüfung konzentrieren soll. Danach könne er sich dann in aller Ruhe bei umliegenden Autohäusern als Mechatroniker bewerben. Er ist der Ansicht, dass eine gute Prüfung auch in wirtschaftlich schwierigen Zeiten eine sichere Eintrittskarte für das zukünftige Berufsleben ist. Dennis hingegen sieht das natürlich alles ganz anders. Sein Ausbilder habe ihm klar zu verstehen gegeben, dass es allen Autohäusern in Deutschland zurzeit eher schlecht ginge und immer mehr Betriebe sogar ganz schließen müssten. Die Absatzzahlen für Neufahrzeuge seien seit Monaten – unabhängig von der Automarke – im Sinkflug, da sich die Haushalte in Deutschland wegen der rückläufigen Konjunktur beim Kauf von Neufahrzeugen sehr zurückhielten.

Um die Stimmung an diesem Sonntagmittag zu verbessern, versucht nun auch Lea ihrem Bruder gut zuzureden. Sie erinnert Dennis an Oma, die bei größeren Problemen in der Familie immer sagte, dass nach jedem Tal auch wieder ein Berg komme. Lea fügt an, dass Oma zwar nicht ausdrücklich von der Konjunktur gesprochen habe, aber im übertragenen Sinne sei sie fest davon überzeugt, dass es mit der Wirtschaft sicher bald wieder bergauf gehen werde und es bis zum Ausbildungsende in vier Monaten für Dennis wieder besser aussieht. Außerdem solle er doch nur mal an eine ähnliche Situation vor ein paar Jahren denken, als der Staat der Autoindustrie mit der Zahlung einer Abwrackprämie in Höhe von 2 500,00 € schon einmal massiv geholfen hätte.

Leider hat Lea mit dieser Äußerung genau das Gegenteil bei ihrem Bruder bewirkt. Dennis explodiert förmlich. Er wirft Lea vor, dass sie

sich seit dem Besuch der Fachoberschule für Wirtschaft und Verwaltung wohl für besonders klug hält. Vor allem regt er sich darüber auf, dass sie gut reden hätte. Schließlich würde der Staat Milliarden ausgeben, um marode Banken und Sparkassen vor dem finanziellen Kollaps zu retten. Und das Beste daran: Hauptsache seine kluge Schwester bekäme im Anschluss an den Besuch des Berufskollegs den gewünschten Ausbildungsplatz bei einer Bank. Und danach müsse sie sich wohl bis an ihr Lebensende keine Sorgen mehr um ihren Job machen, da der Staat ja, was Bankenrettung anbelangt, wohl eine Art unbegrenzten Freifahrtschein ausgestellt hätte. Da sei dann wohl leider kein Cent mehr für irgendwelche Autohäuser übrig.

Kompetenzorientierte Arbeitsaufträge:

1. Entwickeln Sie auf der Grundlage der Lernsituation drei mögliche Maßnahmen des Staates, die zur Belebung der Nachfrage nach Neuwagen beitragen könnten!
2. Wie in der Lernsituation dargelegt, hat der deutsche Staat die Automobilindustrie vor einigen Jahren schon einmal durch Zahlung einer Abwrackprämie unterstützt. Erläutern Sie, welchen Beweggrund der Staat seinerzeit gehabt haben könnte, in konjunkturell schwierigen Zeiten ausgerechnet die Automobilindustrie hierzulande zu fördern!
3. In der Lernsituation wird darauf hingewiesen, dass der Staat in der jüngeren Vergangenheit Banken durch entsprechende Finanzspritzen gerettet hat. Erläutern Sie mögliche Ursachen, die den Staat dazu bewegt haben könnten, ausgerechnet diese Branche in Krisenzeiten zu stützen!
4. Erläutern Sie anhand eines selbst gewählten Beispiels, was man unter Konjunkturpolitik versteht! Gehen Sie dabei auch auf den Begriff „Konjunkturpaket" ein!
5. Angenommen, der Staat würde die Automobilindustrie mit einem wirtschaftspolitischen Maßnahmenbündel stützen! Beurteilen Sie, welche positiven Wirkungen mit solchen Maßnahmen verbunden sein könnten! Gehen Sie dabei insbesondere auf Aspekte wie Beschäftigung, Sozialversicherung und Bundeshaushalt ein!
6. **Projektvorschlag:**

   Analysieren Sie die aktuelle wirtschaftliche Situation Deutschlands und stellen Sie die wichtigsten Eckdaten für eine Präsentation zusammen!

   Entwickeln Sie anschließend gemeinsam ein Maßnahmenbündel staatlicher Wirtschaftspolitik für die aktuelle Konjunkturphase!

2 Antizyklische Fiskalpolitik als nachfrage- und angebotsorientierte Wirtschaftspolitik

2.1 Grundlagen der antizyklischen Fiskalpolitik (Finanzpolitik)

Quelle: www.steuerzahler.de vom 01.07.2020.

Anfang des Jahres 2020 zeigte die **„Schuldenuhr"** des Bundes mehr als 2 Billionen Euro an – je Einwohner mehr als 24500,00 €. Die Schulden müssen zurückgezahlt werden, und bis dahin fallen Jahr für Jahr Milliarden Euro Zinsen an. Dieses Geld fehlt an anderer Stelle des Bundeshaushalts, beispielsweise für Bildung und Investitionen. Die Arbeitnehmer tragen über ihre Steuern die Hauptlast der Zinsen und einer eventuellen Tilgung. Und weil die heute Erwachsenen den Schuldenberg aller Voraussicht nach nicht abtragen werden, bleibt er als Hypothek für die nächste Generation.

Da das Haushaltsgebaren des Staates erheblichen Einfluss auf die Gesamtwirtschaft ausübt, liegt es nahe, dass der Staat seine Einnahmen- und Ausgabenpolitik (Finanzpolitik) bewusst in den Dienst der Wirtschaftspolitik stellt. Die staatliche Konjunkturpolitik mithilfe der Einnahmen- und Ausgabenpolitik wird auch als **Fiskalpolitik**[1] bezeichnet.

---

1 Unter **„Fiskus"** versteht man heute den Staat schlechthin, insoweit er es mit den Staatseinnahmen (vor allem Steuern), den Staatsausgaben oder dem Staatsvermögen zu tun hat („Einheit von Fiskus und Staat"). Das Wort „Fiskus" kommt aus dem Lateinischen und bedeutet Korb, Geldkorb, Kasse. Fiskalpolitik ist somit Wirtschaftspolitik mit Geldmitteln aus der „Staatskasse".

Die **Konjunkturpolitik** hat die Aufgabe, die Konjunkturausschläge so gering wie möglich zu halten, d.h. für ein **stetiges und angemessenes Wirtschaftswachstum** bei gleichzeitiger **Stabilität des Preisniveaus, hohem Beschäftigungsgrad** und **außenwirtschaftlichem Gleichgewicht** zu sorgen [§ 1 StabG].

(1) Einnahmen- und Ausgabenpolitik

■ Erhöhung oder Senkung der Staatseinnahmen (Staatsnachfrage)

Die Staatsausgaben zur direkten Beeinflussung der Nachfrage sind so zu verändern, dass sie dem **Konjunkturverlauf entgegengerichtet** sind. Welche Maßnahmen in Abhängigkeit der konjunkturellen Lage zu ergreifen sind, zeigt die nachfolgende Übersicht:

	Private Nachfrage	Staatliche Nachfrage
Konjunktureller Aufschwung	↗ nimmt zu	**Kürzung von Staatsausgaben** (z.B. Einstellungs- und Beförderungsstopp im öffentlichen Dienst, Verringerung der Staatsausgaben für öffentliche Investitionen). Die nachfragewirksame Geldmenge wird geringer, der Preisauftrieb wird gedämpft. nimmt ab ↘ Der Staat erwartet, dass aufgrund dieser Maßnahme die **Nachfrage nach Konsum- und Investitionsgütern sinkt.**
Konjunktureller Abschwung	nimmt ab ↘	**Ausweitung von Staatsausgaben.** Die nachgefragte Geldmenge wird höher, der Preisauftrieb verstärkt sich. ↗ nimmt zu Der Staat erwartet, dass aufgrund dieser Maßnahmen die **Nachfrage nach Konsum- und Investitionsgütern steigt** und so die Arbeitslosigkeit abgebaut wird. **Beispiele:** ■ Auflegen eines öffentlichen Ausgabenprogramms. Fragt der Staat z.B. mehr Bauleistungen nach, erhöht sich die Beschäftigung in der Bauindustrie. Diese wiederum kann mehr Baumaterialien, mehr Maschinen, mehr Kraftfahrzeuge und mehr Arbeitskräfte nachfragen (Multiplikatorwirkung zusätzlicher Staatsausgaben). ■ Einführung einer Abwrackprämie z.B. für Autos; Subventionen an die Landwirtschaft. ■ Senkung der Einkommensteuer zur Erhöhung der Konsumausgaben. ■ Gewährung von Zuschüssen für die energetische Sanierung von Immobilien. ■ Zahlung von Prämien für die Anschaffung eines Elektroautos.

Erhöhung oder Senkung der Einkommensteuer

Bei der Veränderung der Steuern zur Beeinflussung des privaten Konsums und der privaten Investitionen stehen dem Staat grundsätzlich zwei Möglichkeiten zur Verfügung: Erhöhung der Einkommensteuer oder Senkung der Einkommensteuer.

	Private Nachfrage	Änderung der Steuern durch den Staat
Konjunktureller Aufschwung	nimmt zu	**Erhöhung der Einkommen- und Körperschaftsteuer**[1] **Ziel: Drosselung** des privaten Konsums und der privaten Investitionen. Die nachfragewirksame Geldmenge wird geringer, der Preisauftrieb wird gedämpft.
Konjunktureller Abschwung	nimmt ab	**Senkung der Einkommen- und Körperschaftsteuer** **Ziel: Belebung** des privaten Konsums und der privaten Investitionen. Die nachfragewirksame Geldmenge wird höher, der Preisauftrieb verstärkt sich.

Inwiefern die vorgestellten Maßnahmen tatsächlich zur Drosselung bzw. Belebung des privaten Konsums und der privaten Investitionen führen, ist von vielen Faktoren abhängig. So ist durchaus vorstellbar, dass die durch **Steuersenkungen** geschaffene Ausweitung des verfügbaren Einkommens zu großen Teilen **nicht** für **Konsumzwecke** verwendet, sondern angespart wird.

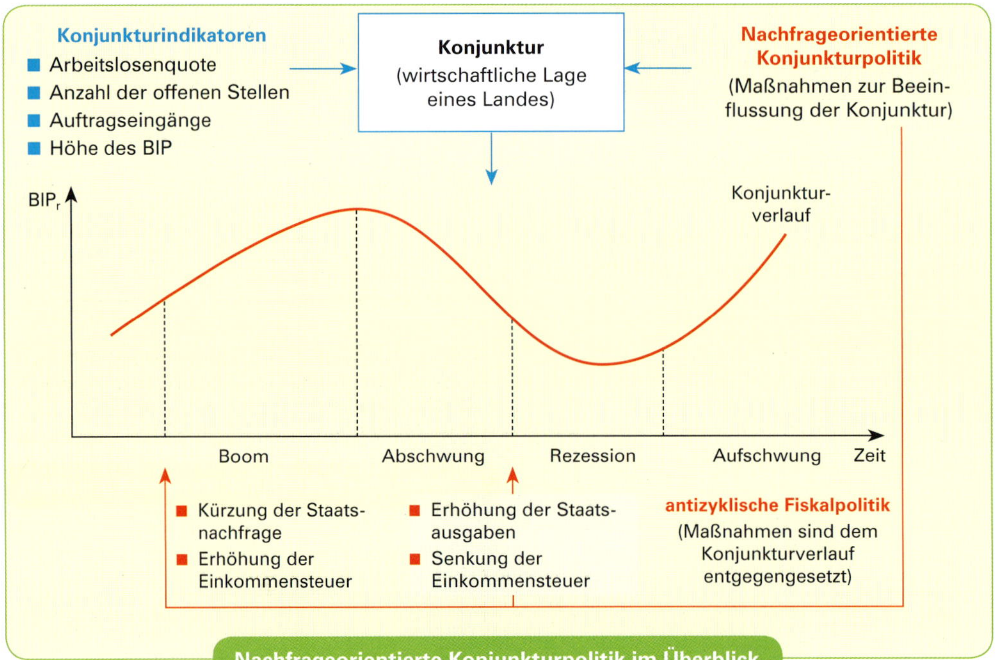

Nachfrageorientierte Konjunkturpolitik im Überblick

1 Die **Körperschaftsteuer** ist die Einkommensteuer der Kapitalgesellschaften (z. B. der GmbH).

(2) Grenzen der antizyklischen Fiskalpolitik

Eine wirkungsvolle staatliche Konjunkturpolitik setzt auch die Bewältigung einer Reihe von **Abstimmungsproblemen** voraus.

Beispiele für Abstimmungsprobleme:

- Bund, Länder und – wenn möglich – die Gemeinden müssen „am gleichen Strang" ziehen, d. h. die der jeweiligen konjunkturellen Situation entsprechenden Maßnahmen ergreifen.
- **Zeitliche** Abstimmungsprobleme müssen gelöst werden: Konjunkturförderungs- bzw. -dämpfungsmaßnahmen dürfen nicht zu spät erfolgen. Häufig ist es in der Praxis jedoch so, dass von der Beschlussfassung bis zur Verwirklichung geraume Zeit verstreicht, sodass konjunkturfördernde Maßnahmen erst dann wirksam werden, wenn man sie eigentlich nicht mehr bräuchte oder konjunkturdämpfende Maßnahmen erst dann greifen, wenn sich die Konjunktur bereits im Abschwung befindet.

Die Möglichkeiten der staatlichen Konjunkturförderung sind von der **Ausgabenseite** her **begrenzt.** Werden in Zeiten der Hochkonjunktur bestehende Schulden nicht ausreichend abgebaut, nehmen die Staatsschulden von Konjunkturrückgang zu Konjunkturrückgang zu. Die staatliche Konjunkturpolitik besteht dann nur noch aus einem immer umfangreicher werdenden **Deficit-Spending**. Der **wachsende Schuldendienst** (Zins- und Tilgungszahlungen) verkleinert dann zunehmend die finanzielle Manövriermasse,[1] die zur Konjunkturförderung eingesetzt werden könnte.

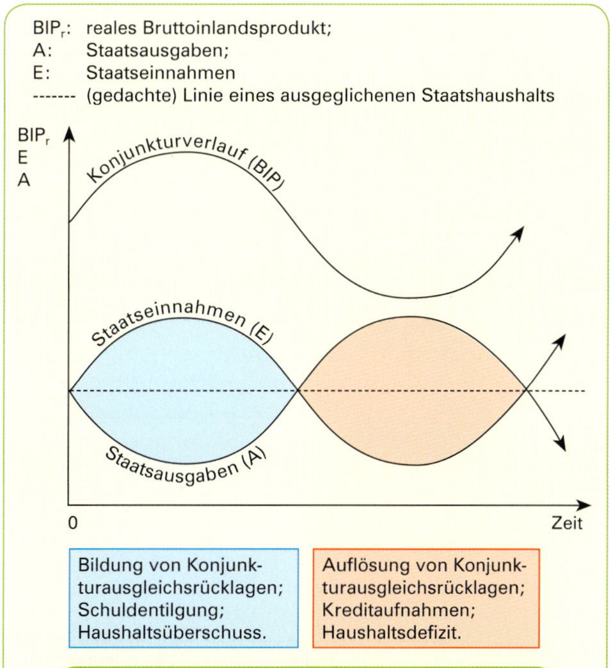

Antizyklische Fiskalpolitik im Modell (Idealfall)

1 **Manövrieren** (frz.): geschickt zu Werke gehen; finanzielle Manövriermasse sind Geldmittel, die der Staat frei je nach Bedarf einsetzen kann.

2.2 Nachfrageorientierte Wirtschaftspolitik (Fiskalismus)

(1) Wesen des Fiskalismus

Die zuvor dargestellte „antizyklische Finanzpolitik" ist die konsequente Anwendung des von JOHN MAYNARD KEYNES[1] verbreiteten Gedankenguts. Nach KEYNES und seinen Anhängern ist die **Einnahmen- und Ausgabenpolitik** der Regierung (d. h. die Politik des Fiskus = Fiskalpolitik) das **Hauptmittel,** mit dem man erfolgreich lenkend in den Konjunkturverlauf eingreifen kann **(Fiskalismus).**

- Durch die **Steigerung der Staatsausgaben** und/oder durch **Steuersenkungen** ist der Staat in der Lage, die Wirtschaft aus einem konjunkturellen Tal herauszuführen und die **Arbeitslosigkeit** zu **bekämpfen.**
- Auf der anderen Seite sehen die Fiskalisten in einer **Verringerung der Staatsausgaben** und/oder in **Steuererhöhungen** Möglichkeiten, **inflationäre Tendenzen** zurückzudrängen.

Da sich die so angewandte Fiskalpolitik hauptsächlich auf die gesamtwirtschaftliche Nachfrage auswirkt, spricht man auch von einer **nachfrageorientierten Wirtschaftspolitik.**

Die (erhofften) **Wirkungen der nachfrageorientierten Wirtschaftspolitik** lassen sich wie folgt darstellen:

1. Es wird unterstellt, dass sich das gesamtwirtschaftliche **Güterangebot normal verhält:** Mit steigendem Preisniveau werden mehr Güter, mit sinkendem Preisniveau weniger Güter angeboten. In diesem Fall wirkt die Zunahme der gesamtwirtschaftlichen Güternachfrage **beschäftigungssteigernd,** aber auch **inflationär.** Das gesamtwirtschaftliche Güterangebot setzt sich aus der Produktion von Konsum-, Investitions- und Exportgütern zusammen. Volkswirtschaftliches Gleichgewicht herrscht, wenn die gesamtwirtschaftliche Nachfrage dem gesamtwirtschaftlichen Angebot entspricht.

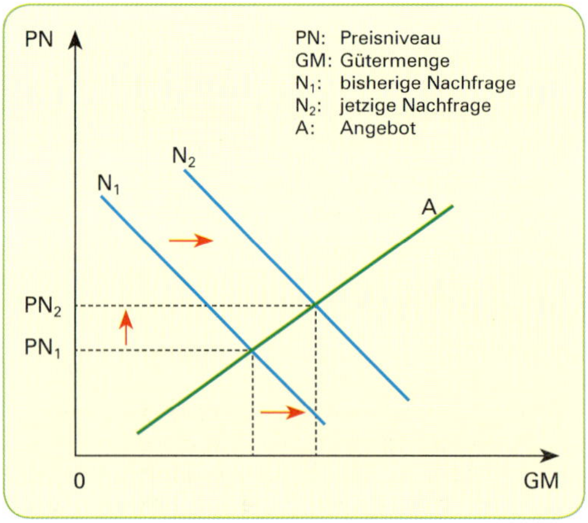

1 John Maynard Keynes, britischer Volkswirtschaftler (1883–1946), legte in seinem Hauptwerk „Die allgemeine Theorie der Beschäftigung, des Zinses und des Geldes" die Grundlagen der Fiskalpolitik.

2. Es wird unterstellt, dass sich das gesamtwirtschaftliche Güterangebot (z.B. aufgrund des Gesetzes der Massenproduktion)[1] **anomal** verhält. In diesem Fall wirkt die Zunahme der gesamtwirtschaftlichen Güternachfrage **beschäftigungssteigernd** und **preisdämpfend,** falls sich das Angebot nicht verändert.

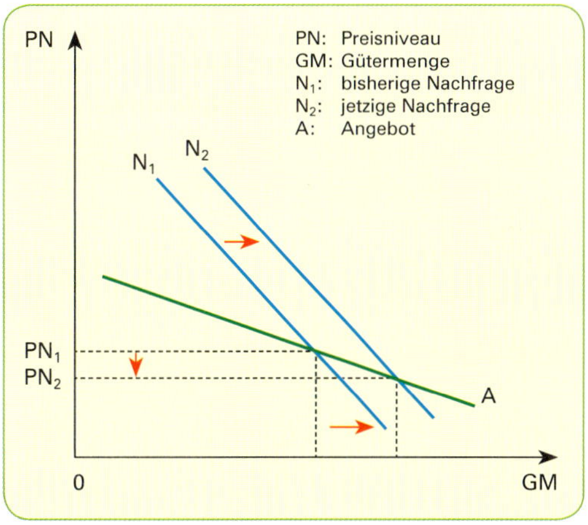

Die **Geldpolitik der Zentralbank** spielt in der fiskalistischen Theorie nur eine untergeordnete Rolle.

Sie soll lediglich die Wirtschaftspolitik des Staates unterstützen, indem sie durch eine entsprechende Gestaltung des Zinsniveaus (z.B. über die Offenmarktpolitik) die Kreditaufnahmebereitschaft der Wirtschaftssubjekte anregen (stimulieren) oder zurückdrängen soll. Zum anderen hat die Zentralbank die Aufgabe, die Überschussreserven und damit den Geldschöpfungsspielraum der Kreditinstitute zu beeinflussen (z.B. mithilfe der Mindestreservepolitik), um die Verwirklichung staatlicher Ziele zu erleichtern.

Die fiskalistische Theorie beeinflusste nach 1949 stark die wirtschaftspolitische Praxis der Bundesrepublik Deutschland. Auch die Inhalte des „Stabilitätsgesetzes" (Gesetz zur Förderung der Stabilität und des Wachstums [StabG] vom 8. Juni 1967) fußen weitgehend auf dem Gedankengut der Fiskalisten.

(2) Kritik am Fiskalismus

Am Fiskalismus wird aus mehreren Gründen Kritik geübt:

- Konjunktursteuerungsmaßnahmen der Regierungen erfolgen in aller Regel zu spät. Wird im **Aufschwung** gebremst, tritt die dämpfende Wirkung erst ein, wenn der Abschwung bereits im Gang ist. Die Konjunkturdämpfungsmaßnahmen verschärfen somit noch die Rezession. Wird im **Abschwung** die Konjunktur gefördert, treten die anregenden Wirkungen erst dann ein, wenn der Aufschwung bereits eingesetzt hat. Die Konjunkturförderungsmaßnahmen verstärken somit den Boom und die Inflation.
- Die **„Stop-and-go-Politik"** der Fiskalisten richtet auch deswegen mehr Schaden an, als sie Gutes bewirkt, weil die bei jedem Konjunkturzyklus erforderlichen Bremsmaßnahmen Unternehmen zum Aufgeben zwingen, also volkswirtschaftliche Kapazitäten und damit Arbeitsplätze vernichten.
- Für die Regierungen ist es leichter, die öffentlichen Ausgaben zu erhöhen, als sie einzuschränken. Die Folge ist, dass die im Abschwung entstandene **Staatsverschuldung** nicht mehr oder nicht in vollem Umfang abgebaut wird. Auf diese Weise steigt die Staatsverschuldung von Konjunkturzyklus zu Konjunkturzyklus. Die Staatshaushalte werden immer mehr durch stei-

1 Zum Gesetz der Massenproduktion siehe Lerngebiet B, Kapitel 2.

gende Tilgungs- und Zinsleistungen belastet, sodass der Spielraum der Regierungen für fiskalpolitische Maßnahmen immer enger wird.

- Die erforderlichen Kreditaufnahmen durch die verschuldeten öffentlichen Haushalte erhöhen die Gesamtkreditnachfrage und damit das **Zinsniveau.** Die Investitionsneigung der Unternehmen nimmt ab, die Arbeitslosigkeit nimmt zu.

2.3 Angebotsorientierte Wirtschaftspolitik (Monetarismus)[1]

(1) Wesen des Monetarismus

Die These der **Monetaristen** ist, dass die Arbeitslosigkeit durch den Staat (genauer: durch die Regierungen) selbst verschuldet wird. Der Staat muss sich deshalb bei Eingriffen in den Wirtschaftsablauf zurückhalten, für bessere wirtschaftliche Rahmenbedingungen sorgen und den Abbau der Arbeitslosigkeit den Selbstheilungskräften des Marktes überlassen.

Die **monetaristische Theorie** geht davon aus, dass eine **enge Beziehung** zwischen der Beschäftigung (der Entwicklung des realen Bruttoinlandsprodukts) einerseits und der Geldmenge andererseits besteht:

- **Steigt** die **Geldmenge,** wird über die zusätzlich finanzierte Nachfrage die Wirtschaft angekurbelt; das Bruttoinlandsprodukt steigt, die Arbeitslosigkeit nimmt längerfristig ab.
- Wird das **Geldmengenwachstum gestoppt,** kann die mögliche zusätzliche Nachfrage nicht finanziert werden; die Preissteigerungsraten werden geringer; die Güterproduktion stagniert oder geht zurück. Die Arbeitslosigkeit nimmt zu.

Aus diesen beiden Thesen folgt, dass eine **Verstetigung des Geldmengenwachstums** auch zu einer **Verstetigung des Wirtschaftswachstums** führen muss. Die führende Rolle in der Wirtschaftspolitik muss also die **Zentralbank** eines Landes bzw. eines Währungsgebiets haben.

Die Geldpolitik der Notenbank wird ergänzt durch eine **angebotsorientierte Wirtschaftspolitik** der Regierung: Um die Beschäftigung zu erhöhen, müssen die Kosten der Unternehmen (der Anbieter) gesenkt werden. Einzelmaßnahmen bzw. -forderungen sind z. B.:

- Die Löhne und die Lohnnebenkosten (vor allem Sozialversicherungsbeiträge) dürfen nicht im selben Maße wie die Produktivität steigen.
- Die Kostensteuern müssen gesenkt und die Abschreibungsmöglichkeiten verbessert werden.[2]

1 Hauptvertreter des Monetarismus ist der amerikanische Nobelpreisträger MILTON FRIEDMANN.

2 Diese Forderung geht auf den amerikanischen Wirtschaftswissenschaftler LAFFER zurück, der die These vertritt, dass es zwei unterschiedlich hohe Steuersätze gibt, bei denen das gleich hohe Steueraufkommen erzielt wird. Wird eine bestimmte Steuersatzhöhe überschritten, geht sogar das Steueraufkommen zurück, weil die Leistungsbereitschaft der Steuerpflichtigen abnimmt, Steuerflucht (z. B. durch Kapitalflucht) einsetzt und Schwarzarbeit zu einer blühenden „Schattenwirtschaft" führt. Steuersenkungen sind angebracht.

Die **Wirkungen der angebotsorientierten Wirtschaftspolitik** lassen sich ebenfalls mithilfe der gesamtwirtschaftlichen Angebotskurve und der gesamtwirtschaftlichen Nachfragekurve darstellen:

1. Es wird unterstellt, dass sich das gesamtwirtschaftliche Angebot **normal** verhält. **Kostensenkungen** führen zu **steigender Beschäftigung** und (falls die Nachfrage unverändert bleibt) zu **sinkendem Preisniveau.**

   So einfach wie das Modell ist die Wirklichkeit nicht. Häufig werden die Anbieter aufgrund von Kostensenkungen ihre Preise nicht senken, sondern ihre Gewinne erhöhen. Ob dies zu einer Steigerung der Investitionsgüternachfrage führt, hängt von den Zukunftserwartungen der Anbieter ab.

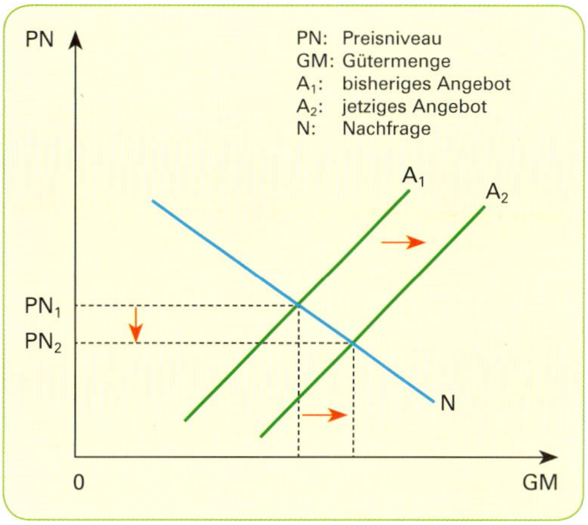

2. Es wird unterstellt, dass sich das gesamtwirtschaftliche Angebot **anomal** aufgrund des Gesetzes der Massenproduktion verhält. **Kostensenkungen** führen ebenfalls zu **steigender Beschäftigung** und zu **sinkendem Preisniveau,** und zwar dies auch dann, wenn die Nachfrage steigen sollte.

   Auch in diesem Modell ist unterstellt, dass die Anbieter die Kostensenkungen an die Nachfrager weitergeben. Tun sie das nicht, ist das Ergebnis das gleiche wie im Fall 1: Eine wirtschaftliche Belebung erfolgt nur, wenn die gestiegenen Gewinne für zusätzliche Investitionen verwendet werden, die gesamtwirtschaftliche Güternachfrage also zunimmt.

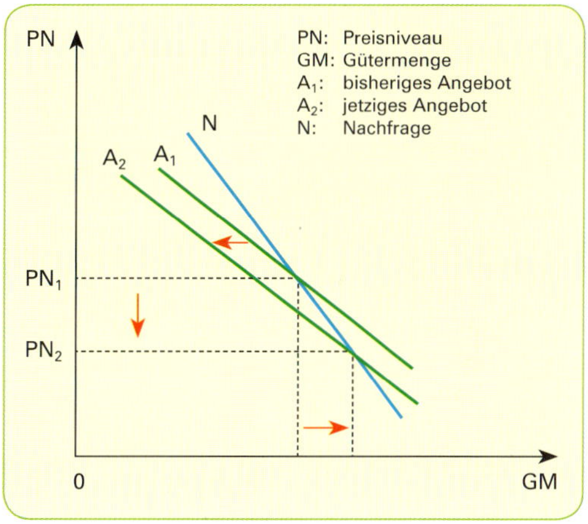

(2) Kritik am Monetarismus

An der monetaristischen Theorie sowie an der angebotsorientierten Wirtschaftspolitik wird z.B. aus folgenden Gründen Kritik geübt:

- Der Monetarismus in Verbindung mit der angebotsorientierten Wirtschaftspolitik bevorzuge – so wird gesagt – **einseitig** die **Anbieter.** Außerdem sei zweifelhaft, ob die Anbieter Kostensenkungen (z.B. Steuererleichterungen) an die Nachfrager (z.B. an die Verbraucher) weitergäben. Die monetaristische Wirtschaftspolitik sei daher unsozial.

9 Merkur-Nr. 0589

- Der Monetarismus geht davon aus, dass eine Vermehrung der Geldmenge in jedem Fall das Wirtschaftswachstum (das Angebot) fördert. Dies muss jedoch nicht der Fall sein. Schlägt sich die Geldmengenerhöhung nicht in einem erhöhten Angebot nieder (z.B. weil die Unternehmen nicht in ausreichendem Maße Zusatzinvestitionen vornehmen wollen oder können), führt die Geldmengenvermehrung lediglich zur **Inflation** (steigende Nachfrage bei gleichbleibendem oder nicht in gleichem Maße steigendem Angebot).

  Die monetaristische Theorie, so wird spöttisch gesagt, gehe davon aus, dass man dicker werde, wenn man den Gürtel lockerer schnalle, nicht aber davon, dass man den Gürtel lockerer schnallen müsse, wenn man dicker wird.

- Der Monetarismus in Verbindung mit der angebotsorientierten Wirtschaftspolitik zeigt erst auf mittlere Sicht Auswirkungen. Die Begrenzung des Geldmengenwachstums zum Zweck der Inflationsbekämpfung führt dazu, dass unrentable Unternehmen ausscheiden müssen und dadurch die **Arbeitslosigkeit** erhöht wird.

  Dies aber führt zu Protesten politischer Parteien und Gewerkschaften, denen sich die Regierungen aufgrund der kurzen Wahlperioden (i.d.R. vier Jahre) nicht entziehen können. Die angebotsorientierte Wirtschaftspolitik sei daher aus sozialpolitischen Gründen nicht wünschenswert und aus politischen Gründen nicht durchsetzbar.

3 Exemplarische wachstums- und strukturpolitische Maßnahmen

(1) Investitions- und Sparförderung

Eine Wirtschaft, in der die gesamte Erzeugung verbraucht wird, kann nicht wachsen (**stationäre** Wirtschaft).

Somit kann der Staat das Wachstum einmal dadurch fördern, dass er den **Sparwillen** der Bevölkerung stärkt. Dies kann durch die Steuergesetzgebung (z.B. Abzugsfähigkeit von Lebensversicherungsbeiträgen als Sonderausgaben) oder durch Vermögensbildungsgesetze geschehen. Ferner ist auch die Politik der Preisstabilisierung geeignet, die Sparneigung der Bevölkerung zu erhalten, weil die Ersparnisse nicht durch Inflationsverluste aufgezehrt werden.

Eine hohe Sparrate allein vermag jedoch die **Investitionen** nicht zu sichern, denn die Unternehmen müssen die Ersparnisse auch investieren **wollen.**

Investitionswille ist nur vorhanden, wenn Gewinnaussichten bestehen. Voraussetzung hierzu ist politische Stabilität nach innen und außen. Eine **maßvolle Steuerpolitik** und – falls Investitionsrückgänge drohen – die Einräumung von Vergünstigungen (z.B. direkte Subventionen, Sonderabschreibungen) beeinflussen ebenfalls die Investitionsbereitschaft der Wirtschaft positiv.

Die **Bedeutung der Investitionen** für das wirtschaftliche Wachstum ist deswegen so groß, weil zusätzliche Investitionen

- **zusätzliches Einkommen** schaffen (Einkommenseffekt) und
- die **Kapazität** der Volkswirtschaft **erweitert** wird (Kapazitätseffekt).

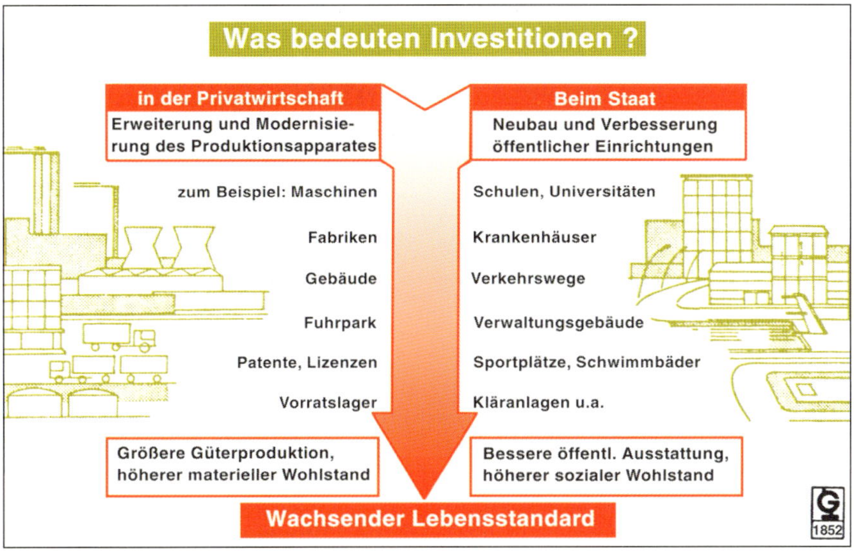

(2) Bildungspolitik

Mit der Einführung immer neuerer, komplizierterer **Produktionsverfahren** steigen die Ansprüche an das fachliche Können der **Arbeitskräfte.**

Die Ausbildung in **Schule** und **Betrieb** wird immer wichtiger, und zwar sowohl im Interesse des Einzelnen, damit er in der heutigen Berufs- und Arbeitswelt bestehen kann, als auch im Interesse der gesamten Volkswirtschaft, weil jeder nicht beschäftigte Arbeitswillige die mögliche Leistung der Volkswirtschaft schmälert. Staatliche und private Bildungsausgaben werden deshalb als „Bildungsinvestitionen" bezeichnet.

Zur Verhinderung oder Abkürzung struktureller Arbeitslosigkeit trägt auch die **aktive Arbeitsmarktpolitik** der Bundesagentur für Arbeit in Nürnberg bei. Die berufliche **Fortbildung** knüpft an die durch Ausbildung oder Berufserfahrung bereits erworbenen Kenntnisse und Fertigkeiten der Arbeitskräfte an. Sie dient dazu, die vorhandenen Qualifikationen zu erhalten, zu erweitern oder der technischen Entwicklung anzupassen sowie einen beruflichen Aufstieg (z.B. zum Handwerks- oder Industriemeister) zu ermöglichen.

Im Rahmen der beruflichen **Umschulung** geht es um die Vermittlung von Kenntnissen und Fertigkeiten, die den Übergang in einen **anderen** aussichtsreicheren Beruf ermöglichen.

Wie positiv sich die Förderung beruflicher Bildung durch die Agentur für Arbeit für den Einzelnen auswirken könnte, verdeutlicht auch nachfolgende Abbildung.

Eine gute Ausbildung bietet den besten Schutz vor Arbeitslosigkeit. Das belegt eine Untersuchung des Nürnberger Instituts für Arbeitsmarkt- und Berufsforschung (IAB). [...] Die besser Ausgebildeten haben nicht nur ein geringeres Risiko, arbeitslos zu werden; ihre Chancen sind auch größer, wenn es darum geht, wieder einen neuen Job zu finden. So ging die Arbeitslosenquote der Erwerbstätigen mit abgeschlossener Ausbildung von 2008 (5,2 Prozent) bis 2018 um mehr als ein Drittel zurück. Die Unqualifizierten konnten im selben Zeitraum weitaus weniger vom Aufschwung auf dem Arbeitsmarkt profitieren: Ihre Quote sank zwar auch, lag aber 2018 mit 17,4 Prozent weiterhin um ein Vielfaches höher als die Arbeitslosenquote von Personen mit abgeschlossener Ausbildung.

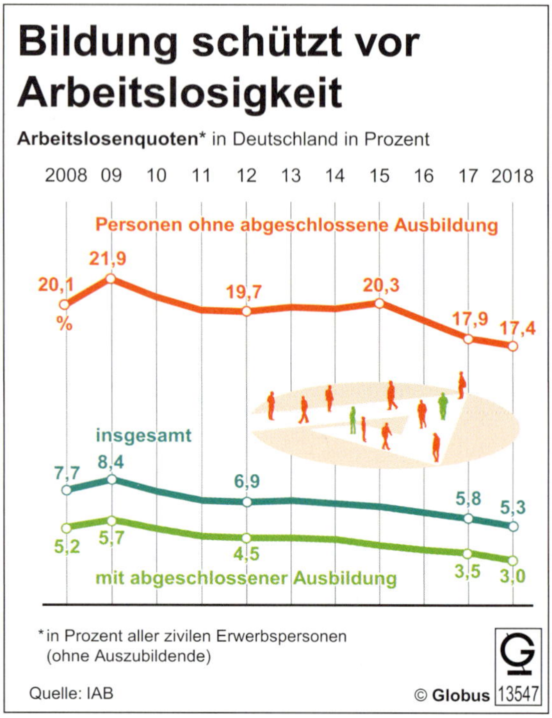

(3) Gesundheitspolitik

Auch die Erhaltung der Gesundheit der Arbeitskräfte ist Teil der Wachstumspolitik. Maßnahmen sind z. B. Jugendschutz, Jugendarbeitsschutz, Gesundheitsaufklärung, Schutzvorschriften am Arbeitsplatz, Ausbildung von Ärzten und Pflegepersonal, Förderung der medizinischen Forschung und Ausbau der Leistungen der Sozialversicherungen.

(4) Bevölkerungspolitik

Ein stetiges Wachstum kann nur dann verwirklicht werden, wenn bei gleichbleibendem technischem Stand und gleichbleibender Gesamtarbeitszeit die **arbeitsfähige Bevölkerung wächst** oder wenn die arbeitende Bevölkerung nicht **schneller schrumpft** als die Arbeitsproduktivität zunimmt.

Auch von der Nachfrageseite her trägt eine konstante Bevölkerungsentwicklung zur Stabilisierung des Wachstums bei. Starke Geburtenrückgänge wie z. B. in Deutschland rufen Strukturkrisen hervor, weil ganze Industriezweige mit Überkapazitäten zu kämpfen haben. Betroffen sind z. B. die Nahrungsmittelindustrie (Baby-Nahrung), die Textilindustrie (Kinderkleidung), Schulbuchverlage oder Industriezweige, die Ausrüstungsgegenstände für Kindergärten und Schulen herstellen.

(5) Förderung des technischen Fortschritts (Forschungspolitik)

Bei gleichbleibender oder schrumpfender Bevölkerung kann das reale Wachstum des Bruttoinlandsprodukts nur erreicht werden, wenn der technische Fortschritt dazu beiträgt, die Produktivität zu erhöhen. Aus diesem Grund wurde der staatlichen Förderung der Forschung in den letzten Jahren erhöhtes Gewicht beigemessen. Insbesondere werden mittlere Betriebe gefördert, die aus eigenen Kräften nicht in der Lage sind, die erforderlichen Mittel für Forschungsaufgaben alleine aufzubringen.

Da die Ausgaben für **zukunftsträchtige technische Entwicklungen** das langfristige Wirtschaftswachstum sichern helfen, werden diese Ausgaben auch als **„Zukunftsinvestitionen"** bezeichnet.

Die Förderung kleinerer und mittelgroßer Betriebe ist zugleich Strukturpolitik (auch als „Mittelstandspolitik" bezeichnet), weil diese Betriebe in die Lage versetzt werden, sich gegenüber den Großunternehmen zu behaupten.

(6) Sektorale und regionale Strukturpolitik

Die vorstehend genannten Maßnahmen sind langfristig globale Mittel des Staates, um das Wirtschaftswachstum zu sichern. Werden ganz bestimmte Bereiche der Wirtschaft gezielt gefördert (oder gebremst), spricht man von **sektoraler[1] Strukturpolitik.**

Zu den Bereichen der sektoralen Strukturpolitik gehören u. a. die Landwirtschaftspolitik, die Fischereiwirtschaftspolitik, die Energiepolitik, die Verkehrspolitik und die Außenwirtschaftspolitik.

Wird die Entwicklung einzelner Landesteile durch gezielte Maßnahmen beeinflusst, handelt es sich um **regionale Strukturpolitik**.

(7) Infrastrukturpolitik

Eine der wichtigsten Voraussetzungen für die Gründung neuer Betriebe ist die **Infrastruktur**. Darunter versteht man die Gesamtheit aller privaten und öffentlichen Einrichtungen eines Wirtschaftsraums, die der Allgemeinheit (also auch den Wirtschaftsbetrieben) zur Verfügung stehen.

Beispiele sind private und öffentliche Straßen, private und öffentliche Eisenbahnlinien, Kanäle bzw. kanalisierte Flüsse, Häfen, Krankenhäuser, Schulen, Energieversorgungseinrichtungen, Kommunikationsnetze, Trink-, Industrie- und Abwassernetze, Kläranlagen, öffentliche Verwaltungen, Polizei usw.

Alle Maßnahmen, die dem Ausbau der Infrastruktur dienen, sind zugleich dazu geeignet, eine etwa bestehende Arbeitslosigkeit zu verringern, und zwar einerseits durch die Bautätigkeit selbst und andererseits durch die Ansiedlung neuer Betriebe.

---

1 **Sektor:** wörtl. Ausschnitt; hier: Wirtschaftszweig, Wirtschaftsbereich.

Wachstums- und strukturpolitische Maßnahmen

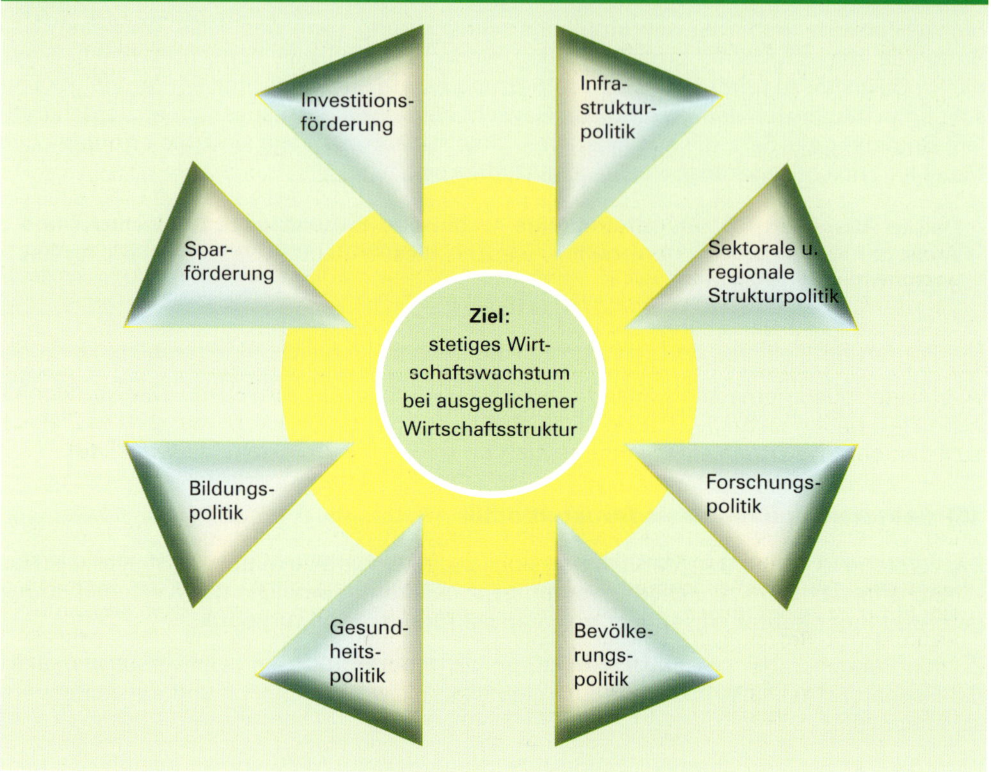

4 Kombination und Wechselwirkungen staatlicher Maßnahmenbündel

4.1 Kombinierter Einsatz wirtschaftspolitischer Instrumente

„Der amerikanische Nobelpreisträger Paul Samuelson hat vor Jahrzehnten das vielleicht berühmteste ökonomische Diktum formuliert: „Gott gab den Ökonomen zwei Augen, damit sie Angebot und Nachfrage betrachten." Diese Weisheit schien lange Zeit vergessen. Zunächst dachten die Keynesianer, das Wirtschaftswachstum lasse sich durch eine staatliche Manipulation der gesamtwirtschaftlichen Nachfrage steuern, ohne auf die Angebotsbedingungen zu achten. Die ihnen nachfolgende Gegenbewegung formulierte ganz anders, aber nicht weniger radikal: In der ökonomischen Debatte der vergangenen zwanzig Jahre war fast ausschließlich von Angebotspolitik die Rede. Wer schüchtern auf die Bedeutung der Nachfrage für den Wirtschaftsprozess hinwies, wurde als verstaubtes Fossil dargestellt oder einfach ausgelacht. [. . .]"[1]

Zwischenzeitlich hat sich jedoch mehrheitlich die Auffassung durchgesetzt, dass sowohl die Angebotspolitik als auch die Nachfragepolitik Instrumente besitzt, die gleichzeitig eingesetzt (kombiniert) werden können, um bestimmte wirtschaftspolitische Ziele zu erreichen.

1 Quelle: Braunberger, G., Die Ökonomik der OECD, in: FAZ vom 7. August 1998.

Beispiel:

In einer Volkswirtschaft herrscht hohe Arbeitslosigkeit und die Kapazitäten der Unternehmen sind nicht voll ausgelastet. Die Regierung beschließt eine Verbesserung der Ausbildung und Weiterbildung der Arbeitnehmer, den Ausbau des Bildungswesens und stellt weitere Mittel für Forschung und Entwicklung bereit. Diese langfristig angelegte Maßnahme zur Qualitätssteigerung der Produktionsfaktoren Arbeit und Bildung ist ein Instrument der **angebotsorientierten Wirtschaftspolitik.** Kurzfristig wird jedoch die Beschäftigungslage (die Konjunktur) nicht wesentlich beeinflusst. Vielmehr muss die Regierung, wenn sie den Zielen eines möglichst hohen Beschäftigungsstands *und* eines möglichst stetigen (störungsfreien) Wirtschaftswachstums näherkommen will, die Nachfrage mithilfe **nachfrageorientierter Instrumente** stärken. Dazu gehören z. B. Erhöhung der Staatsausgaben für Sachinvestitionen und Personal und die Senkung der Sozialabgaben. Erst die sinnvolle **Kombination mehrerer wirtschaftspolitischer Instrumente** macht es möglich, dass die Regierung ein von ihr gesetztes wirtschaftspolitisches Ziel erreichen kann.

Aus weiter oben gemachten Ausführungen ist bekannt, dass wirtschafts- und sozialpolitische Ziele häufig nicht gleichzeitig erreichbar sind, und dass die Verfolgung eines Ziels oft zulasten der Erreichung eines anderes Ziels oder weiterer Ziele geht **(Zielkonflikte).**

Beispiel:

Der im vorigen Beispiel genannte kombinierte Einsatz wirtschaftspolitischer Instrumente steht dann im Widerspruch zum Ziel eines langfristig ausgeglichenen Staatshaushalts, wenn es die Regierungen versäumt haben, in den Jahren der Hochkonjunktur Rücklagen zu bilden oder wenigstens Schulden zu tilgen. Außerdem trägt die steigende Kreditnachfrage dazu bei, die Zinssätze in die Höhe zu treiben, sodass sogar dem Vollbeschäftigungsziel entgegengesetzte Wirkungen eintreten: Steigende Zinsen können unter bestimmten Bedingungen dazu führen, dass geplante Investitionen nicht durchgeführt oder aufgeschoben werden.

Vor allem dann, wenn Zielkonflikte vorliegen, müssen **Kompromisse** geschlossen werden.

Beispiel:

Erstrebenswert sind sowohl ein hoher Beschäftigungsgrad als auch eine gerechte Einkommensverteilung. Von verschiedenen Seiten wird der gesetzliche Mindestlohn gefordert. In einem marktwirtschaftlichen System ist jedoch die Einführung von Mindestlöhnen weder ziel- noch systemkonform (marktkonform), weil der Marktmechanismus teilweise außer Kraft gesetzt wird. Da der Mindestlohn über dem Marktlohn liegen muss (andernfalls wäre er überflüssig), erhöht er die Arbeitslosigkeit.

4.2 Wechselwirkungen wirtschaftspolitischer Maßnahmen

Beispiel:

Angenommen, die Regierung eines Landes setzt die Einkommensteuersätze herauf, um die Staatseinnahmen zu erhöhen. Die Rechnung dieses Ursache-Wirkungsdenkens („höhere Steuersätze bringen dem Staat mehr Geld") geht nicht auf: Die Steuereinnahmen steigen nicht. Sie nehmen sogar ab, weil die Konsumenten weniger Geld zur Verfügung haben, sodass die Konsumausgaben sinken. Die Beschäftigung im Handel in der Konsumgüterindustrie geht zurück. Letztere wiederum stellt ihre Investitionsvorhaben zurück, sodass die Kapazitätsauslastung in der Investitionsgüterindustrie sinkt. Die Steuererhöhung hat das Gegenteil dessen bewirkt, was sie eigentlich wollte.

Das Beispiel zeigt, dass die Wirkungen wirtschaftspolitischer Maßnahmen meistens nicht richtig beurteilt werden können, wenn einfache „lineare“ Denkmuster zugrunde gelegt werden. Das Denken in „Wenn-dann-Beziehungen“ (Ursache-Wirkungsbeziehungen) führt deswegen zu ungenauen, manchmal sogar falschen Ergebnissen, weil neben den **unmittelbaren (direkten) Beziehungen eines Systems**[1] auch die **mittelbaren (indirekten)** Beziehungen, die außerdem **zeitverzögert** eintreten können, berücksichtigt werden müssen. Außerdem sind **Rückkopplungen,** d. h. in diesem Falle also Rückwirkungen bestimmter staatlicher Maßnahmen, zu berücksichtigen (Feedback).

Darüber hinaus können sich staatliche Eingriffe auf die gesamte Wirtschaft (das In- und Ausland) auswirken. Beispiele sind die Auswirkungen von Zollerhöhungen oder -senkungen auf den Außenhandel und die Beschäftigung, von Umweltschutzmaßnahmen auf die Investitionstätigkeit inländischer und ausländischer Investoren oder der Zulassung oder Nichtzulassung von genmanipulierten[2] Futter- und Nahrungsmitteln auf die in- und ausländische Landwirtschaft und die Gesundheit der Bevölkerung.

5 Die Rolle des Staates zur Bewältigung aktueller Probleme der sozialen Marktwirtschaft

Ende der 1980er-Jahre haben die kapitalistischen Marktwirtschaften – und mit ihnen die soziale Marktwirtschaft – den Wettbewerb mit der sozialistischen Planwirtschaft gewonnen. Deshalb richtet sich der Blick viel unmittelbarer und kritischer auf die Marktwirtschaften, in der Bundesrepublik Deutschland also auf die soziale Marktwirtschaft. Und dieser drohen nicht zu unterschätzende Herausforderungen.

5.1 Wirtschaftsethik

Marktwirtschaft bedarf, soll sie funktionieren, einer bestimmten Ethik, deren Regeln zumindest von einer starken Mehrheit einer Gesellschaft eingehalten werden. Solche **ethischen Regeln** sind z. B.:

- geschäftliche Anständigkeit,
- Unbestechlichkeit,
- Ehrlichkeit,
- Pünktlichkeit und Zuverlässigkeit,
- Verantwortungsbewusstsein gegenüber Mitmenschen und Natur,
- Gemeinsinn.

1 **System** (griech.): ein aus zahlreichen Elementen (Einzelteilen) zusammengesetztes Ganzes, bei dem jedes einzelne Element mit jedem anderen mittelbar oder unmittelbar zusammenhängt. Ein einfaches Beispiel für ein **System** ist das Mobile. Gleichgültig, welches Einzelteil auch angestoßen wird, es werden sich – oft auf nicht vorhersehbare Weise – alle anderen Elemente bewegen und mit einer gewissen Zeitverzögerung auch auf die Bewegung des ursprünglich angestoßenen Teils Einfluss nehmen.

2 **Gen** (griech.): Erbfaktor. Genmanipulation: künstliche Veränderung der Erbfaktoren.

Beispiel:

Werden private oder staatliche Aufträge nicht an die leistungsfähigsten Anbieter vergeben, sondern an solche, die die höchsten Bestechungsgelder (Schmiergelder) bezahlen, werden volkswirtschaftliche Produktionsfaktoren verschleudert. Dadurch sinkt die Produktivität; der Lebensstandard nimmt ab. Außerdem wird der Preismechanismus außer Kraft gesetzt, der die Grundlage jeder Marktwirtschaft ist. Schließlich führt die durch die Korruption bewirkte Fehllenkung der Produktionsfaktoren zu einer Schwächung der weltwirtschaftlichen Stellung eines Landes, weil die Produktionskosten vergleichsweise (gegenüber Ländern mit geringerer Korruptionsanfälligkeit) steigen. Im Übrigen ist die Korruption leistungsfeindlich: Aufträge werden nicht aufgrund einer besonderen Leistung, sondern aufgrund von Sonderleistungen erteilt.

Fehlt es also an der notwendigen Wirtschaftsgesinnung, wird gelogen und betrogen, dem Geschäftspartner „das Fell über die Ohren gezogen", schlechte Qualität produziert, werden Verträge nicht eingehalten, Zahlungstermine versäumt und verantwortungslose Entscheidungen getroffen, kann das System der sozialen Marktwirtschaft nicht funktionieren. Bestehende Marktwirtschaften geraten in die Krise, neu eingeführte können sich erst gar nicht entfalten.

Die äußeren Zeichen der Krise kann man in den alten und jungen Marktwirtschaften erkennen: Wirtschaftskriminalität, Lebensmittelskandale, Umweltskandale, Bandenbildung, Bestechung von Politikern, ungerechte Entlohnung, in die eigene Tasche wirtschaftende Gewerkschafter, kurzsichtig entscheidende Manager und Politiker, fehlende Innovationsfähigkeit und -willigkeit, mangelnder Unternehmensgeist, Sattheit und Wohlgefälligkeit.

5.2 Überlastung des sozialen Netzes

Gefahren drohen der sozialen Marktwirtschaft aber auch wegen der möglichen Überdehnung des sozialen Netzes, das eine Fülle von Möglichkeiten des Sozialmissbrauchs bietet. Beispiele sind die illegale Beschäftigung von Arbeitskräften, die Schwarzarbeit bei gleichzeitigem Bezug von Arbeitslosengeld oder anderen Unterstützungszahlungen und das mehrfache Abkassieren anderer Sozialleistungen.

Als besondere politische Herausforderung für die Bekämpfung der Überlastung des sozialen Netzes gilt der demografische Wandel, der vor allem die gesetzliche Rentenversicherung zukünftig stark belastet und die Politik zum Handeln zwang.

(1) Problemstellung

Weil das derzeitige Rentenniveau in der gesetzlichen Rentenversicherung langfristig abgesenkt werden muss, steigt die Bedeutung der privaten Altersvorsorge. Der „Einstieg" in eine **staatlich geförderte private Altersvorsorge** erfolgte durch das Altersvermögensgesetz [AVmG].

(2) Voraussetzungen für die Erlangung einer Altersvorsorgezulage (Riester-Rente)

Der Anspruch auf eine vom Staat geleistete Altersvorsorgezulage[1] besteht für zulageberechtigte Personen (Begünstigte) unter folgenden Voraussetzungen:

1 Die Berechtigten haben damit die Möglichkeit, ein **kapitalgedecktes Altersvorsorgevermögen** zu bilden.

- Grundvoraussetzung ist, dass die pflichtversicherten Personen Altersvorsorgebeiträge (Mindesteigenbeiträge) zugunsten eines auf ihren Namen lautenden **Altersvorsorgevertrags** leisten.
- Im Altersvorsorgevertrag muss sich der Vertragspartner z. B. verpflichten, in der Ansparphase laufend **freiwillige Aufwendungen (Altersvorsorgebeiträge)** zu leisten.
- Die Leistungen für den Vertragspartner zur Altersversorgung dürfen auch **nicht vor Vollendung des 60. Lebensjahrs** erbracht werden.
- Die Altersvorsorgebeiträge, die erwirtschafteten Erträge und Veräußerungsgewinne müssen in **bestimmte Anlagen (Produkte)** wie z. B. in Rentenversicherungen, Bankguthaben mit Zinsansammlung oder in Anteilen an Investmentfonds angelegt sein.
- Der Anbieter muss zusagen, dass zu Beginn der Auszahlung **mindestens die eingezahlten Altersvorsorgebeiträge** für die Auszahlungsphase zur Verfügung stehen.
- Auszahlungen müssen in Form einer **lebenslangen gleichbleibenden** oder **steigenden monatlichen Leibrente oder** eines **Auszahlungsplans** mit einer anschließenden **Teilkapitalverrentung** ab dem **85. Lebensjahr** erfolgen.
- Die **Abschluss- und Vertriebskosten** müssen gleichmäßig über einen Zeitraum von **mindestens fünf Jahren** verteilt werden, soweit sie nicht als Vomhundertsatz von den Altersvorsorgebeiträgen abgezogen werden.
- Der Vertragspartner muss die Möglichkeit haben, den **Vertrag** während der Ansparphase **ruhen zu lassen, zu kündigen,** eine andere Altesvorsorgeanlage zu wählen **oder Auszahlung** zu verlangen.
- Die von den Anbietern[1] der Altersvorsorgeverträge gegebenen Leistungszusagen müssen **zertifizierungsfähig**[2] sein.

(3) Überblick über die Möglichkeiten einer privaten Rentenversicherung

Bei der **privaten Rentenversicherung** werden die Beiträge individuell angesammelt. Es besteht ein **Kapitalwahlrecht.** Entweder wählt der Sparer eine lebenslange Rente oder er verlangt die Auszahlung in einer Summe. Viele Versicherungen bieten dem Versicherten einen **Berufsunfähigkeitsschutz.** Im Schadensfall übernimmt dann der Versicherer die Beitragszahlung für die Rentenversicherung. Zwei mögliche Versicherungsarten sind:

Versicherungsart	Leistungsumfang
Rürup-Rente (Basis-Rente)[3]	Sie ist mit der gesetzlichen Rente vergleichbar. Die Rürup-Rente kann frühestens ab **Vollendung des 60. Lebensjahres** (bei Vertragsabschluss nach dem 31. 12. 2011 nicht vor Vollendung des 62. Lebensjahres) gezahlt werden. Die Beitragszahlung wird **steuerlich gefördert,** indem die Beiträge zum Teil als Sonderausgaben von der Steuer abgesetzt werden können. Die Rürup-Rente ist insbesondere eine Form der Altersvorsorge für **Selbstständige, Freiberufler** und **Gewerbetreibende.** Dieser Personenkreis zahlt in der Regel nicht in die gesetzliche Rente ein und kann daher nicht die dort gewährte staatliche Förderung in Anspruch nehmen.

1 Anbieter von Altersvorsorgeverträgen sind die im § 1 II AltZertG genannten Unternehmen (vor allem Lebensversicherungsunternehmen).

2 Die Zertifizierung eines Altersvorsorgevertrags ist die Feststellung, dass die Vertragsbedingungen des Altersvorsorgevertrags des Anbieters den gesetzlichen Anforderungen entsprechen [§ 1 III AltZertG]. Zweck der Zertifizierung ist der Schutz der Vertragspartner vor unseriösen Anbietern und Versicherungsverträgen.

3 Die Bezeichnung Rürup-Rente geht auf Hans-Adalbert Rürup zurück, einen Wirtschaftswissenschaftler, der diese Rentenreform entwickelt hat.

Versicherungsart	Leistungsumfang
Riester-Rente[1]	Sie ist eine Möglichkeit, eine **zusätzliche Altersversorgung** aufzubauen. Die Beitragszahlungen werden vom Staat in Form von **Zulagen** und **Steuervorteilen** gefördert. Allerdings muss wegen der Förderung in der Ansparphase die Rentenzahlung im Alter voll versteuert werden. Die Riester-Verträge gibt es bei Banken, Fonds-Gesellschaften und Versicherungsunternehmen.

(4) Grund- und Kinderzulage

Abhängig von den geleisteten Altersvorsorgebeiträgen erhalten die Zulageberechtigten auf Antrag eine Zulage, die sich aus einer **Grundzulage** und einer **Kinderzulage** zusammensetzt.

Die **Grundzulage** beträgt 175,00 EUR. Die **Kinderzulage** beträgt für jedes Kind, für das dem Zulageberechtigten Kindergeld ausgezahlt wird, 185,00 EUR bzw. 300,00 EUR für nach 2007 geborene Kinder.

Um die vollen Altersvorsorgezulagen zu erhalten, muss der Zulageberechtigte einen **Mindesteigenbeitrag** leisten, der 4 % der beitragspflichtigen Einnahmen des Versicherungspflichtigen beträgt. In jedem Fall muss vom „Vorsorgesparer" ein sogenannter **Sockelbeitrag** geleistet werden.

5.3 Abgaben- und Steuerbelastung

Auch die Belastung der arbeitenden Bevölkerungsteile findet ihre Grenzen. „Irgendwo hören – das ist jeweils auf konkret absehbare Zeiträume eine Tatsache – Opferbereitschaft, Zusammengehörigkeitsgefühl und Verständigungsbereitschaft unter den Menschen auf ... Wieweit lässt sich der Bürger besteuern, um in welchen anderen Gebieten zur ‚Gleichwertigkeit der Lebensbedingungen' beizutragen?"[2] Eine Überlastung der arbeitenden Menschen führt zur Arbeitsunlust, weil der Anreiz zur Leistung nachlässt. Die Motivation zur **belohnten Leistung** aber ist gerade der **Motor jeder Marktwirtschaft.** Fehlt sie, greifen Pessimismus, Unterbeschäftigung und Radikalismus um sich.

5.4 Umweltbelastung

Schließlich erhebt sich die Frage, ob die soziale Marktwirtschaft in der Lage sein wird, die Umweltbelastung nachhaltig zu verringern. Der Hinweis darauf, dass in den ehemaligen sozialistischen Ländern die Umwelt noch viel rücksichtsloser und nachhaltiger ausgebeutet wurde, kann hier nicht „trösten". Die Folgen der Umweltbelastung sind mehr staatliche Vorschriften, mehr Ge- und Verbote, also mehr Kommando- als Marktwirtschaft. Hinzu kommen die Kosten für die Beseitigung der Umweltschäden. Die Gewinne der Unternehmen sinken, die Steuereinnahmen verringern sich, die staatlichen Ausgaben für konsumtive, produktive und soziale Zwecke werden gekürzt.

5.5 Abnehmende Gemeinwohlorientierung

Gefahren für die soziale Marktwirtschaft entstehen auch durch die Erfüllung der Einzelinteressen von Verbänden durch die Regierungen zulasten der Allgemeinheit. „Erfahrungs-

1 Die Bezeichnung Riester-Rente geht auf Walter Riester zurück, der als Bundesminister für Arbeit und Sozialordnung die Förderung der freiwilligen Altersvorsorge durch eine Altersvorsorgezulage vorschlug.

2 WAGNER, A.: Volkswirtschaft für jedermann. Die marktwirtschaftliche Demokratie, 1992, S. 12.

gemäß wird jedoch oft vor allem dann, wenn es um die Erhaltung bisheriger Arbeitsplätze geht, eine solche Politik gefordert, sei es in Form von Subventionen oder von anderen protektionistischen Maßnahmen. Der Druck der betroffenen Verbände – leider oft auch unterstützt von den lokalen Kirchen – ist dann häufig extrem stark, und er wird meist von den Medien nachdrücklich unterstützt, wie viele Beispiele zeigen."[1] Die Folge ist, dass durch Subventionen und sonstige Protektion die Interessen anderer (z. B. der Konsumenten, Nachfrager, in- und ausländischer Wettbewerber) geschädigt werden.

5.6 Globalisierung[2] der Märkte

Im Vergleich zum konkurrierenden Ausland zu hohe Produktionskosten (z. B. Lohnkosten, Lohnnebenkosten, Kosten des Umweltschutzes und Steuern) führen dazu, dass zahlreiche Unternehmen im Ausland produzieren lassen oder ins Ausland abwandern („Global Sourcing").[3] Die Folge ist, dass vor allem in den alten Industrieländern die Arbeitslosigkeit im industriellen Sektor zunimmt.

Kompetenztraining

14 1. Entscheiden Sie, welche Möglichkeit staatlicher Konjunkturpolitik in nebenstehender Abbildung veranschaulicht wird!

Begründen Sie Ihre Feststellung!

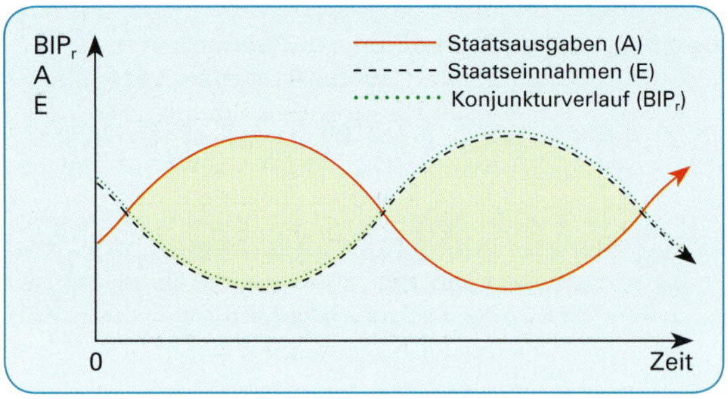

2. Der Versuch des Staates (der Regierung), durch Steuer- und Ausgabenpolitik den Konjunkturverlauf zu beeinflussen, wird als Fiskalpolitik bezeichnet. Die Fiskalpolitik sollte „antizyklisch" sein.

Aufgaben:

2.1 Begründen Sie die Forderung nach einer antizyklischen Fiskalpolitik (Finanzpolitik)!

2.2 Die antizyklische Finanzpolitik setzt i. d. R. voraus, dass der Staat „Deficit-Spending" betreibt, wenn er die Konjunktur ankurbeln möchte. Erläutern Sie diese Aussage!

2.3 Während der Hochkonjunktur soll der Staat Konjunkturausgleichsrücklagen bilden oder Staatsschulden vorzeitig tilgen (zurückzahlen). Führen Sie an, welche Auswirkungen auf den Konjunkturverlauf diese Rücklagenpolitik haben kann! Begründen Sie Ihre Feststellungen!

3. Stellen Sie dar, wie der Staat und die Zentralbank zusammenwirken müssten, wenn

3.1 die Konjunktur gefördert und

3.2 die Konjunktur gebremst werden soll!

---

1 TIETMEYER, H.: Zur Ethik wirtschaftspolitischen Handelns, in: Forum – Vortragsreihe des Instituts der Deutschen Wirtschaft Köln, 43. Jg., Nr. 45 vom 9. November 1993, S. 2.

2 **Globalisierung**: erdweite Öffnung der Märkte (Globus: Kugel, Erdkugel). Vgl. hierzu ausführlich Abschnitt E.

3 **Global Sourcing** (engl.): wörtlich „Erdausschöpfung", d. h. erdweit die (günstigsten) Quellen suchen und ausschöpfen.

4. Entscheiden Sie, welche der nachstehenden wirtschafts- und geldpolitischen Maßnahmen primär „angebotsorientiert" und welche vorwiegend „nachfrageorientiert" sind!

   4.1 Ausrichtung des Geldmengenwachstums am langfristigen realen Wirtschaftswachstum, um die Inflationsraten zurückzuführen.

   4.2 Senkung der Steuerlastquote (prozentualer Anteil der Steuern am Einkommen der Wirtschaftssubjekte), besonders der Investoren.

   4.3 Staatliches Beschäftigungsprogramm, um die Arbeitslosigkeit zu bekämpfen.

   4.4 Abbau administrativer Hemmnisse (z. B. Vorschriften im Baubereich, Ladenschlusszeiten, Kündigungsvorschriften).

   4.5 Kürzung von Subventionen.

   4.6 Tilgung von Staatsschulden, um das Zinsniveau nicht in die Höhe zu treiben.

   4.7 Senkung der Einkommen- und Körperschaftsteuer.

   4.8 Staatliche Unterstützung bei Existenzgründungen.

   4.9 Erhöhung der Umsatzsteuer.

   4.10 Aufstockung der staatlichen Mittel für Bildung und Forschung.

5. Angenommen, die Regierung senkt im Rahmen ihrer antizyklischen Finanzpolitik die Staatsausgaben. Die Staatseinnahmen sollen unverändert bleiben.

   5.1 Entscheiden Sie, wie sich die Ausgabenkürzung auf Beschäftigung und Preisniveau auswirkt, wenn unterstellt wird, dass sich das gesamtwirtschaftliche Angebot normal verhält! Begründen Sie Ihre Aussage!

   5.2 Entscheiden Sie, wie sich die Ausgabenkürzung auf Beschäftigung und Preisniveau auswirkt, wenn unterstellt wird, dass sich das gesamtwirtschaftliche Angebot anomal verhält! Begründen Sie Ihre Aussage!

   5.3 Geben Sie Auskunft darüber, welche Gründe für die Annahme sprechen, dass sich das gesamtwirtschaftliche Angebot normal verhält, und welche für ein anomales gesamtwirtschaftliches Angebot!

6. In einem Industrieland herrscht hohe Arbeitslosigkeit. Die Regierung möchte das Wirtschaftswachstum anregen und die Arbeitslosigkeit verringern. Sie beschließt daher, die Ausgaben für Bildung, Forschung und Entwicklung erheblich aufzustocken. Um die zusätzlichen Ausgaben zu finanzieren, erhöht sie die Umsatzsteuer um 18,75 %. Der bisherige Umsatzsteuersatz betrug 16 %.

   6.1 Prüfen Sie, ob die genannten Maßnahmen der Regierung ziel- und systemkonform sind!

   6.2 Geben Sie Auskunft, um wie viel Prozentpunkte der Umsatzsteuersatz erhöht wurde!

7. Skizzieren Sie mögliche Auswirkungen einer Steuersenkung auf die Einnahmen der Sozialversicherung! Übertragen Sie hierzu nachfolgendes Schema in Ihre Unterlagen und tragen Sie in die Felder folgende Begriffe ein:
   - Konjunktur,
   - Einkommen,
   - Arbeitslosigkeit,
   - Konsum und
   - Einnahmen der Sozialversicherung!

   Verwenden Sie außerdem jeweils einen der folgenden Pfeile:

   ↓ sinkt,

   ↑ steigt,

   ⟶ bleibt unverändert!

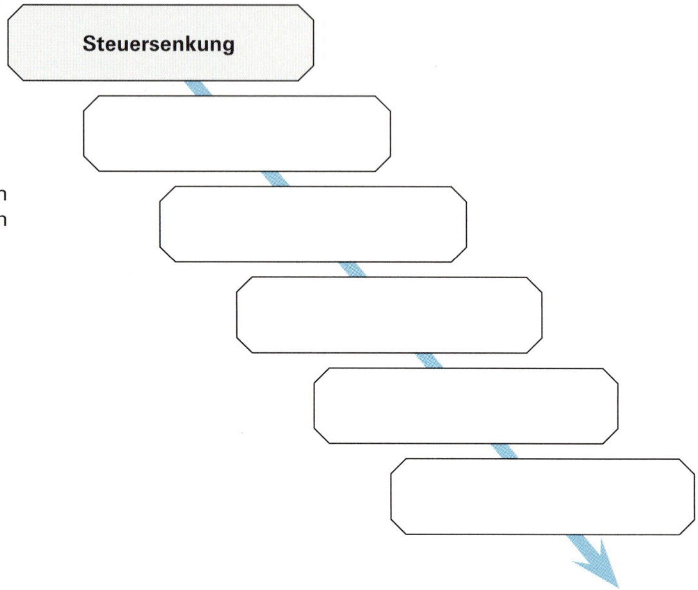

8. Im Land A wurde seit Jahren eine Defizitpolitik betrieben, d. h., die Staatsschulden stiegen von Haushaltsperiode zu Haushaltsperiode. Inzwischen befindet sich das Land in finanziellen Schwierigkeiten, sodass es weitere Kredite nur noch zu hohen Zinsen erhalten kann.

   8.1 Erläutern Sie, warum es für die Regierung schwierig ist, die Staatsverschuldung wieder abzubauen!

   8.2 Entscheiden Sie, gegen welche finanzwirtschaftliche Grundregel, die sich auch im deutschen Stabilitätsgesetz findet, das Land A verstoßen hat!

   8.3 Die Regierung beschließt, zunächst einmal das Staatsdefizit von 10 % auf 6 % abzubauen.

      8.3.1 Erklären Sie die Begriffe Staatsdefizit und Staatsverschuldung!

      8.3.2 Erläutern Sie, wie sich die Senkung des Defizits auf den Schuldenstand des Landes auswirkt!

   8.4 Die Regierung beschließt ein drastisches Sparprogramm, das z. B. Lohnkürzungen im öffentlichen Dienst, Rentenkürzungen, Erhöhung des Rentenalters, Steuererhöhungen und die Verschiebung staatlicher Investitionsvorhaben umfasst. Begründen Sie, welche Folgen das Sparprogramm auf die Konjunktur hat!

   8.5 Eine Tageszeitung schreibt: „Die Regierung des Landes A befindet sich in einem Dilemma: Entweder verfolgt sie ihre Sparpolitik weiter und das Land steht vor Streiks, Protestaktionen und vor einer schweren Rezession. Oder sie nimmt weiterhin teure Kredite auf, um die alten Schulden zu bezahlen." Entscheiden Sie, in welchem wirtschaftspolitischen Zielkonflikt sich das Land A befindet! Begründen Sie Ihre Aussage!

   8.6 Das Land B hat hingegen einen ausgeglichenen Staatshaushalt. Während der vergangenen Hochkonjunktur hat es eine Konjunkturausgleichsrücklage angelegt.

8.6.1 Nennen Sie drei mögliche Maßnahmen, wie die Konjunktur „angekurbelt" werden kann!

8.6.2 Prüfen Sie, mit welchem weiteren wirtschaftspolitischen Ziel Zielharmonie besteht!

9. **Projekt**

Sammeln Sie über einen längeren Zeitraum Zeitungsartikel oder Artikel aus dem Internet zu aktuellen wirtschaftspolitischen Entscheidungen der Bundesregierung mit folgender Aufgabenstellung:

9.1 Beurteilen Sie, inwieweit die getroffenen Entscheidungen der Bundesregierung den Zielen nachhaltigen Wachstums und der Sicherung des Marktmechanismus Rechnung tragen!

9.2 Analysieren Sie die möglichen Auswirkungen der getroffenen Entscheidungen auf Konjunktur und Wachstum!

Stellen Sie die Ergebnisse dieses Projektes in Form einer Präsentation vor der Lerngruppe vor.

E Globalisierung der Märkte

Lernsituation E1
Die Bedeutung des internationalen Handels unter Berücksichtigung unterschiedlicher Währungen

Im Rahmen Ihrer Schullaufbahn an einer Fachoberschule Wirtschaft veranstaltet Ihr Berufskolleg einen „Tag der Ausbildung", der Ihnen vor allem für die Zeit im Anschluss an die Schullaufbahn Orientierung geben soll. Im Rahmen dieser Veranstaltung finden unterschiedliche Workshops statt, die sich ebenso mit Bewerbertrainings wie auch mit der Vorstellung verschiedener Ausbildungsberufe im kaufmännischen Bereich beschäftigen.

Sie haben sich ganz gezielt für einen Workshop entschieden, in dem einige Unternehmen aus Ihrer Region den Ausbildungsberuf des Industriekaufmanns vorstellen. Zu Beginn des Workshops präsentieren die Vertreter dieser Unternehmen zunächst einige interessante Details dieses Berufsbildes, die auch das besondere Anforderungsprofil an die Bewerber verdeutlichen. Im Fokus der einleitenden Ausführungen steht dabei insbesondere die Exportabhängigkeit der örtlichen Industriebetriebe. So wird Ihnen erläutert, dass nicht nur der wesentliche Anteil der zu verarbeitenden Rohstoffe aus dem Ausland importiert wird, sondern mittlerweile auch mehr als 40 % aller Industrieprodukte ins Ausland exportiert werden. Die Vertreter der Industriebetriebe weisen darauf hin, dass in Ihrer Region fast jeder zweite Arbeitsplatz direkt oder indirekt vom Exporterfolg der örtlichen Industrie abhängig ist. Anders formuliert: Sollte der Export dieser Industriegüter einbrechen, würde das für den regionalen Arbeitsmarkt enorm negative Auswirkungen haben.

Unabhängig von der Branche, erklären die Referenten, ist es für sie als Arbeitgeber wichtig, dass ihre künftigen Mitarbeiter vor dem geschilderten Hintergrund gute englische Sprachkenntnisse für entsprechende schriftliche oder mündliche Verhandlungen mitbringen sollten. Ferner gehöre sowohl für die Beschaffungs- wie für die Absatzseite das sichere Kalkulieren mit unterschiedlichen Währungen wie selbstverständlich zum Anforderungsprofil potenzieller Bewerber. Doch gerade was diese beiden Kompetenzfelder anbelangt, müsse man leider in der jüngeren Vergangenheit immer wieder feststellen, dass dort erheblicher Aufholbedarf in der Ausbildung zum Vorschein kommt, da die Auszubildenden nicht selten an den täglichen beruflichen Anforderungen scheitern. Dies sei sowohl für die Ausbildungsbetriebe als auch für die Auszubildenden ziemlich frustrierend.

Chef:
„Frau Hansen, wie Sie sich sicher erinnern, haben wir unsere Bank beauftragt, zulasten unseres Euro-Kontos an unseren Lieferer in Ohio den fälligen Betrag in Höhe von 49 750,00 US-$ zu überweisen. Der Kurs (EUR/USD) betrug 1,2850 Geld – 1,2970 Brief. Nun hat die Bank unser Konto mit 38 715,95 € belastet. Überprüfen Sie doch bitte schnell mal, ob das der richtige Betrag ist!"

Frau Hansen:
„Ähm, ja, sehr gern, überhaupt gar kein Problem ..."

Im Anschluss an das einführende Referat werden Ihnen von den Vertretern der Ausbildungsbetriebe für den weiteren Verlauf des Workshops verschiedene Arbeitsaufträge erteilt.

Kompetenzorientierte Arbeitsaufträge:

1. Sowohl der Import als auch der Export ist für die deutsche Industrie von herausragender Bedeutung. Recherchieren Sie die für die deutsche Volkswirtschaft wichtigsten Ein- und Ausfuhrgüter!

2. **Arbeitsvorschlag mit regionalem Bezug:**

   Bereiten Sie in einer kleineren Arbeitsgruppe ein Referat vor, das sich mit der Bedeutung des Außenhandels konkret für Ihre Region auseinandersetzt! Ein wichtiger Ansprechpartner für dieses Referat sollte u. a. die örtliche Industrie- und Handelskammer sein. Dort erfahren Sie nicht nur die Exportquote der ansässigen Industrie, sondern auch die wichtigsten Exportgüter und die bedeutsamsten Abnehmerländer. Für die Vorbereitung des Referats wäre es darüber hinaus aber auch hilfreich, sich konkret in einem oder mehreren Unternehmen über die Rolle des Außenhandels zu informieren.
3. Erläutern Sie mögliche Chancen und Risiken des internationalen Handels!
4. Beschreiben Sie, inwiefern unterschiedliche Wechselkurse von Währungen für den Import bzw. Export von Bedeutung sind!
5. Erläutern Sie die Chancen und Risiken, die sich aus Wechselkursschwankungen ergeben!
6. Definieren Sie unterschiedliche Wechselkursmechanismen!

1 Bedeutung des Außenhandels für eine Volkswirtschaft

1.1 Gründe für die internationale Arbeitsteilung

Länder mit Außenhandel (gegenseitigem Warenaustausch) betreiben **internationale Arbeitsteilung.** Gründe für den Außenhandel sind:

- Güter, die eine Volkswirtschaft **nicht oder nicht in ausreichendem Maß** selbst produzieren kann, werden eingeführt (importiert), in der Bundesrepublik Deutschland z. B. Südfrüchte, Mineralstoffe. Die Gegenleistung besteht in der Ausfuhr (im Export) von Halb- und Fertigerzeugnissen, die die Handelspartner nicht selbst oder nicht in der gewünschten Qualität herstellen können (oder wollen).
- Güter, die eine Volkswirtschaft nur mit **höheren Kosten** als andere Volkswirtschaften herstellen kann, werden importiert. Die auf diese Weise eingesparten Produktionsfaktoren können zur Herstellung **anderer** Güter eingesetzt werden, die möglicherweise **kostengünstiger** als im Ausland produziert werden können.
- Nicht nur bei absoluten, sondern auch bei **relativen (komparativen) Kostenvorteilen** kann die internationale Arbeitsteilung für die beteiligten Länder von Vorteil sein.

Das folgende Beispiel verdeutlicht, dass die Vorteilhaftigkeit des Handels zwischen zwei Ländern nicht von den absoluten Produktionskosten abhängt, sondern von den **relativen (komparativen)[1] Kosten** der produzierten Güter zueinander.

Beispiel:

Angenommen, sowohl im Land A als auch im Land B werden je Periode[2] 500 000 t Rohöl und 500 Maschinen hergestellt. Es bestehen keine Handelsbeziehungen zwischen den beiden Ländern. Die hergestellten Güter werden in den betreffenden Ländern gekauft, um den eigenen Bedarf zu decken.

Die Produktionskosten werden in Arbeitsstunden ausgedrückt.

Länder	Kosten für 1 t Rohöl (Öl) in Arbeitsstunden	Kosten für 1 Maschine (Ma) in Arbeitsstunden
A	20	50 000
B	80	60 000

1 **Komparativ** (lat.): vergleichsweise, relativierend.

2 **Periode**: Zeitabschnitt (z. B. 1 Monat, 1 Jahr).

Die **komparativen Kosten** betragen:

Länder	Komparative Kosten	
	Öl : Ma	**Öl : Ma**
A	1 : 2500	0,0004 : 1
B	1 : 750	0,001$\overline{33}$: 1

Das Land B stellt beide Produkte teurer als das Land A her, denn im Land B werden für eine t Rohöl 80 Arbeitsstunden (im Land A 20 Arbeitsstunden) und für eine Maschine 60 000 Arbeitsstunden (im Land A 50 000 Arbeitsstunden) benötigt. Dennoch lohnen sich die **Spezialisierung** und der **Außenhandel** (die **internationale Arbeitsteilung**). Beweis: Spezialisiert sich das Land A nach Aufnahme der Handelsbeziehungen auf das Öl, weil es dieses vergleichsweise billiger als Maschinen herstellt, und das Land B auf die Produktion von Maschinen, weil es diese vergleichsweise billiger als Rohöl produzieren kann, ergibt sich folgendes Ergebnis:

Länder	**Land A**		**Land B**		**Gesamtkosten beider Länder**
Güterart	Rohöl	Maschinen	Rohöl	Maschinen	
Kosten **vor** der internationalen AT in Arbeitsstunden	10 000 000	25 000 000	40 000 000	30 000 000	105 000 000
Kosten **nach** der internationalen AT in Arbeitsstunden	20 000 000	—	—	60 000 000	80 000 000

Durch die Spezialisierung spart das Land A 15 Mio. Arbeitsstunden und das Land B 10 Mio. Arbeitsstunden. Die ersparten Arbeitsstunden können zur Kapazitätserweiterung bei der Ölförderung und im Maschinenbau und/oder für den Ausbau anderer Wirtschaftszweige eingesetzt werden.

Grundsätzlich ist der **Handel zwischen zwei Ländern** immer **vorteilhaft,** wenn bei beiden Handelspartnern **unterschiedliche Produktionskostenstrukturen** existieren, d. h., wenn ein Land für ein produziertes Gut auf weniger Einheiten eines anderen Gutes verzichten muss als das andere Land (niedrigere Opportunitätskosten).[1]

Nach der **Theorie der komparativen Kostenvorteile** sind internationaler Handel und internationale Arbeitsteilung selbst für solche Länder von Vorteil, die alle Güter nur zu höheren Kosten erzeugen können als das Ausland. Sie müssen sich nur auf die Produktion jener Güter spezialisieren, die sie vergleichsweise (komparativ) am günstigsten herstellen können. In der Realität lässt sich dies vor allem auf Handelsbeziehungen zwischen hoch und niedrig industrialisierten Ländern anwenden. Dabei ist zu beachten, dass nichts über die Verteilung des Handelsgewinnes oder die Effekte der Spezialisierung ausgesagt wird.

Wenn jedes Land die Güter produziert, bei denen es **absolute Kostenvorteile** hat, kann durch die internationale Arbeitsteilung die Gesamtproduktion gesteigert werden.

1 Den Nutzenentgang durch einen Verzicht auf eine Alternativanlage bezeichnet man als Opportunitätskosten.

1.2 Risiken der internationalen Arbeitsteilung

(1) Import- und Exportabhängigkeit vom Außenhandel

Der **Außenhandel** ist der wichtigste Teil der außenwirtschaftlichen Beziehungen einer Volkswirtschaft bzw. einer Wirtschaftsgemeinschaft. Aus der Sicht von **Deutschland** sowie der Mitgliedsländer der **Europäischen Union (EU)** umfasst der Außenhandel den gewerbsmäßigen Güteraustausch (Sachgüter, Dienstleistungen, Rechte) mit **Drittländern** (Länder, die nicht der EU angehören) sowie den Transithandel.

Der Handel innerhalb der EU (der **Binnenhandel**) besteht aus
- dem **innergemeinschaftlichen Erwerb** (Käufe aus Mitgliedsländern) und
- den **innergemeinschaftlichen Lieferungen** (Verkäufe an Mitgliedsländer).

In der Statistik werden derzeit noch der innergemeinschaftliche Erwerb zur Einfuhr und die innergemeinschaftlichen Lieferungen zur Ausfuhr gerechnet.

Beispiel 1: Importabhängigkeit

Deutschland ist ein rohstoffarmes Land und deshalb auf die Einfuhr zahlreicher Rohstoffe angewiesen (z. B. Erdöl, Erdgas, Metalle). Auch werden Nahrungsmittel importiert, die in Deutschland nicht, nicht in ausreichender Menge und/oder nicht in der gewünschten Qualität produziert werden können (z. B. Kaffee, Kakao). Wichtige Importgüter sind auch Halb- und Fertigwaren, die in den Lieferländern kostengünstiger erzeugt werden können (z. B. Maschinenteile und Unterhaltungselektronik).

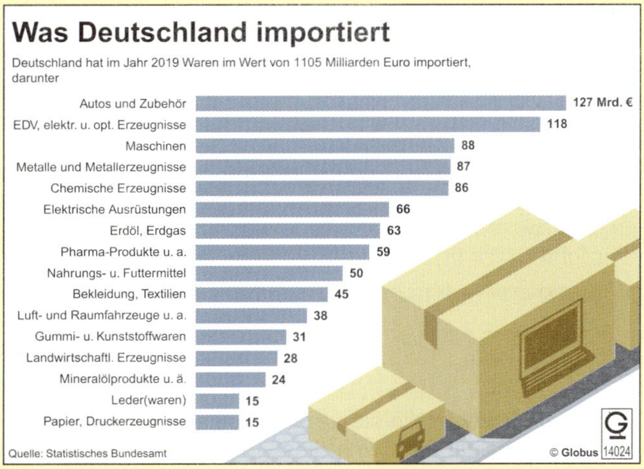

Deutschland ist offen für Waren aus aller Welt – insbesondere für solche, die im Lande kaum oder gar nicht vorhanden sind, oder solche, die in anderen Ländern preiswerter hergestellt werden können. Insgesamt importierte die Bundesrepublik im Jahr 2019 Produkte im Wert von 1 105 Milliarden Euro. An erster Stelle standen nach Erhebungen des Statistischen Bundesamtes Geräte aus dem Bereich Autos und Autoteile mit 127 Milliarden Euro. An zweiter Stelle kamen Datenverarbeitung und Bürotechnik mit 118 Milliarden Euro. Die Rohstoffe Erdöl und Erdgas liegen mit einem Einfuhrwert von 63 Milliarden Euro nur noch an siebter Stelle der Importe. Insgesamt war Deutschland im vergangenen Jahr drittgrößter Kunde auf dem Weltmarkt. Noch größer war die Nachfrage nach Importgütern nur in den USA und in China.

Beispiel 2: Exportabhängigkeit

Die Beschäftigung (und damit der Lebensstandard) in der Bundesrepublik Deutschland hängt zu rund einem Drittel von der Ausfuhr ab.

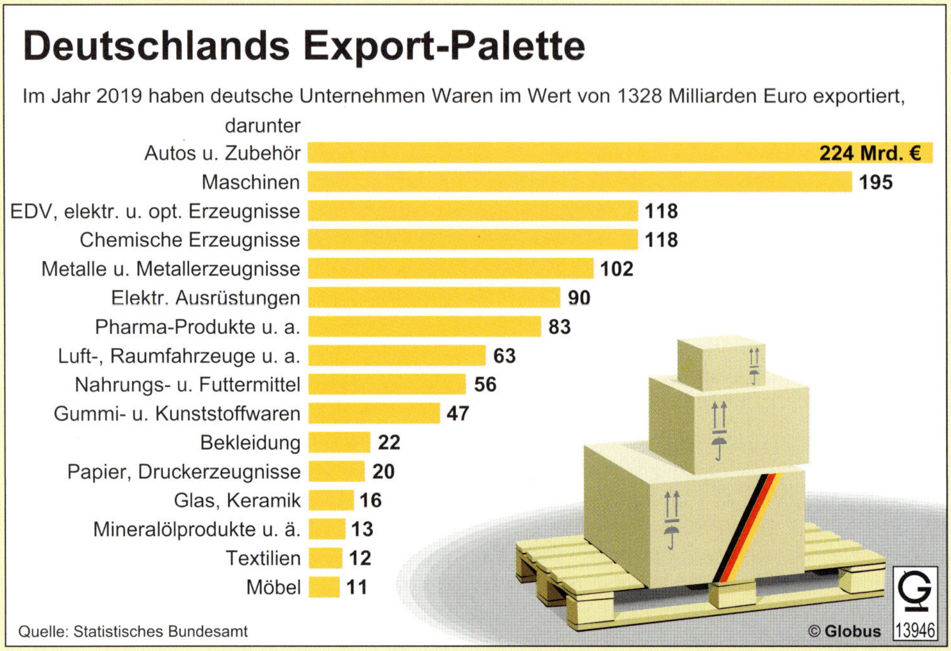

Autos und Maschinen waren auch im Jahr 2019 Deutschlands Exportschlager, zusammen machten sie rund ein Drittel aller Ausfuhren aus. Der Anteil von Autos und Zubehör an allen Exporten des letzten Jahres betrug knapp 17 Prozent, Maschinen folgten mit 15 Prozent auf Platz zwei. Insgesamt erreichten die Exportgüter „Made in Germany" einen Wert von 1328 Milliarden €. Deutschlands wichtigste Kunden sind die USA, Frankreich und China; sie importierten 2019 Waren im Wert von 119, 107 und 96 Milliarden € aus Deutschland. Den größten Handelsüberschuss erzielte Deutschland gegenüber den USA. Dorthin verkauften deutsche Unternehmen im Jahr 2019 für fast 47 Milliarden € mehr Waren, als von dort nach Deutschland geliefert wurden.

(2) Weitere Probleme der Abhängigkeit vom Außenhandel

Import- und Exportabhängigkeit können zu **wirtschaftlicher** und **politischer Abhängigkeit** eines Landes bzw. eines Währungsgebiets führen.

- Die wirtschaftliche Abhängigkeit zeigt sich z. B. in der **konjunkturellen Verbundenheit** der am Welthandel beteiligten Staaten. Konjunkturelle Einbrüche bei den führenden Industrieländern bewirken aufgrund des Nachfragerückgangs zwangsläufig Beschäftigungsrückgänge bei den Handelspartnern.
- Ebenso wie die Konjunkturrückgänge können auch **Inflationen importiert** werden.
- Weiterhin zeigt die Geschichte der **Entwicklungsländer,** dass die einseitige, durch die ehemaligen Kolonialmächte geförderte **Spezialisierung** auf die Förderung von Rohstoffen und die Erzeugung von Agrarprodukten **(„Plantagenwirtschaft")** ein den Industrieländern vergleichbares **Wachstum verhindert.**

- Eng mit der wirtschaftlichen Abhängigkeit ist die **politische Abhängigkeit** verflochten. So sind z. B. Länder, die auf Rohstoffzufuhren angewiesen sind, wirtschaftlich und politisch erpressbar. So können die Rohstoff exportierenden Länder beispielsweise versuchen, durch Preis- und/oder Mengendiktate politische Entscheidungen in den Abnehmerländern zu beeinflussen.
- Die Globalisierung bringt zwar Kostenvorteile, hat aber den Nachteil, dass aufgrund der Verlagerung von Produktionsstätten ins Ausland **Arbeitsplätze verloren** gehen können.

Der sogenannte **Arbeitsplatzexport** kann z. B. folgende Gründe haben:

- Die **soziale und politische Stabilität** des Auslands wird höher eingeschätzt als die inländische.
- Die **Umweltvorschriften** (Umweltstandards)[1] sind im Ausland weniger streng als im Inland.
- Das Ausland fördert Gewerbeansiedlungen durch **Steuererleichterungen** und/oder **Subventionen.** Das Problem ist, dass der Staat den Unternehmen, die mit der Auslagerung von Produktionsstätten drohen, seinerseits Steuererleichterungen gewährt und/oder Subventionen zahlt.
- Im Ausland ist die **„Regulierungsdichte"**[2] (z. B. Bauvorschriften, Zulassungsverfahren, Behördenwege) geringer als im Inland.
- Die **Arbeitskosten** sind im Ausland niedriger als im Inland. Für die Konkurrenzfähigkeit ist allerdings nicht allein die absolute Höhe der Arbeitskosten maßgebend. Vielmehr muss die **Arbeitsproduktivität** berücksichtigt werden. Diese drückt aus, welche Gütermenge eine Arbeitskraft je Zeiteinheit (z. B. je Arbeitsstunde) erzeugt.

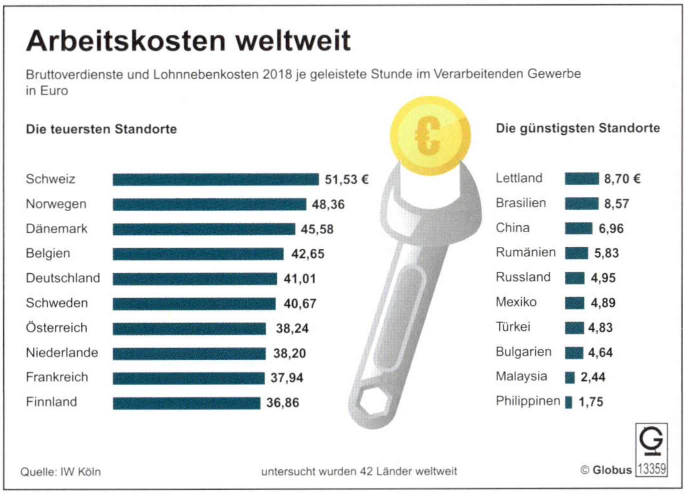

Arbeitgeber in der Schweiz zahlten im Jahr 2018 für eine Arbeitsstunde im Durchschnitt umgerechnet 51,53 Euro an Verdienst und Lohnnebenkosten. Damit war die Schweiz Spitzenreiter im internationalen Ranking der Arbeitskosten. Als Standort im Verarbeitenden Gewerbe bieten sich aus Kostengründen dagegen vor allem die Philippinen an. Mit nur 1,75 Euro die Stunde waren die Arbeitskosten im internationalen Vergleich im Jahr 2018 hier am niedrigsten. Deutschland war mit 41,01 Euro je geleisteter Stunde fünftteuerster Produktionsstandort im Vergleich von 42 Ländern. Hoch waren die Arbeitskosten vor allem in Westdeutschland (42,92 Euro je Stunde). Im Osten waren sie um 35 Prozent niedriger (27,84 Euro). Nach Angaben des Instituts der deutschen Wirtschaft Köln zählte Deutschland in den ersten sieben Jahren des neuen Millenniums zu den kostenstabilsten Standorten. Das ändert sich deutlich in den Krisenjahren 2007 bis 2011. Zwischen 2011 und 2018 war die Kostensteigerung nur in Österreich, den USA, Großbritannien und Schweden höher.

1 **Standard** (engl.): Maßstab, Norm, Absprachenniveau.

2 **Regulierung** (lat.): Regeln aufstellen, Regeln erlassen (z. B. durch Gesetze, Rechtsverordnungen, Verwaltungsvorschriften, Gemeindesatzungen, Gerichtsurteile).

Beispiel:

Im Land A betragen die Arbeitskosten im Durchschnitt 15,00 GE, im Land B hingegen 18,00 GE je Arbeitsstunde (h). Unter sonst gleichen Bedingungen erzeugt das Land A 400 Mio. t, das Land B 500 Mio. t eines Gutes. Es ergibt sich folgende Vergleichsrechnung:

Länder	Arbeitskräfte	Arbeitskosten insgesamt in GE	Erzeugte Waren	Preis je t in GE	Erzeugter Warenkorb in GE	Arbeitsstunden je Arbeitskraft je Jahr	Arbeitsstunden insgesamt
A	20 Mio.	600 Mrd.	400 Mio. t	2000	800 Mrd.	2000	40 Mrd.
B	20 Mio.	720 Mrd.	500 Mio. t	2000	1000 Mrd.	2000	40 Mrd.

Länder	Arbeitskosten je Stunde	Arbeitsproduktivität (mengenmäßig)	Arbeitsproduktivität (wertmäßig)	Arbeitskostenanteil je t und in % vom Verkaufspreis
A	15,00 GE	$\frac{400 \text{ Mio. t}}{40 \text{ Mrd. h}} = 0{,}01 \text{ t/h}$	$\frac{800 \text{ Mrd. GE}}{40 \text{ Mrd. h}} = 20 \text{ GE/h}$	1500 GE = 75 %
B	18,00 GE	$\frac{500 \text{ Mio. t}}{40 \text{ Mrd. h}} = 0{,}0125 \text{ t/h}$	$\frac{1000 \text{ Mrd. GE}}{40 \text{ Mrd. h}} = 25 \text{ GE/h}$	1440 GE = 72 %

Folgerung: Das Land B hat einen Wettbewerbsvorteil, obwohl seine absoluten Arbeitskosten (18,00 GE je Arbeitsstunde) höher sind als die des Landes A. Der Grund: Die Arbeitsproduktivität des Landes B ist höher als die des Landes A.

Kompetenztraining

15

1. Entscheiden Sie, welche Bedeutung der Außenhandel für den Lebensstandard einer Volkswirtschaft wie Deutschland hat! Begründen Sie Ihre Antwort!
2. Erklären Sie die Struktur des Außenhandels von Deutschland! Begründen Sie seine Zusammensetzung!
3. Die Theorie der komparativen Kosten stammt von DAVID RICARDO.[1]

   3.1 Erklären Sie, was die Theorie der komparativen Kosten aussagt!

   3.2 Das berühmte „Wein-Tuch-Beispiel" von RICARDO setzte voraus, dass in Portugal der Arbeitsaufwand je Einheit Wein 80, in England aber 120 sei. Hingegen betrage der Arbeitsaufwand in Portugal je Einheit Tuch 90, in England 100.

Land	Wein	Tuch
Portugal	80	90
England	120	100

   Berechnen Sie, um wie viel Prozent Wein- und Tuchproduktion steigen, wenn sich Portugal auf die Herstellung von Wein und England auf die Herstellung von Tuch spezialisiert!

   3.3 Angenommen, zwei Länder A und B stellen ein Gut P (z. B. Pkw) und ein Gut W (z. B. Werkzeugmaschinen) her. Beide Länder besitzen eine Kapazität von 1000 Stück je Periode. Jede Erzeugniskombination (z. B. 200 Pkw und 800 Maschinen, 400 Pkw und 600 Maschinen) sei möglich.

1 Englischer Volkswirtschaftler (1772–1823).

Die Kosten der Produktion betragen:

Länder	Kosten für einen Pkw (P)	Kosten für eine Maschine (W)
A B	8000,00 GE 12000,00 GE	8800,00 GE 9600,00 GE

3.3.1 Berechnen Sie die komparativen Kosten der beiden Länder für die Produktion der Produkte P und W!

3.3.2 Erläutern Sie, auf welche Produkte sich die beiden Länder spezialisieren, wenn sie den relativen Kostenvorteil durch den Außenhandel nutzen wollen!

3.3.3 Ermitteln Sie, wie hoch die Kostenersparnis ist, wenn sie sich ausschließlich auf eines der beiden Produkte spezialisieren!

4. Üben Sie Kritik an der Theorie der komparativen Kosten!

5. Erläutern Sie, warum z.B. ein Rückgang des Exports im Maschinenbau auch in anderen Wirtschaftszweigen zu Produktionsrückgängen führen könnte!

2 Verschiedene Wechselkursmechanismen – Chancen und Risiken von Wechselkursschwankungen

2.1 Außenwert des Geldes

Wenn man die Grundlagen zwischenstaatlicher Währungspolitik verstehen möchte, muss man sich zuvor mit einigen wichtigen Begriffen und Zusammenhängen befassen. Man muss z. B. wissen, was mit dem Begriff Wechselkurs gemeint ist, was unter freien oder festen Wechselkursen zu verstehen ist, wie sich Devisenangebot und -nachfrage normalerweise verhalten und warum die Zentralbanken auf den Devisenmärkten eingreifen (intervenieren) können oder müssen.

Nahezu alle Länder der Erde unterhalten außenwirtschaftliche Beziehungen, von denen die wichtigsten der **Export** (die Ausfuhr) und der **Import** (die Einfuhr) von wirtschaftlichen Gütern (Sachgütern, Dienstleistungen und Rechten) sind.

Der **Wechselkurs** drückt den **Außenwert** des Geldes aus. Ist eine Fremdwährung „teuer“, ist der Außenwert des eigenen Geldes gering. Ist eine Fremdwährung „billig“, ist der Außenwert des eigenen Geldes groß.

Dies stellen Sie z.B. dann fest, wenn Sie eine Auslandsreise planen. So kann es sein, dass der „Preis“ (der Kurs) für Schweizer Franken schon wieder gestiegen ist. Andererseits lesen Sie in der Zeitung, dass der US-Dollar im Wert abnahm. Es ergeben sich somit zwei

Grundfragen: Erstens: Warum schwanken die Wechselkurse (Umtauschkurse der Währungen) ständig? Und zweitens: Welche Auswirkungen haben Kursschwankungen für die Wirtschaft, für die Arbeitsplätze, für uns selbst?

- Der **Binnenwert des Geldes** stellt sich in seinem Austauschverhältnis zu anderen Wirtschaftsgütern, also im **Preis** bzw. im **Preisniveau** dar.
- Der **Außenwert des Geldes** ist hingegen das Austauschverhältnis zwischen zwei **Währungen,** also der **Wechselkurs.**

2.2 Bestimmungsfaktoren der Wechselkurse

(1) Devisenangebot (Nachfrage nach Binnenwährung)

Die Exporteure erhalten für den Verkauf ihrer Güter Fremdwährung, d. h. Devisen. Dabei wird zwischen **Sorten** (Münzen und Banknoten einer Fremdwährung) und **Devisen i. e. S.** (Zahlungsmittel wie z. B. über Fremdwährungen lautende Schecks, Zahlungsanweisungen und Wechsel) unterschieden. Im weiteren Sinne versteht man unter Devisen auch die Münzen und Noten einer Fremdwährung. Wir verwenden im Folgenden den **Devisenbegriff i. w. S.**

Um ihre Verpflichtungen im Inland erfüllen zu können (z. B. Lohn- und Steuerzahlungen), bieten die Exporteure i. d. R. ihre Deviseneinnahmen den Geschäftsbanken zum Kauf an. Die Banken ihrerseits verkaufen den größten Teil der Devisen wiederum an die Europäische Zentralbank (EZB), um sich die für die Kreditgewährung nötigen Mittel zu beschaffen. Man sagt, die Banken **refinanzieren** sich bei der Zentralbank.

Je **größer der wertmäßige Export** in das Devisenausland ist, desto **größer** ist folglich das **Devisenangebot.** Dem **Devisenangebot** entspricht die **Nachfrage nach Binnenwährung.**

Beispiel:

Ein deutscher Automobilhersteller liefert Pkws im Wert von 250 Mio. US-$ in die USA. Den Erlös muss er in Euro umtauschen, um seinen Verpflichtungen (z. B. Lohn- und Steuerzahlungen in Deutschland) nachkommen zu können. Er fragt also Binnenwährung (€) gegen Devisen (US-$) nach.

Ein wichtiger **Bestimmungsgrund** des **Devisenangebots** bzw. der **Nachfrage nach Binnenwährung** ist der **Export.**

Mancher fragt sich nun, ob das oben Gesagte auch dann gilt, wenn die Exporteure in Binnenwährung (die deutschen Exporteure also in Euro) fakturieren (fakturieren heißt „in Rechnung stellen“). Die Antwort heißt Ja, denn die in Fremdwährungsgebieten ansässigen Importeure besitzen im Normalfall keine Euro, sondern ihre eigene Währung (z. B. Schweizer Franken). Sie müssen also dann Euro nachfragen (Schweizer Franken anbieten), um die in Euro fakturierten Rechnungen zu begleichen.

(2) Devisennachfrage (Angebot von Binnenwährung)

Sofern Güter aus Fremdwährungsländern eingeführt werden, benötigen die Importeure für den Kauf von Importwaren Devisen. Um ihre Verpflichtungen erfüllen zu können, müssen sie die Devisen bei den Banken kaufen. Soweit die Devisenvorräte der Banken nicht ausreichen, kaufen sie die Devisen bei der EZB.

Je **größer der wertmäßige Import** ist, desto **größer** ist folglich die **Devisennachfrage.** Der **Devisennachfrage** entspricht das Angebot von **Binnenwährung.**

Ein wichtiger **Bestimmungsgrund** der **Devisennachfrage** bzw. des **Angebots von Binnenwährung** ist der **Import.**

Das Gleiche gilt, wenn ein in einem Fremdwährungsgebiet ansässiger Lieferer (z. B. ein Schweizer Hersteller) seine Lieferungen in Euro fakturiert. Dann **bietet** er in seinem Land Euro gegen Schweizer Franken **an,** d. h., er **fragt** Schweizer Franken **nach.**

(3) Kursbildung

Bei **Sorten** (ausländisches Bargeld) und **Devisen** (Forderungsrechte in Fremdwährung) erfolgt eine **Mengennotierung,** bei der der Kurs angibt, **wie viel Einheiten einer Fremdwährung** (z. B. US-$) man für **eine** Einheit der **Binnenwährung** (z. B. €) erhält bzw. bezahlen muss (x Fremdwährungseinheiten = 1 €).

Beispiel:

Der Kurs für Schweizer Franken wird mit 1,20 angegeben. Das bedeutet, dass 1,20 Schweizer Franken einem Euro entsprechen.

Devisen & Sorten

Nicht €-Länder 02.04./1 Euro =	Devisen Geld/Brief	Sorten Ankauf/Verkauf
Australischer Dollar	1.7845/1,8045	1,90/1,69
Dänische Kronen	7.4453/7,4853	7,12/7,88
Britisches Pfund	0,8763/0,8803	0,84/0,91
Japanische Yen	117,00/117,48	111,46/125,60
Kanadischer Dollar	1,5386/1,5506	1,47/1,63
Neuseeland-Dollar	1,8241/1,8481	1,56/2,13
Norwegische Kronen	11,215/11,263	10,88/11,89
Polnischer Zloty	4,5501/4,5981	4,11/5,23
Schwedische Kronen	10,905/10,953	10,49/11,64
Schweizer Franken	1,0540/1,0580	1,02/1,10
Südafrikanischer Rand	20,003/20,243	18,06/22,05
Tschechische Kronen	27,370/27,770	23,69/30,11
Türkische Lira	7,2625/7,3625	6,92/7,69
Ungarische Forint	361,22/366,42	309,33/439,58
US-Dollar	1,0891/1,0951	1,03/1,16

Quelle: Hannoversche Allgemeine Zeitung vom 03. 04. 2020, S. 10 (Auszug).

- Die Kreditinstitute nehmen den Kauf bzw. den Verkauf von Devisen und Noten **nicht kostenlos** vor. Die Hereinnahme von **Devisen** erfolgt zum sogenannten **Geldkurs,** der Verkauf zum höheren **Briefkurs.**
- Die Hereinnahme von **Noten** wird zum **Ankaufskurs,** der Verkauf zum höheren **Verkaufskurs** vorgenommen.

Die Differenz zwischen den höheren Brief- bzw. Verkaufskursen und den niedrigeren Geld- bzw. Ankaufskursen dient den Kreditinstituten der **Kostendeckung** und einer angemessenen Gewinnerzielung.

Die Wechselkurse im Devisengeschäft sind etwas niedriger als die Wechselkurse im Privatkundengeschäft. Da sich die Kurse jedoch im Gleichklang nach oben bzw. nach unten bewegen, wird im Folgenden von einheitlichen Wechselkursen ausgegangen.

Bei der Darstellung volkswirtschaftlicher Zusammenhänge ist es daher auch nicht erforderlich, zwischen den Geld- bzw. Ankaufskursen einerseits und den Brief- bzw. Verkaufskursen andererseits zu unterscheiden.

Die **Kursbildung** auf den Devisenmärkten vollzieht sich nach den gleichen Grundsätzen wie die **Preisbildung auf den Gütermärkten.** Die täglich in den Wirtschaftsteilen der Zeitungen veröffentlichten Wechselkurse sind **Referenzkurse,** d.h. vom ESZB empfohlene Kurse. Die von den privaten Banken aufgrund des Devisenangebots und der Devisennachfrage ermittelten „Orientierungspreise" weichen **nicht wesentlich** von den Referenzkursen ab.

Wie beim Gütermarkt gehen wir von einer normalen Nachfrage nach Binnenwährung (Devisenangebot) und von einem normalen Angebot von Binnenwährung (Devisennachfrage) aus.

- Mit **steigendem** Kurs **sinkt** die **Nachfrage** nach **Binnenwährung** (steigt das Devisenangebot).
- Mit **sinkendem** Kurs **steigt** die **Nachfrage** nach **Binnenwährung** (sinkt das Devisenangebot).
- Mit **steigendem** Kurs **steigt** das **Angebot** von **Binnenwährung** (sinkt die Devisennachfrage).
- Mit **sinkendem** Kurs **sinkt** das **Angebot** von **Binnenwährung** (steigt die Devisennachfrage).

Die Gründe sind u.a. folgende:

- **Steigt der Kurs,** wird die Binnenwährung für die Handelspartner teurer (z.B. 1,30 US-$ für 1,00 €, jetzt 1,35 US-$ für 1,00 €). Die Folge ist, dass der **Export abnimmt** und weniger Devisen erlöst werden. Die Nachfrage nach Binnenwährung sinkt, weil weniger Devisen erlöst werden.
- **Sinkt der Kurs,** wird die Binnenwährung für die Handelspartner billiger. Der **Export nimmt zu.** Die Nachfrage nach Binnenwährung steigt, weil mehr Devisen erlöst werden.
- **Steigt der Kurs,** bedeutet das für die Importeure (und letztlich auch für die Verbraucher), dass die Fremdwährung billiger wird (bisher 1,30 US-$ für 1,00 €, jetzt 1,35 US-$ für 1,00 €). Die Folge ist, dass jetzt **mehr importiert** wird. Die Nachfrage nach Devisen steigt, d.h., es wird mehr Inlandswährung angeboten.
- **Sinkt der Kurs,** wird die Fremdwährung für die Importeure (und letztlich auch für die Verbraucher) teurer. Der **Import nimmt ab.** Die Nachfrage nach Devisen sinkt, d.h., es wird weniger Inlandswährung angeboten.

(4) Gleichgewichtskurs

Der **Gleichgewichtskurs** ist der Kurs, der Devisenangebot (Nachfrage nach Binnenwährung) und Devisennachfrage (Angebot von Binnenwährung) zum Ausgleich bringt.

Beim Gleichgewichtskurs kommen auf dem Devisenmarkt alle Anbieter zum Zuge, die zu diesem Kurs Binnenwährung verkaufen wollen, und alle Nachfrager, die höchstens zu diesem Kurs Binnenwährung zu kaufen bereit sind. (Anbieter von Binnenwährung = Nachfrager nach Devisen; Nachfrager nach Binnenwährung = Anbieter von Devisen.)

Wie auf jedem Markt verschieben sich Währungsangebot und Währungsnachfrage ständig. Diese Verschiebungen haben vielerlei Gründe.

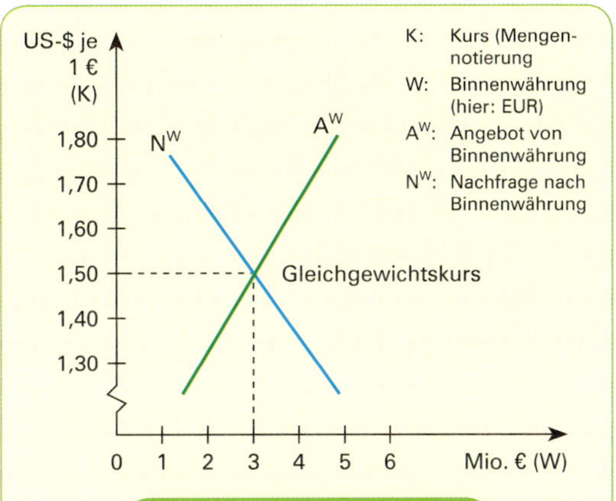

Gleichgewichtskurs

Beispielhaft seien genannt:

- **Unterschiedliche Inflationsraten in den einzelnen Währungsgebieten.** In Währungsgebieten mit hohen Inflationsraten verschlechtern sich i. d. R. die Exportchancen, sodass sich die Nachfragekurve nach Binnenwährung „nach links" verschiebt: Bei jedem denkbaren Kurs wird weniger Binnenwährung nachgefragt (werden weniger Devisen angeboten) als zuvor. Andererseits nimmt das Angebot von Binnenwährung zu (es werden mehr Devisen nachgefragt), weil die Importwaren vergleichsweise billiger werden.
- **Spekulative Gründe.** Internationale Geldanleger (z. B. Kreditinstitute, Investmentfonds) rechnen damit, dass der Kurs einer Währung sinkt. Die Nachfrage nach dieser Währung, d. h. das Angebot von Binnenwährung, nimmt zu. Die Angebotskurve verschiebt sich nach „rechts": Bei jedem denkbaren Kurs wird mehr Binnenwährung angeboten (werden mehr Devisen nachgefragt) als zuvor. Andererseits sinkt die Nachfrage nach inländischer Währung (das Devisenangebot).

Beispiel:

Ein Geldanleger rechnet damit, dass der Kurs des US-$ sinkt. Angenommen, er kauft 100 000,00 US-$ zum Kurs von 1,10 je 1,00 €. Dann muss der Anleger 90 909,09 € bezahlen. Sinkt der Kurs des US-$ auf 1,00 je 1,00 €, erhält der Geldanleger für seine US-$ 100 000,00 €.

(5) Wechselkursmechanismus

Die folgenden **vier Abbildungen** zeigen den Zusammenhang zwischen dem Angebot von Binnenwährung, der Nachfrage nach Binnenwährung und dem Wechselkurs **(Wechselkursmechanismus)**.

Es handelt sich um die gleichen „Preisgesetze“, wie wir sie bereits bei den Gütermärkten kennengelernt haben.

- K: Wechselkurs (z. B. US-$ je 1,00 €)
- K_0: bisheriger Kurs
- K_1: neuer Kurs
- A^W: Angebot von Binnenwährung
- A^W_0: bisheriges Angebot von Binnenwährung
- A^W_1: jetziges Angebot von Binnenwährung
- N^W: Nachfrage nach Binnenwährung
- N^W_0: bisherige Nachfrage nach Binnenwährung
- N^W_1: jetzige Nachfrage nach Binnenwährung
- W: Binnenwährung (z. B. €)
- W_0: bisher auf dem Devisenmarkt umgesetzte Binnenwährung
- W_1: jetzt auf dem Devisenmarkt umgesetzte Binnenwährung

Steigender Wechselkurs

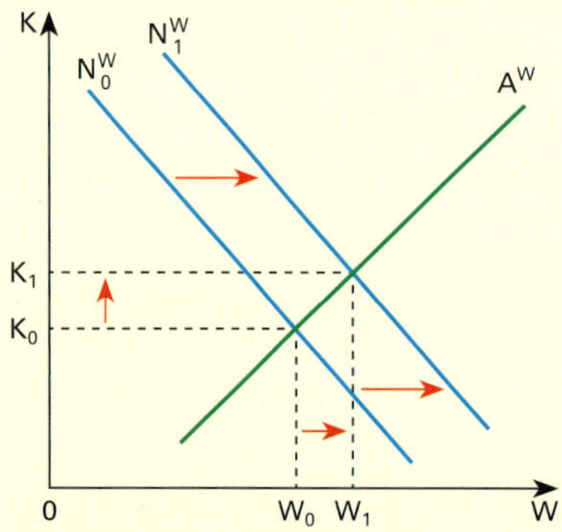

Zunehmende Nachfrage nach Binnenwährung

Sinkender Wechselkurs

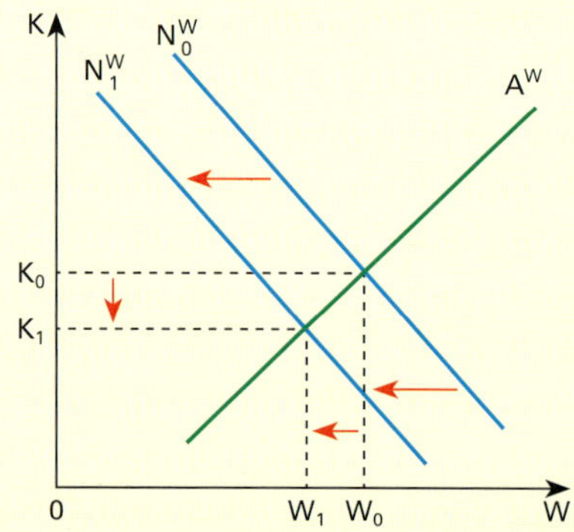

Abnehmende Nachfrage nach Binnenwährung

Sinkender Wechselkurs

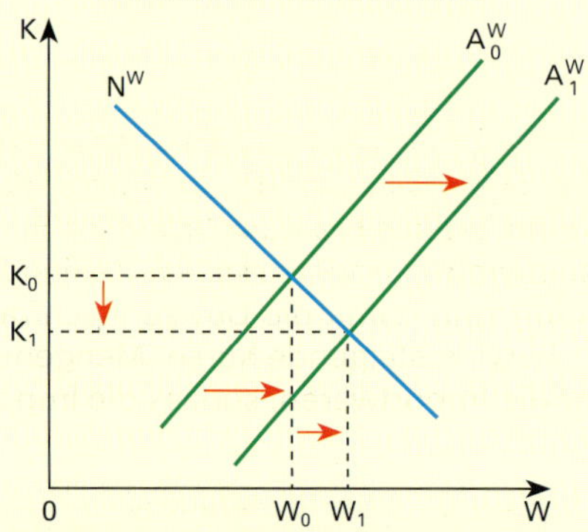

Zunehmendes Angebot von Binnenwährung

Steigender Wechselkurs

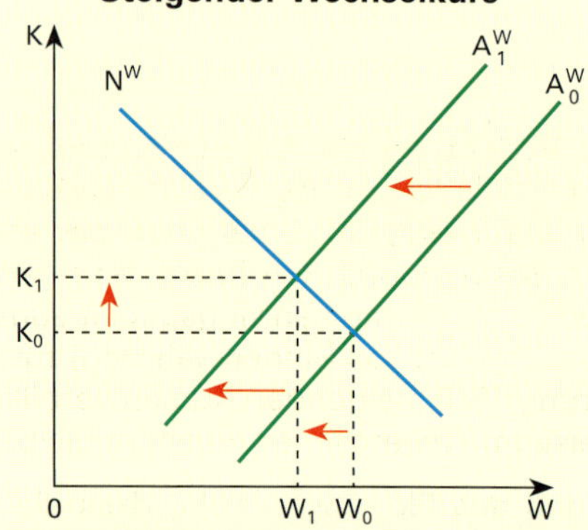

Abnehmendes Angebot von Binnenwährung

2.3 Verschiedene Wechselkursmechanismen

2.3.1 Freie Wechselkurse (Floating)

Bleiben die Wechselkurse dem „freien Spiel von Angebot und Nachfrage" überlassen, sprechen wir von **freien Wechselkursen** oder **flexiblen**[1] **Wechselkursen.**

Man lässt – wie die Fachsprache sagt – die Wechselkurse **floaten.**[2] Die Zentralbanken greifen nur mit marktkonformen Mitteln (Devisenverkäufen oder Devisenkäufen) ein. Die Regierungen enthalten sich jeglichen Eingriffs.

Beispiel:

Angenommen, die Nachfrage nach Euro steigt durch einen den Import **übersteigenden** Export von Gütern aus Deutschland in die USA (**aktive** Außenhandelsbilanz). Als Folge dieser Situation fragen die amerikanischen Importeure verstärkt Euro nach, um die auf **Euro** lautenden Rechnungen begleichen zu können (vorausgesetzt die Exporteure sind in der starken Position, die Rechnung zum Ausschluss von Währungsrisiken in Euro zu fakturieren).

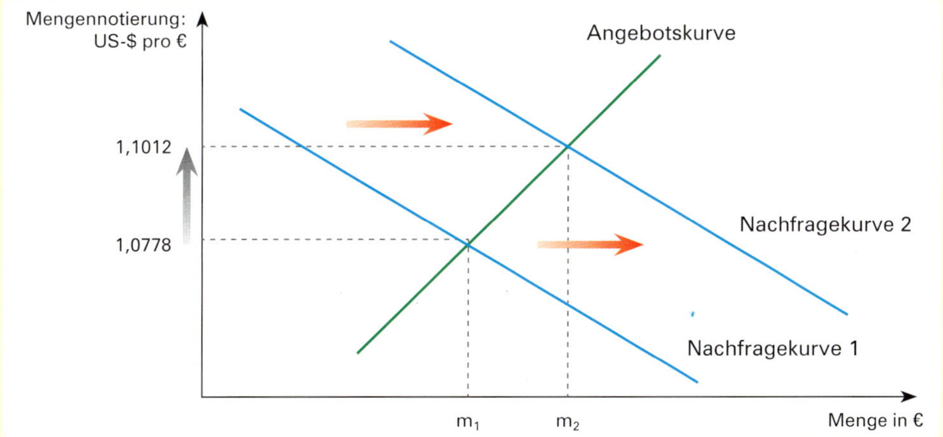

Die **Bedeutung der freien Wechselkurse** liegt darin, dass sie die Tendenz haben, sich immer wieder auf den Gleichgewichtskurs hinzubewegen. Der Markt sorgt dafür, dass keine Währung unter- oder überbewertet wird. Die Inflation aus Fremdwährungsgebieten wird **nicht** importiert, d. h. auf das eigene Währungsgebiet übertragen, weil mit steigenden Preisen im Fremdwährungsgebiet zunächst der Import und damit die Devisennachfrage (das Angebot von Binnenwährung) zurückgeht. Dies bewirkt steigende Kurse (Mengennotierung). Mit steigenden Kursen verbilligen sich aber die Importwaren, sodass die Importpreise im Wesentlichen konstant bleiben.

Gegen das Floating spricht, dass die Kurse laufenden und unvorhersehbaren Schwankungen unterworfen sind. Damit ändern sich die Kalkulationsgrundlagen bzw. die Gewinnmöglichkeiten der Exporteure. Die Exportgeschäfte sind mit hohen Risiken behaftet, insbesondere dann, wenn es sich um langfristige Geschäfte handelt. Dies ist der Grund,

1 **Flexibel**: beweglich.

2 **To float** (engl.): fließen, fluten, sich bewegen.

warum zwischen einzelnen Ländern und Ländergruppen immer wieder feste Wechselkurse vereinbart wurden und die Rückkehr zu relativ festen Wechselkursen gefordert wird.

Die Beziehungen zwischen Preisniveau, Import und Export bei flexiblen Wechselkursen lassen sich wie folgt darstellen:

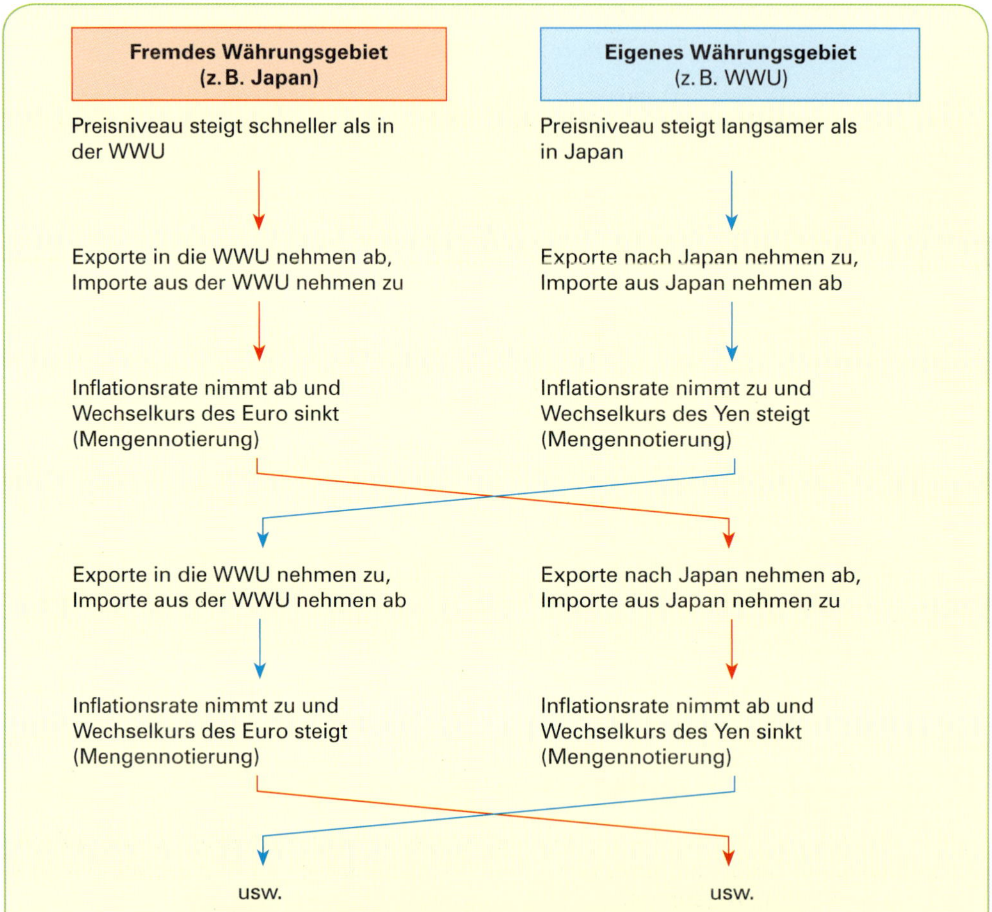

Schematische Darstellung der Kaufkraftparitätentheorie

2.3.2 Relativ feste (stabile) Wechselkurse

(1) Begriff und Wirkungsweise

Das **System relativ[1] fester Wechselkurse** lässt bestimmte Schwankungsbreiten der Kurse zu.

1 **Relativ**: verhältnismäßig.

Wenn im Folgenden von festen (gebundenen) Wechselkursen die Rede ist, sind **immer die relativ festen** Wechselkurse gemeint. Das Wesen der relativ festen Wechselkurse besteht darin, dass die Regierungen sogenannte **Paritäten** (Leitkurse) miteinander vereinbaren, wobei die Kurse nach oben und unten mit einem bestimmten Prozentsatz (z. B. je 2,5 %) vom Leitkurs abweichen dürfen. Die zugelassene Schwankungsbreite (z. B. 5 %) wird als **Bandbreite** oder auch als **„Zielzone"** bezeichnet.

Beispiel:

Angenommen, zwischen dem Land A und dem Land B wurde eine **Parität** von 2 : 1 vereinbart. Dies bedeutet, dass der **Leitkurs** 2 AGE (Geldeinheiten der Währung A) für 1 BGE (Geldeinheit der Währung B) beträgt. Bei einer Bandbreite von 2,5 % darf der Kurs dann höchstens auf 2,05 steigen und nicht weniger als auf 1,95 sinken.

Würde der Kurs aufgrund gestiegener Nachfrage nach BGE oder aufgrund gesunkenen Angebots von BGE *über* 2,05 steigen, müsste die Zentralbank des Landes B eingreifen (intervenieren), indem sie AGE kauft (BGE verkauft), um den Kurs zu senken. Die obere Grenze der Bandbreite heißt deswegen **oberer Interventionspunkt.**

Droht hingegen der Kurs *unter* 1,95 zu fallen, weil die Nachfrage nach BGE abgenommen oder das Angebot von BGE zugenommen hat, muss die Zentralbank des Landes B eingreifen (intervenieren), d. h. AGE aus ihren Devisenvorräten verkaufen (BGE kaufen), um den Kurs zu heben. Die untere Grenze der Bandbreite wird deshalb als **unterer Interventionspunkt** bezeichnet.

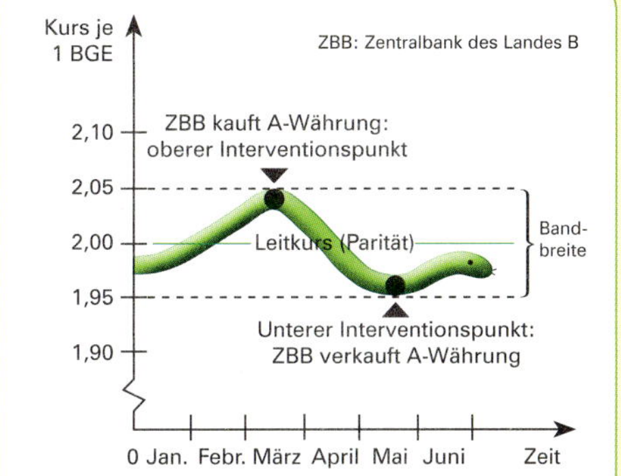

Mögliche Kursentwicklung aus der Sicht des Landes B bei relativ festen Wechselkursen („Währungsschlange")

(2) Bedeutung des Systems relativ fester Wechselkurse

Der Vorteil fester Devisenkurse ist, dass der Wirtschaft sichere Kalkulationsgrundlagen geboten werden. Die Gefahr eines plötzlichen Kursverfalls oder eines unerwarteten Kursanstiegs ist weitgehend gebannt.

Die Nachteile dürfen jedoch nicht übersehen werden. So kann z. B. eine Zentralbank nur so lange Devisen verkaufen, um den Kurs nicht unter den unteren Interventionspunkt fallen zu lassen, wie sie über Devisen verfügt. Sind ihre **Devisenvorräte** erschöpft, muss der Leitkurs (die Parität) herabgesetzt, d. h. die eigene Währung **abgewertet**[1] werden. Die neue Parität muss mindestens so hoch sein wie der Kurs, der sich bei freien Wechselkursen ergeben würde. Währungen, die laufend abgewertet werden müssen, heißen **weiche Währungen.**[2]

1 Das Fachwort für Abwertung heißt Devalvation.

2 **Weiche Währungen**: schwache Währungen. Der Begriff „weiche Währung" wurde seit 1973 auch auf floatende Währungen übertragen, nämlich auf Währungen, deren Außenwert laufend sinkt.

Der **Hauptgrund** für eine erforderliche **Abwertung** ist, dass die **Importe zu hoch,** die **Exporte zu niedrig** sind (Devisenmangel). Durch die Abwertung werden die **Importe gedrosselt** (die Fremdwährungen und damit die Importwaren werden teurer) und der **Export gefördert.**

Seltener kommt es vor, dass der Leitkurs zu niedrig ist. Dies ist dann der Fall, wenn eine Zentralbank Devisen kaufen muss, um den Kurs nicht über den oberen Interventionspunkt steigen zu lassen. Theoretisch kann die Zentralbank laufend Devisen aufkaufen: Eigenes Geld kann sie jederzeit drucken und in Umlauf setzen (Geldschöpfung). Die größte Gefahr dieser Politik besteht darin, dass der Geldumlauf im eigenen Währungsgebiet erhöht wird und so die Preise steigen. Längerfristig muss die eigene Währung **aufgewertet,** d.h. der Leitkurs heraufgesetzt werden.[1] Die neue Parität sollte so hoch sein wie der Kurs, der sich bei freien Wechselkursen ergeben würde. Währungen, die stark nachgefragt werden, die also von Zeit zu Zeit aufgewertet werden, heißen **harte Währungen.**[2]

Ein Grund für eine notwendig gewordene **Aufwertung** ist, dass die **Exporte** in Fremdwährungsländer **zu hoch,** die **Importe** aus Fremdwährungsländern **zu niedrig** sind (laufende Devisenüberschüsse). Die eigene Währung ist also **unterbewertet,** sodass die Exportwaren für die Fremdwährungsländer billig sind.

Dies ist vor allem dann der Fall, wenn die Preise in den Fremdwährungsländern schneller steigen als im eigenen Währungsgebiet; dann nämlich weicht der Gleichgewichtskurs immer mehr vom Leitkurs (von der Parität) ab. Die Folge ist, dass aufgrund der dauernden Devisenkäufe der Zentralbank der Geldumlauf im eigenen Währungsgebiet steigt und das Preisniveau nach oben klettert. Man bezeichnet die auf Exportüberschüssen beruhenden Preissteigerungen als **„importierte Inflation".**

(3) Wechselkursmechanismus II (WKM II)

Der **W**echsel**k**urs**m**echanismus II (WKM II) ist die **Fortsetzung des WKM I** zwischen der WWU und den Mitgliedsländern der Europäischen Union, die noch nicht der WWU angehören wollen bzw. aufgenommen werden können. **„Ankerwährung"**[3] ist der **Euro.**

Wichtige Regelungen für den WKM II sind:[4]

- Die **Teilnahme** ist **freiwillig.**
- Die **Leitkurse** der Outs[5] werden auf den Euro **festgelegt.**
- Derzeit nimmt mit **Dänemark** nur ein Land am WKM II teil. **Kroatien** hat für das zweite Halbjahr 2020 einen Antrag auf Teilnahme gestellt.

1 Das Fachwort für Aufwertung heißt Revalvation.

2 **Harte Währungen**: starke Währungen. Der Begriff „harte Währung" wurde seit 1973 auch auf floatende Währungen übertragen, nämlich auf Währungen, deren Außenwert stabil bleibt oder längerfristig steigt (z. B. Schweizer Franken).

3 **Ankerwährung**: Währung, zu der Fremdwährungen in einem absolut oder relativ festen Umtauschverhältnis stehen, mit der sie also mehr oder weniger fest „verankert" sind.

4 Seit 1. Januar 2020.

5 **Outs** (engl.): Außenstehende.

- Sind **Interventionen** an den Interventionspunkten erforderlich, sollen diese grundsätzlich **automatisch und unbegrenzt** erfolgen. Die Interventionen dienen der Verteidigung der Wechselkurse.
- Die EZB kann **Interventionen aussetzen,** wenn diese das Hauptziel der EZB, nämlich die **Geldwertstabilität, gefährden können.**

2.3.3 System absolut fester Wechselkurse

Bei dem **System absolut fester Wechselkurse** erfolgt die Verrechnung von Lieferungen und Leistungen über von den **Regierungen** festgelegte Verrechnungseinheiten.

Da der Wechselkurs nicht den Marktverhältnissen entspricht, sind die ausländischen Exporteure zumeist nicht bereit, Güter und Dienstleistungen gegen diese Währung zu verkaufen. Dieser Umstand zwingt die Länder mit festen Wechselkursen dazu, die knappen Devisen zu bewirtschaften **(Devisenbewirtschaftung).** Die für den Import in Länder mit derartigem Wechselkurssystem (z. B. in einige Staaten Schwarzafrikas) benötigten Devisen werden meist auf Antrag zugeteilt.

2.3.4 Zusammenfassender Überblick über internationale Währungsordnungen

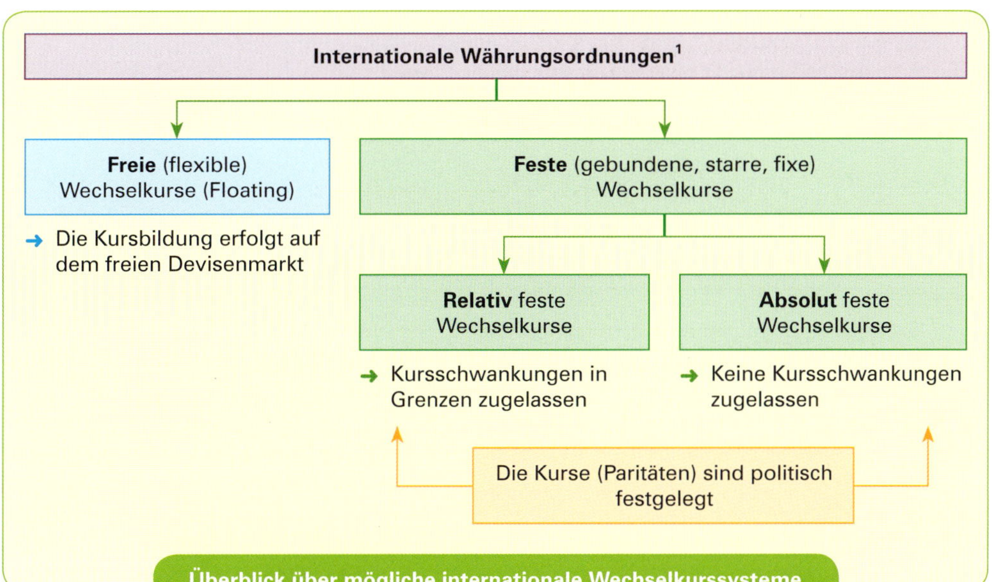

Überblick über mögliche internationale Wechselkurssysteme (Währungsordnungen)

1 **Währungsordnungen** (Wechselkurssysteme) werden auch als Wechselkursregime bezeichnet. Regime (frz.) bedeutet in diesem Zusammenhang „herrschende Ordnung".

Kompetenztraining

16 1. Kennzeichnen Sie kurz die Begriffe absolut starre und relativ starre Wechselkurse!

2. Die nebenstehende Abbildung zeigt die Situation auf einem Devisenmarkt bei relativ festen Wechselkursen.

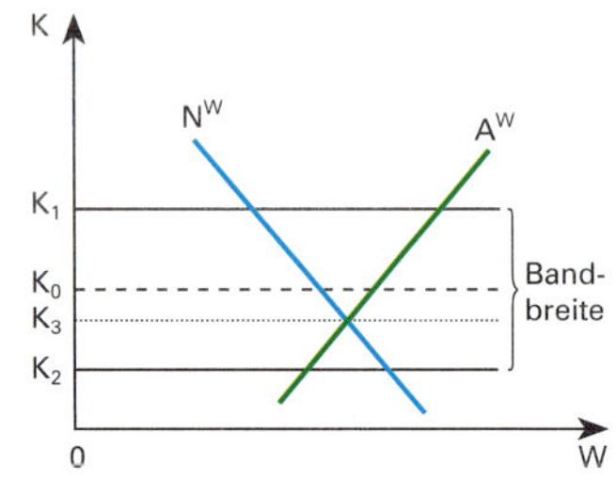

Aufgaben:

2.1 Geben Sie Auskunft, wie die Kurse K_0, K_1, K_2 und K_3 bezeichnet werden!

2.2 Definieren Sie die unter 2.1 genannten Begriffe!

2.3 Entscheiden Sie, ob die Zentralbank eingreifen muss! Begründen Sie Ihre Antwort!

Die Abkürzungen bedeuten:
K = Kurs (Mengennotierung); A^W = Angebot von Binnenwährung;
N^W = Nachfrage nach Binnenwährung; W = Binnenwährung.

3. Die nebenstehende Abbildung zeigt die Situation auf einem Devisenmarkt bei relativ festen Wechselkursen.

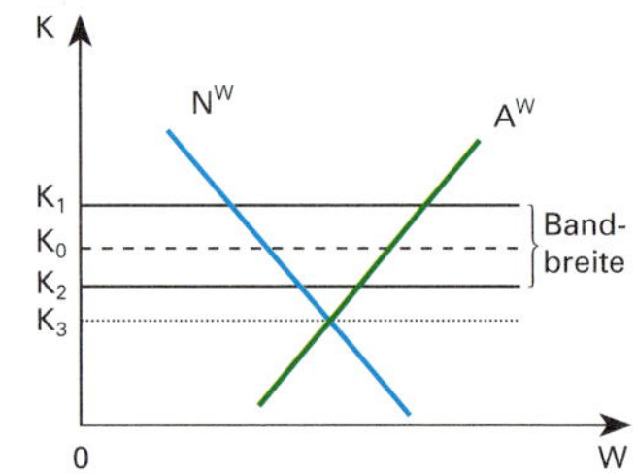

Aufgaben:

3.1 Geben Sie Auskunft, wie die Kurse K_0, K_1, K_2 und K_3 bezeichnet werden!

3.2 Entscheiden Sie, ob die Zentralbank eingreifen muss! Begründen Sie Ihre Entscheidung!

3.3 Erläutern und begründen Sie, welche Folgen sich langfristig für die Binnenwirtschaft ergeben!

4. Die nebenstehende Abbildung zeigt die Situation auf einem Devisenmarkt bei relativ festen Wechselkursen.

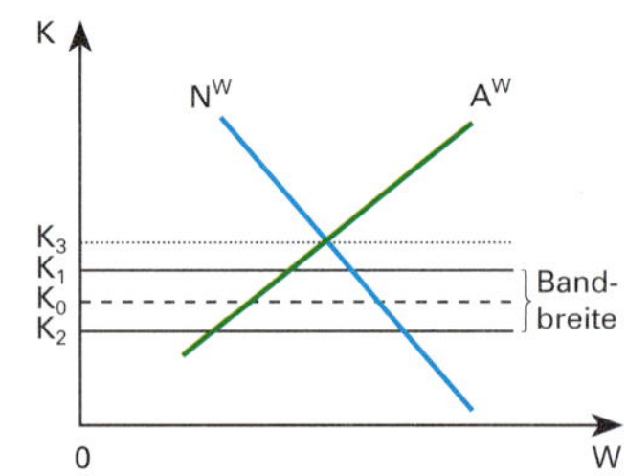

Aufgaben:

4.1 Geben Sie Auskunft, wie die Kurse K_0, K_1, K_2 und K_3 bezeichnet werden!

4.2 Entscheiden und begründen Sie, ob die Zentralbank eingreifen muss!

4.3 Entscheiden und begründen Sie, welche Folgen sich langfristig für die Binnenwirtschaft ergeben!

5. Angenommen, der Kurs der norwegischen Krone sinkt von 9,00 auf 8,50 nkr je 1,00 €. Ein Spekulant kauft für 250 000,00 € norwegische Kronen zum Kurs von 9,00 € und verkauft diese zum Kurs von 8,50.

Aufgabe:

Berechnen Sie das Spekulationsergebnis!

6. Überprüfen Sie, ob Sie sich in der Vielfalt der Kursangaben zurechtfinden! (Bankgebühren bleiben außer Betracht.)

6.1 Ein in Deutschland ansässiger Importeur möchte eine Eingangsrechnung über 98 000,00 US-$ bezahlen. Der Geldkurs des US-$ beträgt 1,02, der Briefkurs 1,03 (Mengennotierung). Berechnen Sie, mit wie viel Euro ihn seine Bank belastet!

6.2 Eine deutsche Maschinenfabrik liefert Maschinen für 240 000 US-$ in die USA. Ermitteln Sie, welchen Betrag in Euro die Bank der Maschinenfabrik gutschreibt, wenn der Geldkurs des Dollars 1,015 und der Briefkurs 1,022 betragen (Mengennotierung)!

6.3 Die Maschinenfabrik verkauft auch Maschinen in die Schweiz. Dem Schweizer Importeur wurde eine Maschine mit 235 000,00 € in Rechnung gestellt. Er bezahlte mit 347 800,00 sfrs. Der Geldkurs beträgt 1,48 und der Briefkurs 1,50 (Mengennotierung). Prüfen Sie nach, ob die Überweisung in Ordnung ist!

6.4 Ein deutsches Importunternehmen kauft in Großbritannien Herrenanzüge zum Preis von 278 000,00 £. Der britische Exporteur wünscht Zahlung durch Banküberweisung in englischen Pfund (£). Berechnen Sie, mit wie viel Euro die Bank das deutsche Importunternehmen belastet! Das englische Pfund notiert mit 0,6025 (Geld) bzw. 0,6065 (Brief).

6.5 Frau Erika Winterhalder will in der Schweiz Urlaub machen und sich in Deutschland mit dem nötigen Bargeld versehen. (Größere Beträge will sie mit ihrer Kreditkarte bezahlen.) Am Bankschalter liest sie „CHF Verkauf 61,00 CHF, Ankauf 63,20 CHF." Ermitteln Sie, wie viel Schweizer Franken sie für 250,00 € erhält!

6.6 Von ihrer Schweizreise bringt Frau Winterhalder noch 120,00 sfrs zurück nach Deutschland. Inzwischen hat sich der Kurs verändert. Am Bankschalter steht zu lesen: „CHF Verkauf 60,50 CHF, Ankauf 62,70 CHF". Berechnen Sie, wie viel Euro Frau Winterhalder für die 120,00 CHF erhält!

Bankübliche Abkürzungen für Devisen	
AUD	Australische Dollar
CAD	Kanadische Dollar
CHF	Schweizer Franken
DKK	Dänische Krone
EUR (€)	Euro
GBP (£)	Englisches Pfund
JPY	Japanische Yen
NOK	Norwegische Krone
TRL	Türkische Lira
USD ($)	US-Dollar

7. 7.1 Erklären Sie den Begriff „Floating"!

7.2 Nennen Sie drei Gründe für einen im Verhältnis zum USD steigenden Euro!

7.3 Flexible Wechselkurse führen bei Ungleichgewichten von Export und Import mittelfristig zu einem Gleichgewicht dieser beiden Größen. Nehmen Sie an, der Export von Deutschland in die USA (Fakturierung in Euro) sei größer als der Import (Fakturierung in US-Dollar). Erläutern Sie die mittelfristige Wirkung bei flexiblen Wechselkursen aus dem Blickwinkel Deutschlands auf

7.3.1 Euronachfrage,

7.3.2 Dollarangebot,

7.3.3 Eurokurs,

7.3.4 Dollarkurs,

7.3.5 Exporte und

7.3.6 Importe!

7.4 Formulieren Sie ein Argument für und gegen das System flexibler Wechselkurse!

7.5 Angenommen, auf dem Devisenmarkt steigt der Wechselkurs für 1,00 € von 1,3100 USD auf 1,5585 USD. Ein in Deutschland gefertigter Sportwagen kostet in der Bundesrepublik Deutschland 59 900,00 €. Ermitteln Sie, zu welchem USD-Preis dieser Pkw vor und nach der Wechselkursänderung in den USA angeboten werden kann, wenn sich die Gewinnspanne des Anbieters nicht ändern soll! Transportkosten, Zölle etc. bleiben bei der Betrachtung außen vor.

Lernsituation E2
Der Stellenwert des Außenhandels für die deutsche Volkswirtschaft: Absatzmöglichkeiten auf internationalen Märkten einer globalisierten Welt

Katharina, Christine, Marvin und Thorsten sind seit über einem Jahr Schüler an einem Berufskolleg für Wirtschaft und haben sich seither öfter am Wochenende getroffen, um gemeinsam etwas zu unternehmen. An einem Freitag in der zweiten Pause stehen alle vier auf dem Schulhof zusammen und überlegen, dass es mal wieder an der Zeit sei, sich für einen Abend zu verabreden. Marvin schlägt vor, sich am Samstag so gegen 20:00 Uhr in der Stadt zu treffen und erst einmal ins Kino zu gehen. Danach könne man ja ganz entspannt noch etwas Trinken und den Abend gemütlich ausklingen lassen. Während Christine und Thorsten den Vorschlag für eine gute Idee halten, winkt Katharina ab und sagt, dass sie leider schon etwas anderes für diesen Abend geplant habe und an einem Treffen von Globalisierungsgegnern teilnehmen möchte.

Christine scheint daraufhin ziemlich genervt und wirft Katharina vor, sich in letzter Zeit total merkwürdig zu verhalten. Erst habe sie ihr Smartphone eines weltweit führenden Herstellers verkauft, weil sie nicht länger ein Gerät benutzen möchte, zu dessen Herstellung angeblich Menschen in anderen Ländern ausgebeutet und die Umwelt dort verschmutzt würden. Dann hätte sie sich neulich in der Pizzeria total aufgeregt, nur weil Marvin sich eine Thunfischpizza bestellt hatte. Kurze Zeit später beim Shoppen in der Stadt, wäre sie nur durch ständiges Rumzicken aufgefallen, obwohl sie doch selbst jahrelang in diesen Läden ihre Klamotten gekauft hätte. Aber nein, unser „Gutmensch" Katharina geht ja jetzt in „Dritte-Welt-Läden" und trägt Baumwollklamotten aus angeblich fairem und nachhaltigem Anbau, provoziert Christine weiter. Und nun werde sie auch noch am Wochenende zur Spaßbremse, weil ihr neuerdings sinnloses Gerede bei Jasmintee und Kerzenschein mit diskussionsfreudigen „Weltverbesserern" wichtiger sei als ihre ehemals besten Freunde.

Katharina fühlt sich angegriffen, reagiert aber erstaunlich sachlich. Sie sagt, dass sie die ganze Aufregung und diese Vorwürfe durchaus verstehen könne und ihren Freunden wohl eine Erklärung schuldig sei. Dann schildert sie, dass sie vor ca. zwei Monaten mit ihrer älteren Schwester auf einer Veranstaltung von einer Organisation mit Namen Attac gewesen sei. Dort habe sie an jenem Abend einen Dokumentarfilm mit dem Titel „Eine unbequeme Wahrheit" gesehen, der sie total nachdenklich gemacht hätte. Im Wesentlichen drehe sich dieser Film mit dem ehemaligen US-Vizepräsidenten Al Gore um die globale Erderwärmung und die daraus resultierenden Folgen. Nach intensiver Beschäftigung mit diesem Thema und einigen weiteren Informationsveranstaltungen über die Folgen der Globalisierung habe sie halt für sich beschlossen, ihr persönliches Konsumverhalten möglichst konsequent zu verändern, um die Welt vielleicht doch ein ganz klein wenig besser zu machen. Es tue ihr total leid, wenn ihr manchmal so eine „oberlehrerhafte" Bemerkung wie in der Pizzeria rausrutschen würde, aber sie sei halt in bestimmten Situationen ziemlich traurig und auch wütend über das ihrer Meinung nach gedankenlose Verhalten vieler Mitmenschen. Zudem hätte sie damals vor dem Besuch der Pizzeria zufällig einen Bericht zur Überfischung der Weltmeere und der Bedrohung der Delfine wegen der Schleppnetzfischerei gelesen.

Jetzt mischt sich Thorsten in das Gespräch ein und sagt, dass er es ziemlich beeindruckend findet, dass Katharina für sich eine solch konsequente Verhaltensänderung an den Tag legt. Allerdings habe er kürzlich erst gehört, dass es Menschen gibt, die komplett gegen den internationalen Handel sind und fordern, diesen sogar abzuschaffen. In einer solchen Welt, sagt Thorsten, könne er sich aber überhaupt nicht vorstellen zu leben, da dann doch hierzulande so gut wie alles stillstehen würde. Außerdem bliebe ja von all dem, woran man sich so tagtäglich erfreut, so gut wie nichts mehr übrig.

Kompetenzorientierte Arbeitsaufträge:

1. Notieren Sie zunächst zehn Güter Ihres täglichen Bedarfs, die importiert sind! Im Anschluss daran notieren Sie bitte zehn Güter, von denen Sie mit absoluter Gewissheit sagen können, dass diese nicht importiert werden, auch nicht die Rohstoffe zu deren Fertigung! Welche der beiden Aufgaben war für Sie einfacher zu lösen?
2. Anknüpfend an Thorstens Anmerkungen zum Ende der vorangestellten Lernsituation notieren Sie zehn Importgüter, auf die Sie trotz negativer Auswirkungen auf Mensch und Umwelt keineswegs bereit wären zu verzichten!
3. Erläutern Sie, was konkret Thorsten damit gemeint haben könnte, dass ohne den Außenhandel hierzulande „alles stillstehen würde"!
4. Setzen Sie sich exemplarisch mit den Effekten der Globalisierung im Spannungsfeld von Ökonomie, Ökologie und Ethik auseinander! Erläutern Sie kurz einige dieser Effekte!
5. Analysieren Sie mögliche Ursachen und Wirkungen von Ungleichgewichten im Außenhandel!
6. **Arbeitsvorschlag**:

   Die Globalisierung bringt viele Herausforderungen mit sich, die es zukünftig zu lösen gilt. Sammeln Sie zunächst im Klassenverband derartige Herausforderungen und entwickeln Sie anschließend ganz konkret modellhaft mögliche Maßnahmen zur aktiven Bewältigung dieser realen Herausforderungen!

3 Der Stellenwert des Außenhandels für die deutsche Volkswirtschaft

Der **Außenhandel Deutschlands** mit den Mitgliedsländern der Europäischen Union wird als **Intrahandel**[1] bezeichnet. Die Käufe (Einfuhren, Importe) aus den EU-Ländern heißen **innergemeinschaftlicher Erwerb,** die Verkäufe (Ausfuhren, Exporte) **innergemeinschaftliche Lieferungen.**

1 **Intra** (lat.): innerhalb; Intrahandel: Handel innerhalb der Europäischen Union.

Der gewerbsmäßige Güteraustausch mit Drittländern (mit Ländern, die nicht der Europäischen Union angehören) wird **Extrahandel**[1] genannt.

Ausfuhr	■ Die **Beschäftigung** (und damit der **Lebensstandard**) in der Bundesrepublik Deutschland hängt in großem Maße vom Export ab. So waren im Jahr 2019 mehr als 11,5 Mio. Arbeitsplätze in Deutschland abhängig vom Export. ■ Die Ausfuhr der Bundesrepublik Deutschland betrug 2019 insgesamt 1327 Mrd. €. Die innergemeinschaftlichen Lieferungen machten davon 777 Mrd. € aus. Das entspricht einem Anteil von knapp 59,0 %.
Einfuhr	■ Die Bundesrepublik Deutschland ist ein **rohstoffarmes Land.** Sie ist deshalb auf die Einfuhr zahlreicher Rohstoffe angewiesen (z. B. Erdöl, Erdgas, Baumwolle, Eisenerz, Rohphosphate). ■ 2019 betrug z. B. die Einfuhr der Bundesrepublik Deutschland 1104 Mrd. €. Davon entfielen auf den innergemeinschaftlichen Erwerb 631 Mrd. €, das sind 57,2 %.

Der internationale Handel wird durch „offene Grenzen" gefördert. Der **Wegfall von „Handelsschranken"** wie Zölle, mengenmäßige Export- und Importbeschränkungen (Kontingentierungen) **sowie technischen Hemmnissen** (z. B. unterschiedliche technische Normen, Prüfverfahren, Sicherheitsvorschriften) kommt allen Handelspartnern zugute, wie das Beispiel der EU zeigt.

Wichtige Ausfuhrgüter	Wichtige Einfuhrgüter
Wichtige Ausfuhrgüter der Bundesrepublik Deutschland sind Fertigwaren, wie z. B. Werkzeugmaschinen, Kraftfahrzeuge, feinmechanische Geräte, Glas- und Lederwaren, sowie Halbwaren wie z. B. Gießerei- und Walzwerkerzeugnisse oder Chemikalien. Die Ausfuhr von Rohstoffen (z. B. Kohle, Kali, Tonerde) und von Nahrungs- und Genussmitteln (z. B. Fleischwaren, Geflügel, Wein) ist im Rahmen der Gesamtausfuhr hingegen von geringer Bedeutung.	Neben Rohstoffen werden Nahrungsmittel importiert, die in Deutschland nicht, nicht in ausreichender Menge und/oder nicht in der gewünschten Qualität produziert werden können (z. B. Kaffee, Kakao, Ölfrüchte, Rohtabak, Wein). Wichtige Importgüter sind aber auch Halb- und Fertigwaren, die in den Lieferländern kostengünstiger erzeugt werden können (z. B. Maschinenteile und Maschinen, feinmechanische und optische Geräte, unterhaltungselektronische Geräte, Kraftfahrzeuge). Hinzu kommen chemische Erzeugnisse, Textilien, Bekleidung sowie Verlags- und Druckerzeugnisse.

1 **Extra** (lat.): außerhalb; Extrahandel: Handel mit Ländern außerhalb der Europäischen Union.

4 Geschichtlicher und aktueller Hintergrund der EU

4.1 Mitgliedstaaten und wichtige Organe der Europäischen Union (EU)

Die europäische Union ist ein Staatenbund mit derzeit 27 Mitgliedstaaten.

Die Europäische Union

	Beitrittsjahr	Einwohner 2019[1] in Mio.	BIP[1,2] 2018 pro Kopf in Tausend Euro
Belgien	1958	11,5 Mio.	35,7 Tsd. €
Deutschland	1958	83,0	36,9
Frankreich	1958	67,0	31,4
Italien	1958	60,4	29,1
Luxemburg	1958	0,6	78,7
Niederlande	1958	17,3	39,2
Dänemark	1973	5,8	38,7
Irland	1973	4,9	57,8
Griechenland	1981	10,7	20,6
Portugal	1986	10,3	23,2
Spanien	1986	46,9	27,6
Finnland	1995	5,5	33,7
Österreich	1995	8,9	38,6
Schweden	1995	10,2	37,0
Estland	2004	1,3	25,0
Lettland	2004	1,9	21,0
Litauen	2004	2,8	24,6
Malta	2004	0,5	29,6
Polen	2004	38,0	21,5
Slowakei	2004	5,5	23,5
Slowenien	2004	2,1	26,4
Tschechien	2004	10,6	27,6
Ungarn	2004	9,8	21,6
Zypern	2004	0,9	26,8
Bulgarien	2007	7,0	15,5
Rumänien	2007	19,4	19,8
Kroatien	2013	4,1	19,2

Gründungsmitglieder

[1]zum Teil vorläufig oder geschätzt [2]kaufkraftbereinigt Quelle: Eurostat 13794 © Globus Stand März 2020

Der Ausgangspunkt für die europäische Integration hatte wirtschaftliche Gründe, als 1951 die Binnenzölle für Kohle und Stahl abgeschafft wurden. Wirtschaftliche Gründe sind es auch, die sich als Motor des Einigungsprozesses erwiesen haben. Es soll ein großer einheitlicher Markt ohne wirtschaftliche Beschränkungen geschaffen werden, der Wirtschaftswachstum und Wohlstand bringt und gleichzeitig die Basis sein soll, um im Wettbewerb mit anderen Regionen der Weltwirtschaft (USA, Asien) konkurrieren zu können.

Ziel der Integrationsbestrebungen ist, dass neben dem wirtschaftlichen Bereich auch alle sonstigen Bereiche wie z. B. Außen-, Verteidigungs- oder Umweltpolitik gemeinsam gestaltet und vereinheitlicht werden. Entstehen soll der Zusammenschluss der europäischen Staaten zu einer **politischen Union**.

Wichtige Stufen zur wirtschaftlichen Integration der Europäischen Union, d.h. zur Schaffung eines europäischen Binnenmarktes, sind:

1952	**Freihandelszone**	Gründung der Europäischen Gemeinschaft (EG) für Kohle und Stahl (Montanunion) durch Belgien, Niederlande, Luxemburg, Frankreich, Italien und die Bundesrepublik Deutschland (6er-Gemeinschaft). Abbau der Binnenzölle für Kohle und Stahl.
1968	**Zollunion**	Vollendung der Zollunion durch Abbau der Zölle und Handelsbeschränkungen innerhalb der EG-Länder und Errichtung eines gemeinsamen Zolltarifs gegenüber Drittländern.
1993	**Gemeinsamer Markt**	Europäischer Binnenmarkt tritt zum 01.01.1993 in Kraft. Damit entsteht in der EG ein Wirtschaftsraum, in dem der freie Verkehr von Personen, Waren und Dienstleistungen und Kapital gewährleistet ist. Am 01.11.1993 wird aus der Europäischen Gemeinschaft (EG) die Europäische Union (EU).
1997	**Wirtschafts-union**	EU-Staats- und Regierungschefs verabschieden in Amsterdam einen Stabilitäts- und Wachstumspakt zur Sicherung der Stabilität des Euro nach dem Start der Währungsunion.
1999	**Währungsunion**	Einführung des Euro als Einheitswährung. Die Europäische Zentralbank (EZB) übernimmt die Verantwortung für die Geldpolitik. Die Währungsunion umfasst derzeit 19 Mitgliedstaaten.

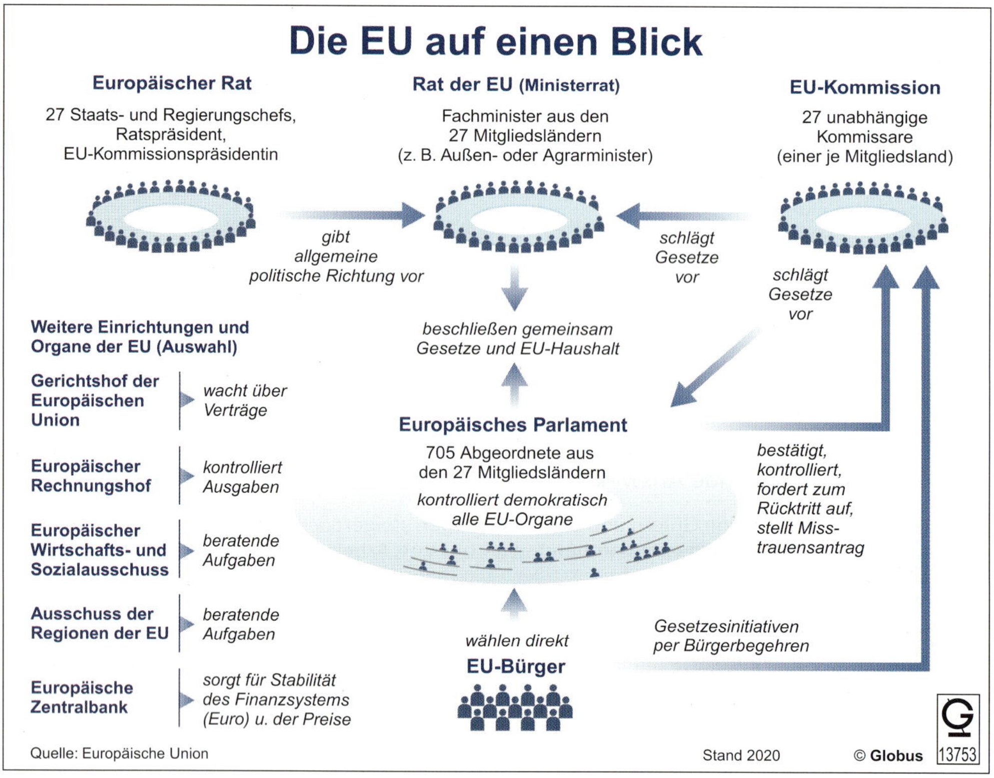

4.2 Freiheiten im Binnenmarkt

Der **Vertrag über die Arbeitsweise der Europäischen Union** (AEUV) sieht **vier Grundfreiheiten** vor:

Warenverkehrsfreiheit	Der freie Warenaustausch innerhalb der Staaten der EU wird im Rahmen der Warenverkehrsfreiheit gewährleistet. Ziel ist es, über die Öffnung der nationalen Märkte (Abschaffung der Zölle und mengenmäßigen Beschränkungen bei der Ein- und Ausfuhr von Waren sowie aller sonstigen Maßnahmen gleicher Wirkung zwischen den Mitgliedstaaten) das Produktangebot auf allen Märkten zu verbessern und zu erweitern sowie knappe Güter zu verbilligen. 
Personenverkehrsfreiheit	Im Rahmen der Personenverkehrsfreiheit genießen alle EU-Bürger das Recht, sich in jedem Land der EU aufzuhalten, einen Beruf auszuüben und dort zu verbleiben. So haben Arbeitnehmer und Selbstständige das Recht, in jedem Mitgliedsland zu leben und zu arbeiten. Kein Unionsbürger darf aufgrund seiner Staatsangehörigkeit benachteiligt werden (Diskriminierungsverbot). 
Dienstleistungsverkehrsfreiheit	Dienstleistungsverkehrsfreiheit bedeutet, dass Dienstleistungen über die Grenzen hinweg in jedem anderen Land angeboten werden können (z. B. Versicherungsabschlüsse, Beratungstätigkeiten, Pflegeleistungen, Telekommunikationsgeschäfte, Geschäfte auf dem Energiemarkt). 
Kapitalverkehrsfreiheit	Die Kapitalflüsse zwischen den Mitgliedstaaten unterliegen keinerlei Einschränkungen. Durch die Europäische Wirtschafts- und Währungsunion wurde der Geld-, Kapital- und Zahlungsverkehr in der EU vollständig liberalisiert[1] sowie die Fiskal- und Geldpolitik verstärkt koordiniert.

4.3 Auswirkungen (Folgen) des Binnenmarktes

Die Schaffung des gemeinsamen Binnenmarktes ohne nationale Grenzen hat **wirtschaftlich** insbesondere folgende Auswirkungen:

- Der freie Austausch von Gütern und Dienstleistungen steigert den **Wohlstand** aller Menschen innerhalb der Europäischen Union durch eine bessere **Arbeitsteilung** und eine **höhere Produktvielfalt.** Der Freihandel mit **innovativen** Gütern fördert auch die schnelle **Verbreitung** von moderner Technologie.
- Der im Vergleich zu einem abgeschotteten nationalen Markt stärkere **Wettbewerbsdruck** führt zu einem **größeren Angebot** von Gütern und Dienstleistungen mit einem guten Preis-Leistungs-Verhältnis. Dieser Wettbewerbsdruck trägt mit dazu bei, dass die Unternehmen der Mitgliedstaaten auch auf den Weltmärkten erfolgreich sein können.

1 **Liberalisieren**: von Einschränkungen freimachen.

- Der Binnenmarkt kann das **Wirtschaftswachstum** steigern und damit den Arbeitnehmerinnen und Arbeitnehmern höhere Beschäftigungschancen und bessere Einkommensperspektiven ermöglichen. Unterentwickelten Regionen und Staaten bietet sich die Chance verbesserter Exportmöglichkeiten, und sie können in der wirtschaftlichen Entwicklung zu den wohlhabenderen Gebieten aufschließen.
- Durch all diese Effekte kann der europäische Wirtschaftsraum **besser** mit den anderen großen Wirtschaftsblöcken dieser Welt – wie Asien und Nordamerika – **konkurrieren.**

Dadurch, dass im Binnenmarkt alle Mitgliedstaaten wirtschaftlich untereinander verflochten und damit voneinander abhängig sind, wird aus **politischer Sicht** die Rechtsstaatlichkeit in den einzelnen Ländern erhöht, die Völkerverständigung gefördert und die Aussicht auf Erhalt des Friedens gestärkt.

Eine **enge wirtschaftliche Verflechtung** von Ländern schafft durch die entstehende wechselseitige Abhängigkeit **politische Stabilität** und sichert so den **Frieden**.

4.4 Maßnahmen zur Sicherung des Binnenmarktes

Die Grundfreiheiten des Binnenmarktes werden ergänzt durch **weitere wichtige Bestimmungen,** die unter anderem den Wettbewerb zum Wohle der Verbraucherinnen und Verbraucher sichern und Diskriminierungen von Unternehmen aufgrund ihrer nationalen Herkunft unterbinden sollen. Hierzu zählen im Einzelnen die **Wettbewerbskontrolle,** das **Subventionsverbot,** die **öffentliche Auftragsvergabe** sowie die **Wirtschafts- und Währungsunion.**

Wettbewerbs-kontrolle	Die Verwirklichung des Binnenmarktes erfordert eine Bindung aller Beteiligten an **gleiche Regeln für den Wettbewerb.** So sind Kartelle und Preisabsprachen zwischen Unternehmen untersagt und ziehen hohe Geldstrafen nach sich. Fusionen werden nicht genehmigt, wenn durch den Zusammenschluss eine **marktbeherrschende** Stellung im Binnenmarkt droht. Zudem wurden in der Vergangenheit wichtige frühere **staatliche Monopole** durch diese Binnenmarktprinzipien **aufgelöst,** wie z. B. die Monopole der deutschen Bundespost oder Bundesbahn.
Subventionsverbot	Staatliche Beihilfen, die den Wettbewerb verzerren, sind generell verboten. Über Ausnahmen entscheidet die Europäische Kommission.
Öffentliche Auftragsvergabe	Bei der Vergabe öffentlicher Aufträge sollen auch Unternehmen anderer EU-Staaten eine faire Chance auf den Zuschlag haben. Aus diesem Grunde besteht ab bestimmten Schwellenwerten des Auftragsvolumens die **Pflicht zur europaweiten Ausschreibung öffentlicher Aufträge.**
Wirtschafts- und Währungsunion	Die **europäische Gemeinschaftswährung beseitigt Hindernisse** durch verschiedene nationale Währungen, die zuvor das grenzüberschreitende Wirtschaften im Binnenmarkt belastet hatten. Mit dem Euro ist zumindest in den Teilnehmerländern ein hohes Maß an **Preistransparenz** eingekehrt.

4.5 Gemeinsame Außenhandelspolitik

Grundlage der Außenhandelspolitik der EU ist die **Zielsetzung:**

- einen Gemeinsamen Markt der Mitgliedstaaten mit **einheitlichen** (Außen-) **Zolltarifen** und einer **gemeinsamen Handelspolitik** gegenüber Drittländern zu schaffen,

- durch schrittweise **Beseitigung der Beschränkungen** im internationalen Handelsverkehr, zum Abbau der Zollschranken und zur harmonisierten Entwicklung des Welthandels beizutragen,
- die gemeinsamen außenwirtschaftlichen **Interessen gegenüber Drittländern** zu wahren.

Die gemeinsame Handelspolitik wird nach einheitlichen Grundsätzen durchgeführt, wobei **zwei Verfahrensweisen** zu unterscheiden sind: die autonome und die vertragliche Handelspolitik.

Autonome Handelspolitik	Sie besteht im Erlass von einseitigen Regelungen durch den Rat und findet **nur auf die Mitgliedstaaten** der EU bzw. der Unternehmen und Einzelpersonen Anwendung (z. B. Vereinheitlichung von Ein- und Ausfuhrbestimmungen).
Vertragliche Handelspolitik	Hierbei handelt es sich um **zwei- oder mehrseitige Abkommen** zwischen der **EU und ihren Handelspartnern** bzw. zwischen der EU und anderen internationalen Organisationen.

Während die EU mit vielen Staaten bzw. Staatengemeinschaften **Kooperationsabkommen** geschlossen hat, sind die Handelsbeziehungen der EU zu den verschiedenen Handelspartnern keineswegs einheitlich. So bestehen beispielsweise mit den beiden größten außereuropäischen Handelspartnern, den USA und Japan, keine umfassenden Außenhandelsverträge, zumal es mit diesen Staaten immer wieder zu Konflikten kommt.

Mit Blick auf die selbst gesetzten Ziele im Bereich der Außenhandelspolitik muss die EU jedoch **langfristig** betrachtet ihre Marktbeschränkungen (z. B. im Agrar- und Textilbereich) abbauen und selektive Protektionismusmaßnahmen aufheben und sich dem Wettbewerb des Weltmarktes uneingeschränkt stellen. Nur so kann sie dauerhaft einen entscheidenden Beitrag zu einer **harmonischen Entwicklung des Welthandels** leisten.

5 Effekte und Herausforderungen der Globalisierung

5.1 Begriff und Elemente der Globalisierung

Globalisierung im wirtschaftlichen Sinne bedeutet die zunehmende **erdweite Verflechtung von Volkswirtschaften.**

Bis 1990 sprach man in diesem Zusammenhang noch von der **Internationalisierung** der Märkte. Erst danach setzte sich der viel umfassendere Begriff „Globalisierung“[1] durch.

Die Globalisierung ist keine „Erfindung der Neuzeit“, sondern ein über viele Jahrhunderte andauernder Prozess. Allenfalls die Geschwindigkeit, in der dieser Prozess abläuft, hat sich stark verändert, sodass es nicht verwundert, wenn aktuell der Begriff der **„Turbo-Globalisierung“** verwandt wird.

Globalisierung umfasst jedoch weit mehr als die zunehmende Integration der Weltwirtschaft und sollte nicht auf wirtschaftliche Prozesse verkürzt werden. Insbesondere die Umweltprobleme (z. B. Treibhauseffekt, Ozonloch) erfordern eine weltweite Zusammenarbeit.

1 Vgl. zu diesem Kapitel auch: Informationen zur politischen Bildung Nr. 280, 3. Quartal 2003 (Themenheft Globalisierung).

Bei der Globalisierung handelt es sich um einen **Prozess,** der auf mehreren, unterschiedlich starken **Triebkräften** beruht, die diesen Entwicklungsverlauf **beschleunigten.**

(1) Wohlstandsgewinne

Eine der wohl wichtigsten Antriebsfedern der Globalisierung ist das **wirtschaftliche Interesse** der beteiligten Volkswirtschaften. Bereits im 19. Jahrhundert entwickelte sich die theoretische Einsicht und sehr bald auch praktische Erfahrung, dass Staaten, die sich wirtschaftlich nicht abschotten, sondern in einen offenen Austausch mit anderen Volkswirtschaften treten, davon profitieren und **Wohlstandsgewinne** für ihre Bürgerinnen und Bürger erzielen.

(2) Liberalisierung

Begünstigt wurde die zunehmende internationale Verflechtung durch staatliche Entscheidungen. So konnten vor allem wirtschaftlich starke Staaten sukzessive durchsetzen, dass **Schutzwälle** um Volkswirtschaften schrittweise abgetragen wurden und werden **(außenwirtschaftliche Liberalisierung).** Bei vielen Produkten haben nationale **Zölle** und mengenmäßige **Importbeschränkungen** ihre Schutzfunktion für die jeweils heimische Produktion längst eingebüßt. War die Konkurrenz eines Unternehmens anfangs vorwiegend innerhalb staatlicher Grenzen zu suchen, so ist sie nun überall auf der Welt anzutreffen.

(3) Grenzüberschreitender Kapitalverkehr

Der Fluss des Geldes ist von nahezu allen staatlichen Fesseln befreit worden, sodass in der heutigen Zeit vom **internationalen Kapitalmarkt** gesprochen werden kann. Kapital findet sich überall dort ein, wo es entweder als Investition in ein Unternehmen oder auf den Finanzmärkten anderer Staaten eine gute **Rendite** verspricht. Eine Folge ist, dass über 90 % der Gelder, die täglich um die Welt zirkulieren, nichts mehr mit der Bezahlung von Gütern und Dienstleistungen zu tun hat. Vielmehr ist Geld selbst zur Ware geworden. Dabei fließen mitunter riesige Geldströme in Länder, in denen sie vorübergehend einen hohen Gewinn versprechen, um bei wechselnder Lage ebenso schnell wieder abgezogen zu werden – ungeachtet der **finanzpolitischen Zerrüttungen**, die dann entstehen können.

(4) „Digitale Revolution"

Nachdrücklich beschleunigt wurde der Prozess der Marktöffnung für Waren, Dienstleistungen und Geld durch die **„digitale Revolution".**

Diese Entwicklungen ermöglichten, die Welt mit einem dichten **Kommunikationsnetz** zu überspannen, das nahezu jeden Punkt dieser Erde in oft nur **Bruchteilen von Sekunden** erreichbar werden lässt. Die schnelle Übertragung der Daten über das Internet schafft neben der entstehenden Konkurrenz nicht nur einen großen **Weltfinanzmarkt** mit gegenseitiger Abhängigkeit. Vielmehr entsteht dadurch auch die Notwendigkeit einer stabilen Datenübertragungsinfrastruktur und ständiger Innovationen in diesem Bereich.

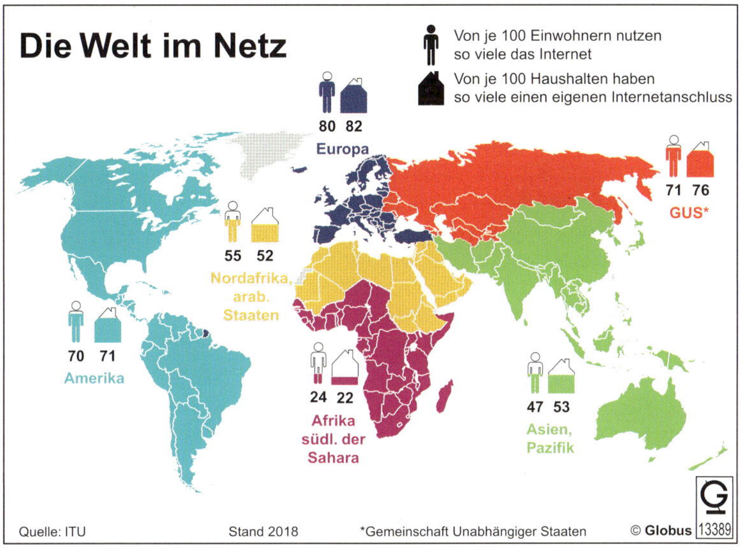

Für Unternehmen eröffnet das digitale Zeitalter neue Chancen. Ein Unternehmen kann sich durch die weltweite Vernetzung **neue Zielgruppen** erschließen, die Unternehmenskommunikation intensivieren, den Bekanntheitsgrad seiner Marke und das Image verstärken und in einem kontinuierlichen Dialog mit seiner Zielgruppe bleiben. Die **Welt** als großer **Markt- und Handelsplatz** ohne unnötige Beschränkungen und Schranken ist insofern für die Industriestaaten und ihre Produkte wichtig, als dass sie jene über die eigenen und benachbarten Grenzen hinweg verkaufen bzw. produzieren lassen können. Da Entwicklungsländer oftmals über eine große Bevölkerungszahl verfügen, macht alleine schon die Masse an potenziellen Kunden einen großen Anreiz für die Industrienationen aus, ihre Ware dort zu platzieren und alle notwendigen Maßnahmen zu treffen, einen weltweiten und reibungslosen Warenaustausch zu ermöglichen.

(5) Verbesserte Verkehrstechnologie

Aber nicht nur Straßen und Routen für Daten bilden ein wichtige Grundlage eines funktionierenden grenzüberschreitenden Handels, sondern auch der **Ausbau der Verkehrsinfrastruktur** für den Gütertransport ist ein zentraler Punkt, um globalisierten Handel und ein Zusammenwachsen über die Kontinente hinweg überhaupt erst für alle Beteiligten zu ermöglichen.

> Als weitere Beschleuniger der Globalisierung gelten **sinkende Transportkosten** und die zunehmende **Vereinheitlichung technischer Normen**.

Eine ganz besondere Rolle kommt in diesem Zusammenhang der **Containerschifffahrt** zu. Während der Verkehr gewerblicher Güter **innerhalb** eines Landes in erster Linie noch über die **Straße** und im geringeren Maße über die **Schiene** erfolgt, verläuft der **internationale** Verkehr in erster Linie über die Wasserstraßen mittels **Containerschiffen.** Ohne den Container wäre unsere heutige globalisierte Welt nicht denkbar, denn weit über **90 %** des Welthandels laufen derzeit über Wasserstraßen, wobei sich das Handelsvolumen seit dem Jahr 1960 um den Faktor 20 vergrößert hat. Zu verdanken ist dies in erster Linie der **erhöhten Transportkapazität** der Containerschiffe, was dazu führt, dass der Containertransport per Schiff unschlagbar **kostengünstig** ist. Niedrige Stücktransportkosten gerade bei Massenware machen das Transportmodell noch attraktiver.

5.2 Verflechtung des internationalen Handels

Die zunehmend liberalisierte und digitalisierte Weltwirtschaft mit ihren **offenen nationalen Märkten** erlaubt **Handelsverflechtungen der Volkswirtschaften** in einem bisher nicht gekannten Ausmaß.

Wie stark die **Verflechtungen des internationalen Handels** mittlerweile sind, veranschaulicht nachfolgende Übersicht.

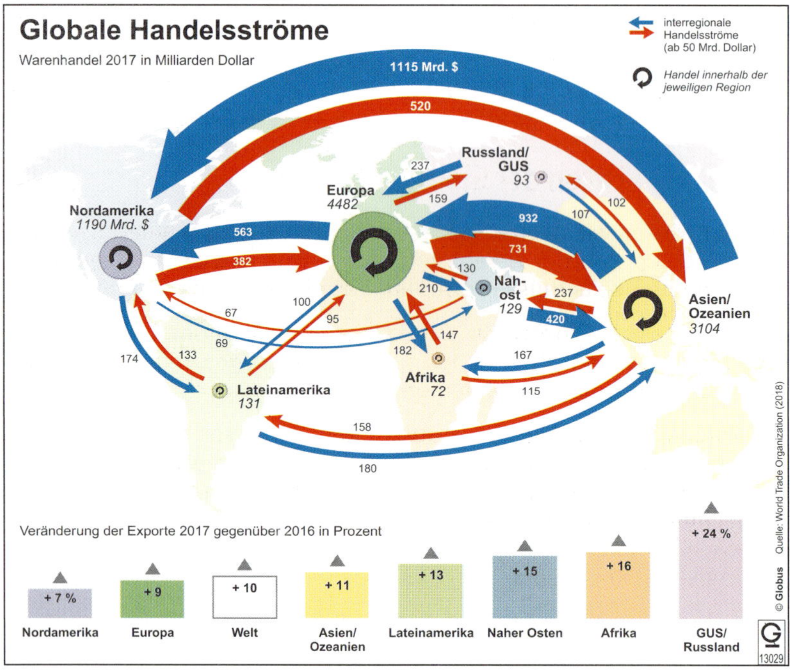

Der Welthandel wird von den **reichen Industrieländern dominiert** – allein die Europäische Union hat einen Anteil von mehr als einem Drittel. Die Handelsströme zwischen den großen Regionen der Erde spiegeln dies wider. Aus Asien kommen die Waren vor allem aus China, Japan und den sogenannten „Tigerstaaten". Afrikanische und südamerikanische Länder haben zusammen nur einen vergleichsweise geringen Anteil an den Weltexporten.

Die ärmeren Länder kämpfen deshalb seit Jahren für größere Exportchancen. Trotz WTO-Mitgliedschaft gibt es noch zu **viele Handelshemmnisse** für Entwicklungs- und Schwellenländer.

Die Öffnung der Grenzen veranlasst die Unternehmen, die sich ergebenden **Standortvorteile** in den verschiedenen Ländern der Erde durch Handelsbeziehungen, Informationsaustausch, Unternehmenszusammenschlüsse und sonstige Aktivitäten aller Art zu nutzen.

Beispiel:

Ein Automobilkonzern, der Forschungs- und Entwicklungsstandorte in Deutschland, den USA und Japan besitzt, kann die Entwicklungszeit für einen neuen Motor auf ein Drittel verkürzen, da aufgrund der Zeitverschiebung ohne Schichtarbeit rund um die Uhr geforscht und getestet werden kann. Bevor der deutsche Kollege Feierabend macht, stellt er sein Arbeitsergebnis seinem amerikanischen Kollegen via Internet zur Verfügung, dieser wiederum dem japanischen Kollegen usw.

Besonders intensiv sind die internationalen Handelsverflechtungen der Volkswirtschaften mit starker Exportorientierung. In letzter Zeit wird der Warenexport und -import zunehmend durch den Handel mit Dienstleistungen erweitert. Die modernen Kommunikationstechniken – vor allem das Internet – erleichtern den weltweiten Handel mit Dienstleistungen (z. B. Beratung, Know-how-Transfer).

Gemessen am gesamten Handelsvolumen (Ausfuhr plus Einfuhr) belegten die USA den ersten Platz im Welthandel. Auf den Plätzen zwei und drei folgen China und Deutschland.

5.3 Chancen und Risiken der Globalisierung

Kaum ein Thema wird hinsichtlich seiner Auswirkungen kontroverser diskutiert: Im Zeitalter der Globalisierung und der zusammenwachsenden Märkte eröffnen sich einerseits große Chancen; andererseits müssen aber auch die Risiken ernst genommen werden.

Der **kontrovers** diskutierte Prozess der Globalisierung löst in der Öffentlichkeit – je nach Sicht der Dinge – unterschiedliche Gefühle aus, welche die gesamte Spannbreite von Aufbruchstimmung bis hin zu Angstgefühlen umfasst.

Während die Befürworter vor allem das durch den Abbau von zwischenstaatlichen Handelsbeschränkungen **effizientere Wirtschaften** betonen, sehen die Kritiker die **abnehmende staatliche Steuerungsfähigkeit** der einzelnen Staaten durch die wachsende internationale Verflechtung als besonders nachteilig an. Dies führt dazu, dass viele Aufgaben, die vormals jede Regierung für sich lösen musste, nur noch im Verbund mit anderen Staaten wahrgenommen werden können.

Insbesondere die international agierenden Wirtschaftsunternehmen – auch **„Global Player"** genannt – rücken in den Fokus der Kritik, da sie heutzutage keiner wirksamen gesellschaftlichen Kontrolle mehr ausgesetzt sind und somit als Quelle für **politische und wirtschaftliche Instabilität** gelten, wie die **internationale Finanzmarktkrise** in der jüngeren Vergangenheit mit ihren negativen Auswirkungen auf die Realwirtschaft eindrucksvoll zeigte.

Zudem stören die zunehmenden **sozialen Ungleichheiten** in und zwischen den Staaten den **sozialen Frieden.** So erleichtert der Abbau zwischenstaatlicher Hindernisse den international agierenden Großunternehmen, die ihre Produktionskosten verringern wollen, sich in **Niedriglohnländern** mit **minimalen umweltpolitischen Auflagen** sowie **schwachen sozialen Sicherungssystemen** niederzulassen. Für einfache Tätigkeiten wird in manchen Ländern so wenig bezahlt, dass die dort hergestellten Produkte ungeachtet der **Transportkosten** immer noch billiger sind als solche, die in Deutschland hergestellt wurden. Diese Billigproduktion ist auch deshalb möglich, weil es in vielen Ländern immer noch an **Arbeitnehmerschutzgesetzen** oder an Regelungen fehlt, die **Kinderarbeit** verbieten bzw. – falls derartige Gesetze existieren – Verstöße nicht entsprechend geahndet werden.

Gerade diese Nachteile der Globalisierung sind der Nährboden von **globalisierungskritischen** Gruppen und Bewegungen, die sich seit den neunziger Jahren des vorangegangenen Jahrhunderts auf internationalen Konferenzen mit globaler Thematik zunehmend Gehör verschaffen. Dabei ist die Organisation **Attac** (frz.: Association pour une taxation des transactions financières pour l'aide aux citoyens – Vereinigung zur Besteuerung von Finanztransaktionen im Interesse der Bürgerinnen und Bürger) das wohl prominenteste Beispiel.

Beispiel:

Eines der prominentesten Beispiele für globalisierungskritische Gruppen ist die Organisation **Attac** (frz.: Association pour une taxation des transactions financières pour l'aide aux citoyens – Vereinigung zur Besteuerung von Finanztransaktionen im Interesse der Bürgerinnen und Bürger).

Die Globalisierung bietet eine Vielzahl von Risiken und Chancen, wobei die nachfolgende Tabelle einen Überblick über die wichtigsten Aspekte gibt.

Chancen	Risiken
■ Nutzung der Kostenvorteile anderer Volkswirtschaften ■ Günstige Einkaufspreise durch weltweite Konkurrenz der Anbieter ■ Risikostreuung durch weltweites Engagement der multinationalen Konzerne („Global Players") ■ Verbesserung des Lebensstandards in den Entwicklungsländern durch Know-how-Transfer ■ Verringerung der Kriegsgefahr wegen der gestiegenen wirtschaftlichen Abhängigkeiten ■ Steigende Toleranz gegenüber anderen Kulturen und Mentalitäten durch den intensiven Austausch von Waren und Dienstleistungen	■ Vergrößerung der Umweltprobleme durch eine verstärkte Wirtschaftstätigkeit und höheren Konsum ■ Gefahr einer ruinösen Konkurrenz zwischen den einzelnen Volkswirtschaften ■ Menschen können mit der Geschwindigkeit des Strukturwandels nicht mithalten ■ Gefahr zunehmender Arbeitslosigkeit in Hochlohnländern ■ Sinkende Sozialstandards in den bisherigen Industrieländern durch den zunehmenden Kostendruck ■ Fremde Kultureinflüsse können zu Identitätsängsten führen (Gefahr des Terrorismus) ■ Weltweit operierende Konzerne untergraben die Macht der Nationalstaaten

Ob letztlich die Chancen oder die Risiken überwiegen werden, hängt vor allem vom fairen Umgang miteinander (z. B. gleichberechtigter Zugang zum Kapitalmarkt für alle Volkswirtschaften) und von der Fähigkeit der Staatengemeinschaft ab, staatsübergreifende Institutionen (z. B. WTO, Weltbank, UNO) zu stärken und mit den erforderlichen Mitteln auszustatten.

6 Ursachen und Wirkungen von Ungleichgewichten im Außenhandel

6.1 Begriff der Zahlungsbilanz

Die **Zahlungsbilanz** eines Landes ist eine **systematische Zusammenfassung** aller ökonomischen Transaktionen zwischen Inländern (Gebietsansässigen) und Ausländern (Gebietsfremden) während eines bestimmten Zeitraumes, in der Regel eines Jahres.

Zu den **Inländern** zählen alle Wirtschaftseinheiten mit ständigem Wohnsitz oder Aufenthalt im Inland.

Da in der Zahlungsbilanz **keine Bestände,** sondern nur **Stromgrößen** (Veränderungen) erfasst werden, lässt sich grundsätzlich nicht die Höhe der einzelnen Bestände (im Sinne einer Bestandsbilanz), sondern nur die **Veränderungen** innerhalb einer abgeschlossenen Periode **(Bewegungsbilanz)** erkennen.

Wesentliche **Aufgabe der Zahlungsbilanz** ist die Bereitstellung der Datenbasis für

- die **Geld- und Währungspolitik** und die übrige Wirtschaftspolitik sowie
- wesentliche Bestandteile der **Volkswirtschaftlichen Gesamtrechnungen.**

In der Regel kann es sich kein Land auf Dauer leisten, dass sich die inländischen Wirtschaftseinheiten zunehmend gegenüber dem Ausland **verschulden.** Um also die Vorteile der internationalen Arbeitsteilung zu nutzen, müssen sich die Außenwirtschaftsbeziehungen langfristig etwa **gleichgewichtig** entwickeln.

Vor diesem Hintergrund ist das im Stabilitätsgesetz angeführte gesamtwirtschaftliche **Ziel des außenwirtschaftlichen Gleichgewichts** zu verstehen.

6.2 Gliederung der Zahlungsbilanz

Je nach **Art der Transaktionen** wird die **Zahlungsbilanz der Bundesrepublik Deutschland** in verschiedene **Teilbilanzen,** die nach **wirtschaftlichen Gesichtspunkten** gebildet werden, untergliedert. Diese Teilbilanzen sind auch bedeutende Bausteine für die Zahlungsbilanzen der Europäischen Währungsunion und der Europäischen Union.

Zum **Inland** zählt das Wirtschaftsgebiet der Bundesrepublik Deutschland. Zum **Ausland** zählen alle anderen Länder, auch die anderen Mitgliedsländer der Europäischen Währungsunion.

Wichtige Teilbilanzen sind die **Leistungsbilanz, Vermögensübertragungen** und die **Kapitalbilanz.**

12 Merkur-Nr. 0589

Deutschlands Außenhandel hat auch 2019 neue Rekordmarken erreicht: Die Ausfuhren stiegen auf 1 327,6 Mrd. Euro und die Einfuhren erreichten eine Höhe von 1 104,1 Mrd. Euro. Im Ergebnis erreichte der Überschuss im Außenhandel eine Höhe von 223,6 Mrd. Euro und lag damit um rund 5 Mrd. Euro unter dem Vorjahreswert. Die Zahlen zeigen aber auch, dass die schwache Weltwirtschaft und die internationalen Handelskonflikte Spuren bei der deutschen Exportwirtschaft hinterlassen haben. So betrug das Plus bei den Ausfuhren gegenüber dem Jahr 2018 nur noch 0,8 %. In den beiden Jahren zuvor gab es noch Wachstumsraten von 3 % und 6 %. Die Exporte in EU-Partnerländer nahmen im vergangenen Jahr sogar geringfügig um 0,2 % ab, während sich die Ausfuhren in sogenannte Drittstaaten um 1,4 % erhöhten. – Die hohen deutschen Handelsüberschüsse werden nicht nur positiv gesehen. Denn ihnen stehen logischerweise Defizite anderer Länder gegenüber, die von Deutschland mehr Waren kaufen, als sie selbst nach Deutschland liefern.

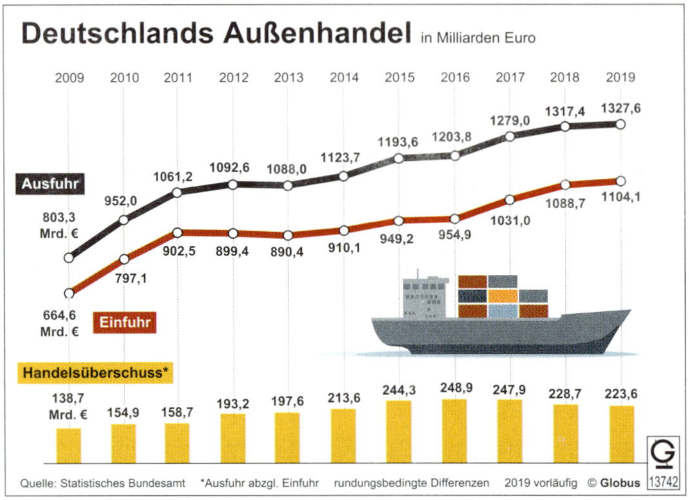

Teilbilanzen	Erläuterungen
I. **Leistungsbilanz**	Die Leistungsbilanz erfasst die Übertragungen mit dem Ausland, die Einfluss auf Einkommen und Verbrauch haben. Die Leistungsbilanz umfasst: ■ den **Außenhandel** (Warenausfuhr und -einfuhr), einschließlich der **Ergänzungen zum Warenverkehr** sowie den Transithandel. Übersteigen die Exporte die Importe, spricht man von einer **aktiven Handelsbilanz.** Sind hingegen die Importe größer als die Exporte, liegt eine **passive Handelsbilanz** vor. ■ die **Dienstleistungen,** also die Export- und Importwerte verschiedenartiger immaterieller Güter. Hierzu zählen der touristische Reiseverkehr (Ausgaben von Inländern im Ausland stellen Dienstleistungsimporte dar, wohingegen Ausgaben von Ausländern im Inland zu den Dienstleistungsexporten zählen), Transporte, Lohnfertigungsentgelt und Reparaturen, Telekommunikation, die Finanzdienstleistungen, Patente und Lizenzen sowie Regierungsleistungen. Die Dienstleistungsbilanz ist **aktiv,** wenn die Exporte die Importe übersteigen; im umgekehrten Fall handelt es sich um eine passive Dienstleistungsbilanz. Die traditionell **passive** Dienstleistungsbilanz der Bundesrepublik Deutschland ist in erster Linie auf den negativen Saldo im Reiseverkehr zurückzuführen. Der **Saldo** aus Außenhandel einschließlich der Ergänzungen zum Warenhandel und Dienstleistungen wird als **Außenbeitrag** (zum BIP) bezeichnet. ■ die **Primäreinkommen:** Hierbei handelt es sich hauptsächlich um die Erfassung der Einkommen aus unselbstständiger Arbeit und der Kapitalerträge sowie Produktions- und Importabgaben, Subventionen und Pachteinkommen, die Inländern aus dem Ausland bzw. die Ausländern aus dem Inland zufließen.

Teilbilanzen	Erläuterungen
	■ die **laufenden Übertragungen** – auch als **Sekundäreinkommen** bezeichnet – sind Geld- und Sachleistungen, denen keine unmittelbaren Gegenleistungen gegenüberstehen. Hierunter fallen beispielsweise Beiträge an internationale Organisationen, private Renten- und Unterstützungszahlungen an Ausländer, staatliche Entwicklungshilfe, Überweisungen der Gastarbeiter an ihre Familien im Ausland. Der **Saldo der Leistungsbilanz** gilt allgemein als **Maßstab für das außenwirtschaftliche Gleichgewicht.** Theoretisch wäre dieses Ziel erreicht, wenn dieser Saldo gleich null ist.
II. Vermögensänderungsbilanz	Erfasst werden u. a. Vermögensübertragungen, die als **„einmalig"** betrachtet werden können (z. B. Schuldenerlasse, Erbschaften, Schenkungen, Erbschaft- und Schenkungsteuer, Vermögensmitnahmen von Aus- bzw. Einwanderern). Hier wird auch der Kauf/Verkauf von **immateriellen nicht produzierten** Vermögensgütern erfasst, wie z. B. Patente, aktivierter Firmenwert (Goodwill) beim Kauf eines Unternehmens.
III. Kapitalbilanz	Die **Kapitalbilanz einschließlich der Veränderungen der Währungsreserven der Bundesbank** enthält alle Transaktionen,[1] bei denen sich grenzüberschreitende Finanzdispositionen (z. B. Guthaben, Wertpapiere oder Beteiligungen) verändern. ■ **Deutsche Kapitalanlagen im Ausland** (Kapitalausfuhr) führen zu **Forderungen** an das Ausland. ■ **Kapitalanlagen von Ausländern im Inland** (Kapitaleinfuhr) führen zu **Verbindlichkeiten** des Inlandes gegenüber dem Ausland.
IV. Saldo der statistisch nicht aufgliederbaren Transaktionen	Dieser **Restposten** ist erforderlich, um die Zahlungsbilanz statistisch auszugleichen. Hier werden also Beträge aufgenommen, die **statistisch nicht erfasst** werden können, wie etwa sogenannte „Koffergeschäfte", Transaktionen mit Bargeld, Überweisungen unterhalb der Meldegrenze. Des Weiteren werden über diese Bilanz **statistische Ermittlungsfehler** ausgeglichen.

6.3 Zahlungsbilanzungleichgewichte

6.3.1 Ursachen für Zahlungsbilanzungleichgewichte

Wie bereits erwähnt, ist eine Zahlungsbilanz wegen des Prinzips der doppelten Buchführung **formal immer ausgeglichen,** sodass man sich bei der Beurteilung des Zielerreichungsgrades auf die Analyse verschiedener Teilbilanzen stützt, zumeist der Leistungsbilanz oder der Devisenbilanz.

Generell erscheint es wirtschaftspolitisch sinnvoll, sich **nicht einseitig** an nur einer Teilbilanz zu orientieren, sondern den außenwirtschaftlichen Informationsgehalt der Zahlungsbilanz durch „kombinierte" Analysen mehrerer Aspekte zu erhöhen.

---

1 **trans** (lat.): über; agere (lat.): führen, Übertragungen.

Um durch **wirtschaftspolitische Maßnahmen** die Umsetzung des Ziels des außenwirtschaftlichen Gleichgewichts innerhalb der Teilbilanzen anzustreben, muss man zunächst die **Gründe** für ein solches **Ungleichgewicht** analysieren.

Zu den wichtigsten **Ursachen für Störungen** des Zahlungsbilanzgleichgewichtes zählen:

- **Strukturunterschiede** bei der Ausstattung mit Produktionsfaktoren (z. B. Boden: Importabhängigkeit rohstoffarmer Länder, Kapital: Unterschiede bei der Produktionstechnologie, Arbeit: Unterschiede in Bezug auf berufliches Wissen und Können).
- Unterschiede im **Preisniveau** zwischen In- und Ausland führen in aller Regel zu einem Importüberschuss und somit zu einem Zahlungsbilanzdefizit (wenn das Preisniveau im Ausland niedriger ist als im Inland) bzw. zu einem Exportüberschuss und somit zu einem Zahlungsbilanzüberschuss (wenn das Preisniveau im Ausland höher ist als im Inland).
- Unterschiede beim **Zinsniveau** zwischen In- und Ausland führen zu entsprechenden Kapitalwanderungsbewegungen: Ein im Vergleich zum Ausland höheres Zinsniveau im Inland zieht ausländisches Kapital an, wohingegen ein im Vergleich zum Ausland niedrigeres Zinsniveau im Inland dazu beiträgt, dass inländisches Kapital verstärkt ins Ausland fließt.
- **Politische Entscheidungen** (z. B. Ex- oder Importverbote, Handelsbeschränkungen für die Ein- oder Ausfuhr von Waren oder Dienstleistungen, steuerpolitische Maßnahmen [z. B. Umsatzsteuerbefreiung von Exporten], unentgeltliche Leistungen an das Ausland sind höher als die unentgeltlichen Leistungen des Auslandes an das Inland und umgekehrt).

6.3.2 Folgen von Zahlungsbilanzungleichgewichten

Ungleichgewichte – beispielsweise bei der Leistungsbilanz – bleiben dauerhaft betrachtet nicht ohne Folgen für eine Volkswirtschaft.

Die Folgen, die sich aus Zahlungsbilanzungleichgewichten ergeben können, zeigt nachfolgende Übersicht:

Zahlungsbilanzüberschuss	Zahlungsbilanzdefizit
■ **Inländischer Geldumlauf steigt** wegen der Devisenankäufe durch die Zentralbank (Währungsreserven der Zentralbank steigen an). ■ **Zinsniveau** im Inland **fällt** (bedingt durch steigende Geldmenge). ■ **Beschäftigung nimmt** – insbesondere bei exportbedingtem Leistungsbilanzüberschuss – **zu,** was allerdings eine starke Abhängigkeit der inländischen Beschäftigung vom Ausland zur Folge hat. ■ Bei Vollbeschäftigung kommt es zu **Preissteigerungen** („importierte Inflation"). ■ **Anstieg außenpolitischen Drucks,** wenn die Exporte aus konjunkturellen Gründen bei den ausländischen Handelspartnern unerwünscht sind (Gefahr protektionistischer Maßnahmen des Auslands wächst).	■ **Inländischer Geldumlauf verringert** sich aufgrund der für den Import erforderlichen Devisenverkäufe der Zentralbank an die Wirtschaftssubjekte (Währungsreserven der Zentralbank nehmen ab). ■ **Zinsniveau** im Inland **steigt** (bedingt durch sinkende Geldmenge). ■ Ein durch hohe Importe bedingtes Zahlungsbilanzdefizit führt zu einem **Rückgang** der **Beschäftigung.** ■ Rückgang der Preissteigerungsraten; dies führt zu **deflatorischen** Tendenzen auf vollkommenen Märkten. ■ Zunehmende **Verschuldung** gegenüber dem Ausland und damit einhergehend eventueller Verlust der Kreditwürdigkeit eines Landes.

6.3.3 Maßnahmen zur Beeinflussung des Außenhandels

Wegen der negativen Folgen von Zahlungsbilanzungleichgewichten auf die anderen gesamtwirtschaftlichen Ziele, kommt den wirtschaftspolitischen Maßnahmen zur Behebung dieser Ungleichgewichte große Bedeutung zu.

Dabei lassen sich grundsätzlich zwei Kategorien von Maßnahmen unterscheiden:

- **währungspolitische** Maßnahmen (in Abhängigkeit vom System der Wechselkurse),
- **sonstige** Maßnahmen.

(1) Währungspolitische Maßnahmen

Zahlungsbilanzüberschüsse bzw. -defizite führen aufgrund eines erhöhten Devisenangebots bzw. einer erhöhten Devisennachfrage zu Wechselkursschwankungen.

Bei **flexiblen** Wechselkursen kann es theoretisch aufgrund der Kursschwankungen zu einem **automatischen Ausgleich** der Zahlungsbilanz kommen. So führt beispielsweise bei einem Zahlungsbilanzüberschuss (Zahlungsbilanzdefizit) das damit einhergehende steigende (sinkende) Devisenangebot tendenziell zu einem sinkenden (steigenden) Devisenkurs. Hierdurch verteuern (verbilligen) sich die Exporte, wohingegen die Importe billiger (teurer) werden. Als Folge dieses **„Wechselkursmechanismus"** tendiert die Zahlungsbilanz zum Ausgleich, da durch die „Aufwertung" der inländischen Währung die Exporte (Importe) nunmehr zurückgehen, wohingegen die Importe (Exporte) zunehmen.

(2) Sonstige wirtschaftspolitische Maßnahmen

Sonstige wirtschaftspolitische Maßnahmen zur Beseitigung von Zahlungsbilanzungleichgewichten (Übersicht):

Zahlungsbilanzüberschuss	Zahlungsbilanzdefizit
Bei einem Zahlungsbilanzüberschuss besteht die Aufgabe der Wirtschaftspolitik darin, die **Exporte** zu **drosseln** und gleichzeitig die **Importe** zu **erhöhen.**	Bei einem Zahlungsbilanzdefizit besteht die Aufgabe der Wirtschaftspolitik darin, die **Exporte** zu **erhöhen** und gleichzeitig die **Importe** zu **drosseln.**
1. **Expansive** Wirtschaftspolitik (Erhöhung der inländischen Nachfrage): Einleitung **nachfragesteigernder Maßnahmen** im Inland zur Senkung des Exportes bzw. Steigerung des Importes.	1. **Kontraktive** Wirtschaftspolitik (Dämpfung der inländischen Nachfrage): Exportchancen steigen bzw. Importe gehen zurück, wenn das **inländische Preisniveau sinkt.**

Zahlungsbilanzüberschuss	Zahlungsbilanzdefizit
2. **Preispolitische Maßnahmen** durch Zoll- oder Subventionspolitik zur Behebung eventuell bestehender Unterschiede im Preisniveau zwischen In- und Ausland: ■ **Zollpolitik:** Durch Variation der bei Grenzüberschreitung einer Ware erhobenen Abgabe **(Zoll)** kann der Export gedrosselt bzw. der Import erhöht werden. Grundsätzlich stehen zwei Möglichkeiten zur Verfügung: – Senkung der Importzölle zur Verbilligung der Importe, – Anhebung der Exportzölle. ■ **Subventionspolitik:** Zur Drosselung des Exports könnten beispielsweise bisher gezahlte „Exportsubventionen“ abgebaut oder eingestellt werden.	2. **Preispolitische Maßnahmen** durch Zoll- oder Subventionspolitik zur Behebung eventuell bestehender Unterschiede im Preisniveau zwischen In- und Ausland: ■ **Zollpolitik:** Durch Variation des Zolls kann der Export erhöht bzw. der Import gebremst werden. Zur Beseitigung des Handelsbilanzdefizits bieten sich deshalb an: – Anhebung der Importzölle zur Verteuerung der Importwaren, – Senkung bzw. Abschaffung eventuell vorhandener Exportzölle. ■ **Subventionspolitik:** z.B. Zahlung einer Exportsubvention zur Belebung des Exports (Möglichkeit subventionierter Dumpingpreise).
3. **Mengenpolitische Maßnahmen** im Sinne einer Kontingentierungs- bzw. Verbotspolitik: ■ Festlegung von **Exportkontingenten** zur mengen- oder wertmäßigen Begrenzung des Exports; ■ **Exportverbote:** Sie übertreffen die Kontingentierung hinsichtlich ihrer Wirkung und unterbinden den Handel völlig.	3. **Mengenpolitische Maßnahmen** im Sinne einer Kontingentierungs- bzw. Verbotspolitik: ■ Festlegung von **Importkontingenten** zur mengen- oder wertmäßigen Begrenzung des Imports; ■ **Importverbote,** z.B. Boykott ausländischer Erzeugnisse oder als Folge eines Handelsembargos.
4. **Sonstige administrative** Maßnahmen: z.B. ■ staatliche Bevorzugung ausländischer Produkte zur Belebung der Importtätigkeit; ■ Einstellung staatlicher Ausfuhrgarantien und -bürgschaften: Durch diese Maßnahme erhöhen sich die Risiken für Exporteure, was zu einem Exportrückgang führen kann.	4. **Sonstige administrative** Maßnahmen: z.B. ■ Festlegung von technischen Normen, Gesundheits-, Umweltschutz- oder Sicherheitsstandards zur „Diskriminierung“ ausländischer Produkte; ■ staatliche Bevorzugung inländischer Produkte (z.B. Polizei oder Bundeswehr fragen im Inland hergestellte Fahrzeuge nach) zur Drosselung des Imports; ■ staatliche Ausfuhrgarantien und -bürgschaften zur Reduzierung der Risiken für Exporteure.

Sollte ein **Zahlungsbilanzdefizit** ursächlich auf **Strukturunterschiede** bei der Ausstattung mit Produktionsfaktoren zurückzuführen sein, könnte dieses Ungleichgewicht durch eine **gezielte staatliche Förderung** zum Abbau dieser Strukturunterschiede – zumindest durch Verbesserung der Qualität bei den Produktionsfaktoren Arbeit und Kapital – auf lange Sicht behoben werden. Hierzu zählen beispielsweise die staatliche Förderung qualifizierter Aus- und Weiterbildungsmaßnahmen für den Produktionsfaktor Arbeit oder staatliche Maßnahmen zur Förderung des technischen Fortschritts beim Realkapital.

Kompetenztraining

17 1. 1.1 Erläutern Sie die vier wichtigsten Grundfreiheiten des europäischen Binnenmarktes. Gehen Sie anschließend auch auf wichtige Bestimmungen ein, die den Wettbewerb zum Wohle der Verbraucherinnen und Verbraucher sichern sowie Diskriminierungen von Unternehmen aufgrund ihrer nationalen Herkunft unterbinden sollen!

1.2 Skizzieren Sie die wichtigsten Argumente für einen gemeinsamen europäischen Binnenmarkt!

1.3 Dem Dienstleistungssektor kommt mit einem Anteil von über 70 % an allen Beschäftigten in der EU inzwischen eine überragende wachstums- und beschäftigungspolitische Rolle zu. Vor diesem Hintergrund hat die Europäische Kommission eine Richtlinie zur weiteren Liberalisierung des grenzüberschreitenden Dienstleistungsgeschäfts im Binnenmarkt verabschiedet. Mit der Richtlinie werden die immer noch weit verbreiteten bürokratischen Hürden für den Binnenmarkt im Bereich der Dienstleistungen verringert und auf diese Weise wird ein Beitrag für mehr Wettbewerb, Beschäftigung und Wachstum erbracht. Der Verabschiedung der Dienstleistungsrichtlinie gingen heftige politische Auseinandersetzungen voraus.

Aufgabe:

Erläutern Sie mögliche Vor- und Nachteile einer solchen Dienstleistungsrichtlinie!

2. Lesen Sie zunächst die folgenden Textauszüge!

Textauszug 1:

Chancen und Risiken der Globalisierung

Chancen und Risiken der Globalisierung – wohl kein anderes Thema wird in der Öffentlichkeit so leidenschaftlich diskutiert. Während die meisten Bundesbürger aus Angst vor dem Verlust des eigenen Arbeitsplatzes der sich beschleunigenden Entwicklung eher skeptisch gegenüber stehen, sehen viele Arbeitgeber im Zusammenwachsen der Weltwirtschaft vor allem die Vorteile. Ob wirklich alle Unternehmen von der Globalisierung profitieren, lässt sich mithilfe eines Chance-Risiko-Rasters ermitteln.

Bei den Chancen ganz oben stehen niedrigere Lohnkosten durch die Verlagerung der Arbeitsplätze in Niedriglohnländer. Dies betrifft sowohl die Produktion, etwa Autofabriken in der Slowakei, als mittlerweile auch den Dienstleistungssektor – erwähnt sei nur der Klassiker, das Call-Center in Indien. Daneben können Unternehmen auch auf Steuervorteile hoffen. So werden die Unternehmens-Gewinne in Deutschland mit einem Satz von rund 40 Prozent belastet. Zum Vergleich: In China sind es rund 33 Prozent, in Polen 27 Prozent und in Estland sind es sogar 0 Prozent. Von einem anderen Pluspunkt der Globalisierung profitieren vor allem Bau- und Maschinenbauunternehmen: von den Investitionen in die Infrastruktur oder die Errichtung neuer Produktionsanlagen. Der vierte Vorteil ist der Wohlstandseffekt. Nimmt durch die Verlagerung von Arbeitsplätzen die Kaufkraft in den Niedriglohnländern zu, steigt auch die Nachfrage nach westlichen Konsumartikeln, etwa nach Autos oder Pflegemitteln. Doch die Medaille hat zwei Seiten: Es gibt auch erhebliche Risiken, die der deutschen Wirtschaft durch die Konkurrenz der Niedriglohnländer erwachsen. Die Konkurrenten aus Osteuropa und Fernost haben aufgrund der erwähnten Steuer- und Lohnkostenvorteile eine niedrigere Kostenbasis und können dadurch auf dem Weltmarkt mit günstigeren Preisen auf Kundenjagd gehen. Und nicht nur das, die neuen Konkurrenten operieren aus einem florierenden Heimatmarkt als Wachstumsmarkt mit hohen Auslastungsquoten heraus. Die Globalisierung erfasst aber auch den deutschen Binnenmarkt. Hier zu Lande werden Stellen gestrichen, wodurch die Arbeitslosigkeit zumindest ansteigt. Die Angst vor dem Jobverlust führt zu einer Änderung des Kaufverhaltens. Der private Konsum sinkt.

Quelle: WELT Online vom 12.05.2012.

Textauszug 2:

Macht die Globalisierung die Reichen reicher und die Armen ärmer?

Ungleichheit: Der Vorwurf stimmt nur auf den ersten Blick. In den 70er-Jahren verdiente ein Amerikaner im Durchschnitt zwar 50-mal so viel wie jemand aus einem Land, das die Weltbank in die Rubrik „Länder mit niedrigem Einkommen" einstuft. Dazu zählen z. B. die meisten Länder Afrikas. Dieser Abstand hatte sich bis zum Jahr 2000 auf das 80-Fache vergrößert.

Chance: Trotzdem wäre es falsch, ärmere Länder nun pauschal als die Verlierer der Globalisierung abzustempeln. Im Gegenteil, gerade viele Menschen in Entwicklungsländern haben enorm profitiert. Ehedem bettelarme Länder wie Botswana und Thailand haben es durch internationalen Handel zu ungekannten Wohlstand gebracht.

Aufgabe: Nun sagt das noch nichts darüber aus, wie gerecht der gewonnene Wohlstand in den jeweiligen Ländern verteilt ist. Den schlecht bezahlten Wanderarbeitern Chinas nutzt es nichts, wenn die Wirtschaft mit etwa zehn Prozent wächst. Dies ist aber kein Fehler, den man der Globalisierung anlasten könnte – sondern der chinesischen Politik. Weltweit allerdings kommen auch die Allerärmsten voran. Der Anteil der weltweit Erwerbstätigen, die weniger als einen US-Dollar am Tag verdienen, lag 1990 bei 33 %. Gegenwärtig beträgt er etwa 15 %.

Quelle: WELT Online vom 26.01.2009.

Aufgaben:

2.1 Erläutern Sie den Globalisierungsbegriff mithilfe eines selbst gewählten Beispiels!

2.2 Nennen Sie zwei Gründe, worauf die Globalisierung zurückgeführt werden kann!

2.3 Die Schuld an der hohen Arbeitslosigkeit in einigen Industrieländern wird der Globalisierung zugeschoben. Erläutern Sie, welche Möglichkeiten Sie sehen, die Arbeitslosigkeit trotz Globalisierung zu verringern!

3. Aus dem Umweltbericht der adidas-Salomon AG:[1]

Transportkilometer für die Beschaffung von Rohstoffen für die Serienfertigung der Fußballschuhe und für die Ballproduktion sowie die Verlagerung der Schaftproduktion und des Ballnähens:

Rohstoffeinkauf Fußballschuhe:	179 633 km
Rohstoffeinkauf Fußbälle:	22 075 km
Schaftproduktion:	69 163 km
Ballnähen:	164 416 km

Aufgabe:

Beurteilen Sie, welche Konsequenzen in diesem Fall die Globalisierung für den Standort Deutschland hat!

1 Vgl. adidas-Salomon AG (Hrsg.): Umweltbericht 2001, S. 16.

4. Die Zusammensetzung der Dienstleistungsbilanz ist aus folgender Tabelle im Einzelnen ersichtlich:

4. Dienstleistungen sowie Primäreinkommen der Bundesrepublik Deutschland (Salden)

Mio €

Zeit	Dienstleistungen 1) Insgesamt	darunter: Transport-dienst-leistungen	Reise-verkehr 2)	Finanz-dienst-leistungen	Gebühren für die Nutzung von geistigem Eigentum	Telekommuni-kations-, EDV- und Infor-mationsdienst-leistungen	Sonstige unternehmens-bezogene Dienst-leistungen	Regierungs-leistungen 3)	Primäreinkommen: Arbeitnehmer-entgelt	Vermögens-einkommen	Sonstiges Primär-einkommen 4)
2014	– 25 873	– 6 867	– 37 653	+ 6 712	+ 3 549	+ 1 280	+ 555	+ 2 971	+ 1 184	+ 55 783	+ 891
2015	– 19 242	– 5 203	– 36 595	+ 8 621	+ 5 354	+ 2 601	– 1 216	+ 3 161	+ 1 114	+ 68 506	– 358
2016	– 21 814	– 5 978	– 38 247	+ 8 607	+ 6 779	+ 1 536	– 1 716	+ 3 093	+ 441	+ 76 218	– 1 070
2017	– 21 938	– 3 669	– 43 558	+ 10 726	+ 5 930	+ 1 349	+ 39	+ 2 138	– 702	+ 82 270	– 1 292
2018	– 20 686	– 2 500	– 44 543	+ 10 044	+ 7 453	+ 1 597	– 353	+ 3 209	– 1 118	+ 93 548	– 765
2018 1.Vj.	– 2 203	– 811	– 6 977	+ 2 590	+ 1 077	– 68	+ 43	+ 824	+ 374	+ 25 736	– 831
2.Vj.	– 2 804	– 249	– 9 153	+ 2 093	+ 1 998	+ 804	– 225	+ 906	– 469	+ 11 098	– 2 125
3.Vj.	– 13 139	– 654	– 18 219	+ 1 777	+ 1 604	+ 287	+ 326	+ 822	– 918	+ 27 163	– 939
4.Vj.	– 2 540	– 786	– 10 194	+ 3 585	+ 2 774	+ 574	– 497	+ 656	– 104	+ 29 552	+ 3 130
2019 1.Vj.	– 2 309	– 686	– 6 978	+ 2 272	+ 2 154	– 157	– 454	+ 760	+ 329	+ 26 232	– 828
2.Vj.	– 3 680	+ 329	– 9 899	+ 2 530	+ 1 790	+ 632	– 1 152	+ 817	– 466	+ 13 997	– 2 142
3.Vj.	– 13 734	+ 263	– 19 214	+ 2 664	+ 3 400	– 2 248	– 428	+ 826	– 957	+ 29 338	– 1 280
2019 Jan.	– 1 088	– 337	– 1 739	+ 762	+ 218	– 119	– 362	+ 244	+ 119	+ 9 207	– 214
Febr.	– 544	– 368	– 2 106	+ 731	+ 1 078	– 170	– 216	+ 249	+ 125	+ 7 029	– 285
März	– 677	+ 18	– 3 133	+ 779	+ 858	+ 132	+ 124	+ 267	+ 85	+ 9 996	– 328
April	– 516	+ 185	– 1 830	+ 936	+ 512	– 240	– 601	+ 278	– 152	+ 8 365	– 425
Mai	– 791	+ 89	– 3 401	+ 706	+ 1 080	– 130	– 6	+ 267	– 157	– 3 630	– 1 487
Juni	– 2 373	+ 55	– 4 668	+ 888	+ 198	+ 1 002	– 545	+ 272	– 157	+ 9 262	– 230
Juli	– 5 612	+ 53	– 6 098	+ 883	+ 773	– 993	– 740	+ 252	– 337	+ 9 306	– 402
Aug.	– 4 929	+ 42	– 6 814	+ 938	+ 1 331	– 844	– 222	+ 284	– 328	+ 10 028	– 461
Sept.	– 3 193	+ 168	– 6 302	+ 843	+ 1 295	– 411	+ 534	+ 290	– 292	+ 10 004	– 417
Okt.	– 4 578	+ 49	– 5 877	+ 942	+ 1 400	– 1 621	– 137	+ 276	– 58	+ 9 459	– 451
Nov. p)	+ 74	+ 82	– 2 070	+ 775	+ 1 243	– 495	– 180	+ 251	+ 0	+ 10 005	– 388

1 Einschl. Fracht- und Versicherungskosten des Außenhandels. **2** Seit 2001 werden auf der Ausgabenseite die Stichprobenergebnisse einer Haushaltsbefragung genutzt. **3** Einnahmen und Ausgaben öffentlicher Stellen für Dienstleistungen, soweit sie nicht unter anderen Positionen ausgewiesen sind; einschl. den Einnahmen von ausländischen militärischen Dienststellen. **4** Enthält u.a. Pacht, Produktions- und Importabgaben an die EU sowie Subventionen von der EU.

Quelle: Monatsbericht der Deutschen Bundesbank, Januar 2020.

Aufgaben:

4.1 Entscheiden Sie, welcher Posten der Dienstleistungsbilanz die höchsten Ausgaben erfordert!

4.2 Beurteilen Sie, wie sich für eine Industrienation wie die Bundesrepublik Deutschland ein möglicher Negativsaldo bei der Position „Gebühren für die Nutzung von geistigem Eigentum" auswirken würde!

4.3 Erläutern Sie mögliche Gründe, die dazu beitragen, dass die Vermögenseinkommen so stark schwanken!

5. Die Wirtschaftsbeziehungen zwischen den Industrieländern und der sogenannten Dritten Welt werden nicht selten wie folgt beschrieben: „Der Reichtum der Industrienationen resultiert im Wesentlichen aus dem Handel dieser Länder mit den Volkswirtschaften der Dritten Welt."

Aufgaben:

5.1 Nehmen Sie zu dieser Behauptung in Bezug auf Deutschland kritisch Stellung!

5.2 Des Weiteren wird behauptet, dass Entwicklungshilfezahlungen einseitige Geschenke der Geber- an die Empfängerländer seien. Erläutern Sie anhand von vier Beispielen, dass derartige Zahlungen durchaus auch für die Geberländer positive Auswirkungen haben können!

6.

Die Baumwolle wird in Kasachstan oder Indien geerntet und anschließend in die Türkei versandt.

In der Türkei wird die Baumwolle zu Garn gesponnen.

In Taiwan wird die Baumwolle mit chemischer Indigofarbe aus Deutschland gefärbt.

Aus dem gefärbten Garn werden in Polen die Stoffe gewebt.

Innenfutter und die kleinen Schildchen mit den Wasch- und Bügelhinweisen kommen aus Frankreich, Knöpfe und Nieten aus Italien.

Alle „Zutaten" werden auf die Philippinen geflogen und dort zusammengenäht.

In Griechenland erfolgt die Endverarbeitung mit Birusstein.

Die Jeans werden in Deutschland verkauft, getragen und schließlich in der Altkleidersammlung einer karitativen Organisation gegeben.

Quelle: www.globalisierung-online.de.

Aufgaben:

6.1 Ermitteln Sie mittels digitaler Medien, wie viele km für die Herstellung einer Jeans wohl zurückgelegt werden!

6.2 Diskutieren Sie in der Klasse über den Sinn dieser globalen Arbeitsteilung!

7. Vergleicht man die Politik der Europäischen Union mit einem Baum (siehe nachfolgende Abbildung), so hängen an den einzelnen Politikfeldern (Ästen) viele einzelne Politikbereiche (Blätter).

Nebenstehend sind einige Politikbereiche genannt, in denen die Mitgliedstaaten im Rahmen der EU zusammenarbeiten.

Aufgabe:

Ordnen Sie die verschiedenen Politikbereiche so zu, dass sie jeweils am richtigen Ast hängen!

Tragen Sie zur Lösung die Ziffern der einzelnen Politikbereiche in die entsprechenden Felder ein!

1	Reisefreiheit (Schengen)
2	gemeinsame Umweltstandards
3	gemeinsame Währung
4	erneuerbare Energien
5	gemeinsame Außenpolitik
6	gemeinsame Sicherheits- und Verteidigungspolitik
7	gemeinsame Asylpolitik
8	Entwicklung des ländlichen Raums
9	Binnenmarkt
10	Klimaschutz
11	Lebensmittelkennzeichnung
12	verbindliche Lebensmittelstandards
13	Senkung der Mobiltelefon-Auslandstarife
14	gemeinsame Kriminalitätsbekämpfung
15	Strukturpolitik zur Unterstützung der Regionen
16	verbindliche Sozialmindeststandards
17	Zusammenarbeit in Zivil- und Strafrechtsverfahren

Quelle: In Anlehnung an: Bundeszentrale für politische Bildung, Europa. Das Wissensmagazin für Jugendliche, S. 29.

8. Der EU-Binnenmarkt ist der größte gemeinsame Markt der Welt. Lesen Sie nachfolgend einige Beispiele zu den Freiheiten des europäischen Binnenmarktes und was diese konkret für Sie bedeuten! Prüfen Sie jeweils, auf welchen Bereich das Beispiel zutrifft und kreisen Sie den entsprechenden Buchstaben ein! Die markierten Buchstaben ergeben von oben nach unten gelesen das Lösungswort.

	Freier Personenverkehr	**Freier Warenverkehr**	**Freier Dienstleistungsverkehr**	**Freier Kapitalverkehr**
Ich kann in Dänemark ein Auto kaufen und es zollfrei mitbringen.	E	F	A	V
Ich kann innerhalb der EU fahren, wohin ich will.	R	U	L	E
Ich kann mein Geld in einer französischen Bank deponieren.	B	R	R	E
Ich kann in Spanien studieren.	I	A	O	S
Meine Eltern können unser Badezimmer von einem polnischen Fliesenleger renovieren lassen.	P	A	H	T
Meine Eltern können mir Geld an meinen Studienort in Estland schicken.	R	A	G	E
Ich kann mir im Internet Waren aus Schweden bestellen.	E	I	O	E
Ich kann als Architekt in Deutschland wohnen und in Belgien Häuser bauen lassen.	R	R	T	S

Quelle: In Anlehnung an Bundeszentrale für politische Bildung, Europa. Das Wissensmagazin für Jugendliche, S. 26.

9. Verfassen Sie einen Artikel für eine Schülerzeitung, in dem Sie zusammenfassend die Bedeutung der Europäischen Union für den Lebensalltag junger Menschen darstellen!

Stichwortverzeichnis

N

O

P

Q

R

S

Aus unserem Programm:

Bücher und Arbeitshefte für die FOS Wirtschaft in Niedersachsen

Boller | Hartmann
Volkswirtschaft
für die Fachoberschule Wirtschaft

ISBN 978-3-8120-0589-0

Wessel u.a.
Betriebswirtschaft und ReWe | Controlling
für die Fachoberschule Wirtschaft
Klasse 11

ISBN 978-3-8120-0587-6

Wessel u.a.
Betriebswirtschaft und ReWe | Controlling
für die Fachoberschule Wirtschaft
Klasse 12

ISBN 978-3-8120-0588-3

Schmidthausen u.a.
Arbeitsheft FOS –
kompetenzorientiert
Betriebswirtschaft und ReWe | Controlling
Klasse 11

ISBN 978-3-8120-1587-5

Schmidthausen u.a.
Arbeitsheft FOS –
kompetenzorientiert
Betriebswirtschaft und ReWe | Controlling
Klasse 12

ISBN 978-3-8120-1588-2

Korte
Projektarbeit –
fit für Ausbildung und Studium
Lern- und Arbeitsheft zur Projektarbeit

ISBN 978-3-8120-1030-6

Hahn
Geschäftsprozesse –
praxisorientierte Übungen
mit einem ERP-Programm (NAV®)

ISBN 978-3-8120-0581-4